Unterrichtsideen Religion Neu

5./6. Schuljahr

Arbeitshilfen für den Religionsunterricht
in Hauptschule, Realschule und Gymnasium

Herausgegeben im Auftrag der Religionspädagogischen
Projektentwicklung in Baden und Württemberg (RPE)
von Hartmut Rupp und Christoph Th. Scheilke

Redaktionskreis: Rainer Kalter, Heinz-Günter Kübler,
Herbert Kumpf, Hartmut Rupp, Christoph Th. Scheilke,
Detlev Schneider, Gerhard Ziener

D1731604

Calwer Verlag Stuttgart

Das Werk folgt der reformierten Rechtschreibung.

Bild- und Textnachweise sind jeweils an entsprechender Stelle vermerkt. Leider war es nicht möglich, alle Urheber zu ermitteln. Betroffene Inhaber/innen von urheberrechtlichen Ansprüchen bitten wir sich beim Verlag zu melden.

Bibliografische Information der Deutschen Bibliothek
Die Deutsche Bibliothek verzeichnet diese Publikation in der Deutschen Nationalbibliografie; detaillierte bibliografische Daten sind im Internet über http://dnb.ddb.de abrufbar.

ISBN 978-3-7668-4051-6

2. Auflage 2010
© 2008 Calwer Verlag Stuttgart
Alle Rechte vorbehalten

Umschlaggestaltung: Rainer E. Rühl, Alsheim
Layout und Satz: Kurt Thönnes, die Werkstatt, Hindelbank
Reproduktionen: MedienTeam Berger, Ellwangen
Druck: Beltz Druckpartner & Co. KG, Hemsbach

E-Mail: info@calwer.com
Internet: http://www.calwer.com

Inhalt

Hartmut Rupp
Kompetenzorientiertes Unterrichten[1]

1. Begriffsklärungen

Kompetenzorientiertes Unterrichten meint ein Lehren, das auf den Erwerb von Kompetenzen ausgerichtet ist. Unter Kompetenzen werden Bündel von Kenntnissen, Fertigkeiten, Fähigkeiten, Haltungen verstanden, die dazu helfen, gegenwärtige und zukünftige Lebenssituationen »befriedigend« zu bewältigen.[2] Kompetenzorientiertes Lehren ist auf aufbauendes, kumulatives und nachhaltiges Lernen ausgerichtet. Es ist ausdrücklich schülerorientiert.[3]

Nachhaltigkeit kann in der Perspektive der Gedächtnisforschung als die Verankerung von »Informationen« (die auch Eindrücke, Anschauungen, Bilder einschließen) im Langzeitgedächtnis verstanden werden.[4] Da hier die Vorstellung des Speichers anklingt, sei darauf hingewiesen, dass es beim Langzeitgedächtnis eher um die Art der Verarbeitung und Vernetzung geht. Vielfach vernetzte, sorgfältig organisierte und immer wieder aktualisierte Informationen sind eher abrufbar und deshalb »nachhaltig«. Nur eine tiefe, d.h. selbständige, umfassende und gründliche Verarbeitung bewirkt, dass Informationen in das Langzeitgedächtnis übertragen und von dort auch wieder abgerufen werden können.

Lernpsychologisch gesehen geht es bei kompetenzorientiertem Lehren um den Erwerb eines »intelligenten Wissens«, d.h. eines »wohl organisierten, disziplinär, interdisziplinär und lebenspraktisch vernetzten Systems von flexibel nutzbaren Fähigkeiten, Fertigkeiten, Kenntnissen und metakognitiven Kompetenzen« (Franz Weinert) bzw. eines »personen- und situationsbezogenen Wissens« (Alexander Renkl).[5] Kennzeichnend ist nicht die bloße Verfügung über Information, sondern darüber hinausgehend die daraus resultierende Fähigkeit, mit dem Wissen selbständig, situationsbezogen und flexibel zu operieren.[6] Ein solches Wissen enthält deklarative (»wissen, dass …«) und prozedurale (»wissen, wie …«) Anteile.[7]

---

[1] Einen umfassenden, auch andere Fächer einbeziehenden Überblick und weiterführende Klärungen zum kompetenzorientierten Unterrichten bietet Gerhard Ziener, Bildungsstandards in der Praxis, Seeze-Velber, 2006. Die damit eröffnete Diskussion um Unterrichtsqualität dokumentiert Christoph Bizer u.a. (Hg.), Was ist guter Religionsunterricht, Jahrbuch für Religionspädagogik 22, 2006.

[2] Die Expertise von Eckhard Klieme, Zur Entwicklung nationaler Bildungsstandards, 2003, S. 15 definiert im Anschluss an Franz Weinert: Kompetenzen sind zu verstehen als »die bei Individuen verfügbaren und durch sie erlernbaren kognitiven Fähigkeiten und Fertigkeiten, um bestimmte Probleme zu lösen, sowie die damit verbundenen motivationalen, volitionalen und sozialen Bereitschaften und Fähigkeiten, um die Problemlösungen in variablen Situationen erfolgreich und verantwortungsvoll nutzen zu können.« Auf die befriedigende Lebensführung verweist die PISA Studie, Dt. PISA-Konsortium (Hg.), PISA 2001, Opladen 2001, S. 29. Zur Diskussion dieses Kompetenzbegriffes Ziener S. 17–22.

[3] Ziener 31.

[4] Zur Unterscheidung von Langzeit-, Kurzzeitgedächtnis sowie sensorischen Erfahrungen vgl. Norbert M. Seel, Psychologie des Lernens, München/Basel 2003, 151; vgl. auch Gerd Mietzel, Pädagogische Psychologie des Lernens und Lehrens, Göttingen/Bern/Toronto/Seattle 2003, 183.

[5] Vgl. Hans Mendl, Religiöses Wissen – was, wie und für wen, Kat. Blätter 5/2003, 316–325, dort 318.

[6] Diese Einsichten finden sich in anderer Sprache und anderer Begründung ähnlich schon bei Christian Gotthelf Salzmann (1744–1811), Johann Gottfried Herder (1744–1803) sowie Johann Friedrich Herbart (1776–1841).

[7] Zur Unterscheidung der beiden Wissensformen Seel, a.a.O. 208, 217–222.

Zweifellos geht religiöses Wissen nicht in »Verfügungswissen« auf. Es beinhaltet auch »Orientierungswissen«.[8] Es geht um ein Wissen über gerechtfertigte Zwecke und Ziele sowie um Einsichten, die das Leben orientieren. Davon noch einmal zu unterscheiden ist ein »Lebenswissen«, d.h. ein Wissen um das, was das Leben trägt, die eigene Identität als mündiges Subjekt konstituiert und ein positives Selbstkonzept ausprägt (Lebensgewissheiten). Soll jedoch ein solches Wissen nicht »träge« bleiben (Renkl), braucht es den Bezug zu gelebtem Leben und damit verbunden die Fähigkeit, dieses Wissen in unterschiedlichen Lebenssituationen personen- und situationsbezogen ins Spiel bringen zu können.

2. Merkmale kompetenzorientierten Unterrichtens

Vor dem Hintergrund empirischer Forschung sowie lernpsychologischer Studien[9] lassen sich kompetenzorientiertem Unterrichten verschiedene Merkmale zuweisen:[10]

- Orientierung an Kompetenzen
- Aufmerksamkeit und Unterrichtsklima
- Lebensbedeutsamkeit und Stimmigkeit
- Anpassung der Leistungserwartungen und Beurteilung des Lernfortschritts
- Rollenklarheit und Mitsteuerung
- Klarheit und Vielfalt
- Verarbeitungsstrategien
- Wiederholung und Übung
- Metakognition und Schülerfeedback

Leitend für diese Merkmale ist ein (gemäßigt) konstruktivistisches Lernverständnis, wie es in der Lernspsychologie in Abgrenzung zu verhaltenspsychologischen Theorien (klassische und operante Konditionierung) entwickelt wurde. Danach vollzieht sich Lernen nicht einfach durch das Beachten affektiver Faktoren (z.B. Vermeiden von Angst), durch positive und negative Verstärkung (Lob, Strafe, Ermahnen) oder das Angebot von Modellen, sondern vor allem durch die eigenständige, aktive Aufnahme von Informationen, ihre Verarbeitung und Speicherung im Gedächtnis sowie ihre situative Nutzung und Anwendung. Lernen vollzieht sich in der Verknüpfung neuer Informationen mit bereits vorhandenem Wissen, in ihrer gedanklichen Bearbeitung und ihrer Anwendung auf neuartige Situationen.[11] Der Schüler bzw. die Schülerin lernt also selbst. »Was sich einprägt, ist ein persönliches Konstrukt«. Aufgabe eines kompetenzorientierten Unterrichts ist es deshalb, Lernsituationen und Aufgabenstellungen zu präparieren, die eine eigene Verarbeitung unterstützen und den Erwerb eines intelligenten Wissens wahrscheinlicher machen.

3. Orientierung an Kompetenzen

Kompetenzorientiertes Unterrichten unterscheidet sich vom herkömmlichen Unterricht durch den konsequenten Blick auf das, was Schülerinnen und Schüler am Ende einer Lernzeit wissen, können und wozu sie bereit sind. Im Zentrum didaktischer Analyse steht also nicht das, was zu »behandeln« ist (Inputorientierung), sondern das, was durch Schülerinnen und Schüler erworben wird und am Ende »herauskommt« (Output- oder Outcomeorientierung). Gefordert ist also ein Paradigmenwechsel: die unter-

---

[8] Die Unterscheidung von Verfügungs- und Orientierungswissen stammt von Jürgen Mittelstraß, vgl. PISA 2001, 30; vgl. auch Wolfgang Huber, Orientierungswissen in evangelischer Perspektive, Vortrag 3. Mai 2004 in Berlin. www.ekd.de

[9] Vgl. Norbert M. Seel, Psychologie des Lernens 2003, Gerd Mietzel, Pädagogische Psychologie des Lernens und Lehrens, 2003; Andreas Helmke, Unterrichtsqualität erfassen, bewerten, verbessern, 2003, Hilbert Meyer, Zehn Merkmale guten Unterrichts, Pädagogik 10/03, 36–43; ders., Was ist guter Unterricht, Berlin 2004.

[10] Durchaus ähnlich Rudolf Englert, Die Diskussion über Unterrichtsqualität – und was die Religionsdidaktik daraus lernen könnte, in: Ch. Bizer u.a., a.a.O. 52–64.

richtende Person muss sich immer vor Augen stellen, was Schülerinnen und Schüler im Unterricht erwerben können und sollen.[12] Zu empfehlen ist deshalb, immer wieder mit einer »Kompetenzexegese« einzusetzen.[13]

Die folgenden Unterrichtsvorschläge setzen deshalb mit der Bestimmung jener Kompetenzen ein, die Schülerinnen und Schüler realistischerweise in der zu planenden Lernsequenz erwerben sollen und erwerben können bzw. die von der Lehrperson verbindlich anzustreben sind. Erst dann wird das Thema definiert. Vorgeschlagen wird, Themen kompetenzorientiert zu formulieren, also z.B. »Gleichnisse erzählen können« statt »Gleichnisse Jesu«.

Da kompetenzorientierte Bildungspläne zur Überfülle neigen (in Baden-Württemberg sollen Schülerinnen und Schüler der Klassenstufe 5/6 des Gymnasiums mehr als 28 Kompetenzen erwerben, im konfessionell-kooperativen Unterricht sind es 36), erscheint die Definition von »Schwerpunktkompetenzen« sinnvoll. Sie geben an, was Schülerinnen und Schüler in der zu planenden Lernsequenz auf jeden Fall erwerben sollen und woran die Lehrperson den Erfolg ihrer Arbeit bestimmen will.

Wir haben deshalb unter den geforderten Kompetenzen eine Kompetenz als Schwerpunktkompetenz herausgehoben, die den Gang des Unterrichts sowie die Bestimmung des Themas leiten soll und darüber hinaus eine nachvollziehbare Gliederung der Lernsequenz erlaubt.

4. Aufmerksamkeit und Unterrichtsklima

Lernen beginnt mit sinnlichen Reizen und der Aktivierung des sensorischen Gedächtnisses. Damit Informationen weiter bearbeitet werden können, bedarf es der Sicherung der Aufmerksamkeit und vor allem auch Zeit. Kompetenzorientiertes Unterrichten wird deshalb auf Aufmerksamkeit achten[14], auf eine intensive Nutzung der Lernzeit[15] sowie auf die Gestaltung einer »vorbereiteten Umgebung«[16], die über den Raum hinausreicht, und auf ein lernförderliches Lernklima[17]. Zu diesen nicht ganz überraschenden Einsichten gehören darüber hinaus klare Zeitabsprachen, ein pünktlicher Unterrichtsbeginn, Zielvereinbarungen sowie Respekt, Gerechtigkeit und eine fröhliche Grundstimmung.[18] Dazu gehört auch eine ästhetische und funktionale Raumausstattung. Meta-Unterricht (Unterricht über Unterricht) kann Missstände und Unbehagen bearbeitbar machen.

5. Lebensbedeutsamkeit und Stimmigkeit

Der Erwerb neuer Informationen hängt zunächst einmal davon ab, ob und wie es dem lernenden Subjekt gelingt, Bezüge zu eigenen Erfahrungen und eigenem Vorwissen herzustellen, eigene Interessen in die Bearbeitung des Themas einzubringen und ob die Lernsituation als »authentisch«[19] und die Lerninhalte deshalb als plausibel, lebensnah und verwendungsfähig erlebt werden.

Der/die Unterrichtende sollte sich deshalb über die Lebensbedeutsamkeit des neuen Wissens im Klaren und in der Lage sein, darüber Auskunft zu geben. Im Blick auf religiöses Wissen bedürfte es der Entdeckung, ob und wie das angebotene Wissen für das persönliche Leben der Schülerinnen und Schüler, das gesellschaftlich kulturelle Zusam-

[11] Seel 23.
[12] Ziener 24–26.
[13] Ziener 43ff.
[14] Mietzel 185ff.; 219.
[15] Meyer 2003, 38.
[16] Meyer 2004, 120ff.
[17] Meyer 2003, 40.
[18] Meyer 2004, 47f.
[19] Mietzel 205.

menleben, aber auch kirchliches Leben bedeutsam ist. (Hier begegnen die ehemaligen Curriculum-Determinanten.) Lebensbedeutsamkeit erweist sich auch darin, ob das zu erwerbende deklarative oder prozedurale Wissen hilft, elementare Fragen zu bearbeiten und mögliche Herausforderungen des Alltags, seien es Aufgaben oder Probleme, zu bewältigen[20]. Infolgedessen gehören auch Transferübungen selbstverständlich zum Unterricht.[21]

Wir haben deshalb bei allen zu erwerbenden Kompetenzen deren Lebensbedeutsamkeit und die darin aufgenommenen elementaren Fragen herausgestellt. Die Lebensbedeutsamkeit wird jedes Mal nach den Richtungen Gesellschaft, Schüler/innen und Kirche entworfen.

Über die Lebensbedeutsamkeit hinaus verdient (wie schon immer) die Stimmigkeit der Ziel-, Inhalts- und Methodenentscheidungen und damit die Zielgerichtetheit und das Timing des Unterrichts Beachtung.[22] Es ist ganz entscheidend, dass Schülerinnen und Schüler den Unterrichtsgang einigermaßen verstehen, überschauen und nachvollziehen können, sodass »Lehrziele« zu »Lernzielen« werden können.

6. Anpassung der Leistungserwartungen und Beurteilung des Lernfortschrittes
Sowohl Überforderung als auch Unterforderung beeinträchtigen kompetenzorientiertes, nachhaltiges Lehren. In beiden Fällen droht Abschalten und damit das Unterlassen einer eigenen aktiven gedanklichen Auseinandersetzung. Dies betrifft die Lerngruppe insgesamt, aber ganz selbstverständlich auch den einzelnen Schüler und die einzelne Schülerin.

Gerade in Religionsgruppen, die aus unterschiedlichen Klassen zusammengesetzt sind und deren Schülerinnen und Schüler aus ganz unterschiedlichen Kontexten kommen (können), ist eine bedachte Lernstandsdiagnose angezeigt, die darauf bezogene klare und freundliche Formulierung von Leistungserwartungen (Hilbert Meyer) sowie vereinbarte Verfahren der informellen und formellen Beurteilung des individuellen und kollektiven Lernfortschrittes. Dazu gehören auch Kontrollstrategien bzw. Rückmeldeschleifen, in denen herausgefunden wird, was Schülerinnen und Schüler noch nicht verstanden haben.

Wir entwerfen deshalb jedes Mal im Eingangsbereich einer Lernsequenz Situationen, in denen Schülerinnen und Schüler darstellen können, was sie schon längst können und kennen. Es gilt aber dann auch Situationen zu schaffen, in denen die Schülerinnen und Schüler präsentieren können, was sie gemeinsam und individuell dazu gelernt haben. Auch dazu gibt es jedes Mal Vorschläge.

7. Rollenklarheit und Planungsbeteiligung
Lehrende haben die Aufgabe, Unterrichtssituationen zu schaffen, die den Erwerb von Kompetenzen in Lerngruppen wahrscheinlicher machen. Dazu gehören realistische Leistungserwartungen und Leistungskontrollen, die Gesichtspunkte für die Angemessenheit des Lernarrangements liefern und Hinweise auf den Lernfortschritt geben. Lernen dürfte eher gelingen, wenn sich Unterrichtende über ihre Aufgabe im Klaren und bereit sind, ihre Rolle zu übernehmen.

---

[20] Von einer Aufgabe spricht man, wenn die Prozeduren bekannt sind, mit denen man vom Ist- zum Sollzustand kommt. Vor einem Problem steht man, wenn es auf dem Weg zum Ziel Barrieren gibt, die man zunächst nicht zu überwinden weiß. Vgl. Gislinde Bovet, Wissenserwerb und Problemlösen, in: Gislinde Bovet/Volker Huvendieck (Hg.) Leitfaden Schulpraxis. Pädagogik und Psychologie für den Lehrberuf 2004, 195–230, dort 213.
[21] Vgl. Seel 310–323.
[22] Meyer 2003, 38f.

Es ist davon auszugehen, dass die Lernmotivation steigt, wenn Schülerinnen und Schüler den Eindruck haben, »Origin« zu sein, über Teilziele, Inhalte und Lernwege selbst bestimmen zu können und sich bei all dem als kompetent zu erleben[23]. Infolgedessen verdient die Planungsbeteiligung der Schülerinnen und Schüler, aber auch die Definition realistischer Lernziele besondere Aufmerksamkeit. Schülerinnen und Schüler werden so zu »Mitwissern« des angestrebten Lernweges.[24]

Wir unterbreiten deshalb immer wieder Vorschläge, wie Schülerinnen und Schüler einen Einblick in die angezielten Kompetenzen gewinnen und wie sie an Unterrichtsentscheidungen beteiligt werden können.

Denkbar sind z.B. »Sinnkonferenzen«[25], d.h., Unterrichtsgespräche, in denen Lehrer/innen und Schüler/innen eine Verständigung über Ziele, Inhalte, Methoden herbeiführen, aber auch Zielvereinbarungen schließen.

8. Klarheit und Vielfalt

Der Einbau neuer Informationen in schon vorhandenes Wissen bedarf der organisierenden Verarbeitung durch das lernende Subjekt. Hilfreich dafür ist eine klare Strukturierung der Lehr- und Lernprozesse[26], eine klare Sprache, die Einordnung in größere Zusammenhänge, das Angebot organisierender Lernhilfen (advanced organizer), die Verwendung klarer Schemata und anschaulicher Beispiele sowie das Vermeiden von Interferenz (s.u.).

Zu einer klaren Strukturierung des Lehr- und Lernprozesses gehören, wie schon immer, klare Aufgabenstellungen, eine deutliche Markierung der Unterrichtsschritte, die gute Vorbereitung von Lernmaterialien, aber auch ein informierender Unterrichtseinstieg, der einen knappen Überblick über Aufgabenstellung und Ablaufplanung der Stunde gibt[27]. Dazu gehören transparente Leistungserwartungen sowie die Einführung von Unterrichtsritualen[28]. Ziel sollte sein, dass Schülerinnen und Schüler jederzeit in der Lage sind zu erläutern, was sie tun und welches Ziel sie verfolgen.

»Advance organizer«[29] wollen ein vorauslaufendes, geistiges Gerüst zur Verfügung stellen, das Verankerungsmöglichkeiten für neue Informationen bildet. Es wird im Unterricht vorangestellt und begleitet diesen. In Frage kommen Analogien[30] und mentale Modelle wie Bilder, Diagramme und grafische Darstellungen[31]. Bewährt haben sich Mindmaps. Visuelle Modelle wirken offenkundig stärker als verbale. Solche Modelle erlauben nicht nur die Einordnung neuer Informationen, sondern auch die Entwicklung von Deduktion und Transfer. Eine ähnliche Funktion haben Übersichten, die die Lerneinheit zusammenfassen[32].

Wir schlagen deshalb für alle Unterrichtseinheiten Leitmedien vor, die die Bündelung und Einordnung zu erlernender Inhalte, verbunden mit bestimmten Routinen (Wiederholungen) und Fertigkeiten, erlauben. Vorgeschlagen wird darüber hinaus, immer wieder Zwischenergebnisse festzuhalten.

[23] Seel 278–281.
[24] Ziener 71.
[25] Meyer 2004, 70.
[26] Meyer 2003, 38; 2004, 25–38.
[27] Meyer 2003, 38; 2004, 25–28.55–66.
[28] Meyer 2003, 37.
[29] Mietzel 224–226.
[30] Mietzel 225f.
[31] Seel 262f.
[32] Mietzel 223.

Die Entwicklung geordneter Wissensstrukturen bedarf begrifflicher Schemata (gleichsam Überschriften), die bedeutsame Merkmale in abstrakter Form z.B. in kognitiven Landkarten zusammenfassen. So besteht zum Beispiel der christliche Glaube aus Überzeugungen, Handlungsweisen, Riten, Lehren und bestimmten Gegenständen.

Anschauliche Beispiele und Vergleiche dienen immer wieder dem Zweck, neues Wissen und Vorwissen zu verknüpfen. Sie aktivieren Kenntnisse, über die die Lernenden schon verfügen.

Interferenzen liegen vor, wenn nacheinander ähnliche Inhalte angeboten werden und dadurch beim Abrufen Verwechslungen entstehen.[33] Klar unterschiedene Inhalte vermeiden Interferenzen und sichern so das Speichern neuer Informationen.

Da Unterrichtsaufgaben vielfältig, Lernvoraussetzungen heterogen und vernetztes Lernen unterschiedliche, aber sich ergänzende Lernwege braucht, ist Methodenvielfalt eine wichtige Hilfe für kompetenzorientiertes Unterrichten. Diese immer schon propagierte Empfehlung wird immer wieder ignoriert und bedarf deshalb der Erinnerung. Dabei verdient der Hinweis Beachtung, dass es *die* Methode nicht gibt und eine Kombination von lehrgangsförmig-instruierendem und situiert-offenem Unterricht am meisten Erfolg verspricht.[34]

Vorgeschlagen wird deshalb, bei der Planung unterschiedlicher Lernsituationen das »Methodenkarussell« in Gang zu setzen und möglichst vielfältige und abwechslungsreiche Lernwege anzubieten. Unsere Unterrichtsvorschläge verdanken sich der Anwendung dieses Methodenkarussells.

9. Verarbeitungsstrategien

Das konstruktivistische Verständnis des Lernens geht – wie oben erläutert – davon aus, dass das lernende Subjekt selber durch gedankliche Operationen Informationen im Gedächtnis präsentiert. Der eigenen Verarbeitung von Informationen kommt deshalb eine hohe Bedeutung zu. Neben dem deklarativen Wissen (wissen, dass …) verdient deshalb auch das prozedurale Wissen (wissen, wie …) im Religionsunterricht Beachtung.

Verarbeitungsstrategien braucht man, um z.B. Informationen gezielt entnehmen, wichtig von unwichtig unterscheiden, Zusammenfassungen und Überblicke herstellen[35] oder Zusammenhänge darstellen zu können, z.B. durch Mindmaps. Man braucht aber auch Strategien, um mit Hindernissen, Stress und Motivationsproblemen umgehen zu können. Die damit gemeinten Lern- und Arbeitstechniken können offenkundig nicht inhaltsleer erlernt und eingeübt werden. Dennoch bedürfen sie der eigenständigen Beachtung, der Übung und vor allem auch ausreichender Lernzeit, um von einem Methoden*wissen* zu einem selbstverständlichen Methoden*können* zu gelangen, das nicht nur schneller zu einem Lernergebnis führt, sondern darüber hinaus eigenständiges Lernen und schließlich Mündigkeit eröffnet.[36]

Im Religionsunterricht kommt der eigenständigen Erschließung von Bibeltexten eine hohe Bedeutung zu. Es geht hier um biblisch-hermeneutische Kompetenz. Bedeutsam

---

[33] Interferenzen sind Störungen oder Hemmungen, die proaktiv oder retroaktiv verlaufen können. Entweder der Lerninhalt 1 beeinträchtigt das Erlernen von Lerninhalt 2 (proaktiv) oder das Erlernen von Lerninhalt 2 beeinträchtigt das Behalten von Lerninhalt 1 (retroaktiv). Mietzel 242–244 weist darauf hin, dass solche Störungen vor allem dann auftreten, wenn sich neuere und frühere Lerninhalte hochgradig ähneln.

[34] Meyer 2003, 39; 2004, 74–85; Ziener, 82.

[35] Mietzel 226–233.

[36] PISA 2001, 271 formuliert: »Lernende, die ihr eigenes Lernen regulieren, sind in der Lage, sich selbständig Lernziele zu setzen, dem Inhalt und Ziel angemessene Techniken und Strategien auszuwählen und sie auch einzusetzen.«

ist aber auch die Fähigkeit, ein Bild oder einen Film zu erschließen, ein Heft zu führen, einen Morgenkreis, eine Meditation oder einen Schulgottesdienst gestalten zu können.

Es ist deshalb sinnvoll, sich bei jedem Thema darüber klar zu werden, worin das notwendige deklarative und zugleich das hilfreiche prozedurale Wissen besteht, um so sowohl Sach- als auch Methodenkompetenz aufzubauen.

10. Wiederholung und Übung

Nachhaltiger Unterricht ist zweifellos von der Qualität des Unterrichts abhängig, von der Bedeutsamkeit seiner Inhalte, dem emotionalen Klima, der Klarheit und der Strukturierung des Lernprozesses und dem aktiven Umgang mit den dargebotenen Inhalten. Guter Unterricht achtet auch darauf, dass ähnlich strukturierte Inhalte nicht zeitlich parallel oder gleich nacheinander eingeführt werden, da Interferenz droht.
Die Vernetzung im Gehirn und damit der Verankerung im Langzeitgedächtnis ist darüber hinaus aber abhängig von der bedachten Wiederholung und einem intelligenten Üben. Die Gedächtnisforschung (einst begründet durch Ebbinghaus) weist nach, dass Inhalte ohne Wiederholung und Übung bald vergessen werden. Die Behaltensdauer erhöht sich jedoch durch eine »aufarbeitende Wiederholung«[37], in der der Lernende selber neue Informationen mit jenen Inhalten in Beziehung setzt, die sich bereits in seinem Langzeitgedächtnis befinden, diese selbständig strukturiert und selber darstellt.

Wir schlagen deshalb bei jeder Einheit Situationen vor, in denen Schülerinnen und Schüler das Gelernte selber darstellen können. Dem kann dann eine eigenständige Anwendung in ähnlichen und später in unähnlichen, fremden Situationen folgen.

Nachhaltigkeit wird erhöht, wenn Inhalte in regelmäßigen Abständen wiederholt werden, wobei die Abstände zunächst sehr kurz sein sollten, um dann langsam länger zu werden[38].
Die folgenden Unterrichtseinheiten stellen deshalb Lernkarten zur Verfügung, die das entscheidende und besonders vernetzungsfähige deklarative als auch das prozedurale Wissen definieren und es erlauben, dieses immer wieder zu wiederholen. Selbstverständlich sind diese ergänz- und veränderbar.

11. Metakognition und Schülerfeedback

Wenn der kognitiven Verarbeitung von Informationen im Rahmen des Lernens eine zentrale Bedeutung zukommt, so kommen dem Wissen über die kognitiven Prozesse und der Fähigkeit, auf sie einzuwirken, lernförderliche Funktionen zu. Offenbar kann man besser denken, wenn man weiß, wie das Denken funktioniert und – schlussfolgernd daraus – kann man besser lernen, wenn man weiß, wie das Lernen funktioniert. Metakognition und Metalernen erweisen sich somit als wichtige Hilfen beim Lernen.[39] Gegenstand eines solchen metakognitiven Prozesses kann die Bedeutung der Aufmerksamkeit sein, die Lern- und Denkstrategien, die Wissensbestände, die Lernbarrieren, aber auch die Ziele. Fragen könnten sein: Welche Teilziele sind wichtig? Was weiß ich bereits? Was muss ich zusätzlich wissen? Woher besorge ich fehlende Informationen? Welche Lern- und Denkstrategien haben den Arbeitsprozess bisher vorangebracht? Welche waren ineffektiv? Was kann ich in Bezug auf die Arbeit gut und was kann ich weniger? Wo muss ich Acht geben und mir eventuell helfen lassen? Woran liegt es, dass ich nicht weiterkomme? Gibt es andere Wege, kann man das Problem auch anders sehen?

[37] Mietzel 190.
[38] Meyer 2003, 39.
[39] Mietzel 233–238; Seel 223–246.

Empfohlen wird, solche metakognitiven Prozesse immer wieder zu ermöglichen, möglichst auch zu Beginn einer Lernsequenz, aber vor allem am Ende längerer Lernsequenzen.

Davon noch einmal zu unterscheiden sind Schülerfeedbacks und damit die Nutzung von Schülerrückmeldungen zur Qualitätssicherung und Qualitätsentwicklung des Unterrichtes.[40] Dies kann durch geschlossene schriftliche Verfahren geschehen, durch anonyme Kartenabfragen oder Rollenverhandlungen, in welchen darüber gesprochen wird, welche Verhaltensweisen der Lehrperson sich als hilfreich oder als störend erwiesen haben. Darauf folgt die Stellungnahme der Lehrperson und schließlich die Formulierung einer verbindlichen Vereinbarung für das weitere gemeinsame Lernen[41].

Empfohlen wird deshalb, Schülerfeedback fest zu installieren und dazu schon bewährte Vorgaben einzusetzen.

---

[40] Helmke 159–175.
[41] Meyer 2003, 41.

Hinweise zum Aufbau und zur Anordnung der »Unterrichtsideen Religion Neu«

Die folgenden Unterrichtsvorschläge für den Standardzeitraum 5/6 nehmen die vorgelegten Einsichten zu einem kompetenzorientierten Unterricht auf.

Sie gehen aus von einem Kompetenzbündel und innerhalb desselben von einer oder mehreren **Schwerpunktkompetenzen** (Schwerpunktkompetenzen und weitere Kompetenzen). Diese leiten den Aufbau der Unterrichtsbausteine und bestimmen deren thematische Ausrichtung. Die Kompetenzen beziehen sich primär auf den Bildungsplan Baden-Württemberg. Sie sind daher stets so nummeriert, dass rasch deutlich wird, aus welchen Dimensionen (z.B. Dimension 1 Mensch, 3 Bibel) sie entnommen sind und welche Position sie dort einnehmen (3.2. heißt also 2. Kompetenz in Dimension 3 Bibel). Die Schwerpunktkompetenzen sind der Kompetenzaufzählung vorangestellt.

Die jeweilige **Überschrift** (z.B. Miteinander über Bilder von Gott sprechen) ist aktivisch und in Richtung Kompetenzen formuliert. Durch Ergänzen eines »können« wird die Kompetenzorientierung vollends sichtbar. So soll angezeigt werden, dass die vorgelegten Unterrichtseinheiten zwar viel »Input« bieten, aber auf einen »Output« ausgerichtet sind.

Die Reflexion der Lebensrelevanz soll verdeutlichen, welchen Beitrag der Unterricht mit den ausgewählten Kompetenzen für das persönliche, gesellschaftliche und kirchliche Leben und damit für eine »Lebensführungskompetenz« leisten kann (**Zur Lebensbedeutsamkeit**).

Die angeführten elementaren Fragen sind als Fragen zu verstehen, die das Leben bewegen, von jedem Schüler und von jeder Schülerin so gestellt werden könnten und sowohl ein individuelles Nachdenken als auch ein dialogisches Gespräch eröffnen können (**Elementare Fragen**). Auch sie weisen auf die Lebensrelevanz der angezielten Kompetenzen und des sie ermöglichenden Unterrichts.

Die Hinweise auf **katholische Bildungspläne** (Ein Blick auf katholische Bildungsstandards) soll Abstimmungen ermöglichen und die Gelegenheit bieten, gemeinsame Beiträge zu dem jeweiligen Schulcurriculum zu identifizieren.

Für jede Einheit werden vorausgehende Lernhilfen im Sinne der »advanced organizer« vorgeschlagen, die dazu helfen sollen die Inhalte gedanklich zu ordnen, sodass sich in den Köpfen der Schülerinnen und Schüler ein roter Faden ausbilden kann (**Leitmedien**). Sie wollen auch als Anregung verstanden werden, sich eigene Lernhilfen zurecht zu legen.

Den Einheiten sind **Lernkarten** beigefügt, die das Wissensfundament der jeweiligen Einheit bereitstellen wollen. Sie enthalten auf der Vorderseite eine Frage, auf der beigefügten Rückseite mögliche Antworten. Diese Lernkarten sind nach den Unterrichtsthemen ausgezeichnet und durchgezählt. Im Laufe des Schuljahres sollen sie nacheinander eingebracht und immer wieder wiederholt werden.

Die folgenden **Bausteine** folgen stets dem gleichen **Aufbau**:
- Sie machen Vorschläge für eine **Lernstandsdiagnose** (Die Schülerinnen und Schüler können zeigen, was sie schon können und kennen)
- Sie zeigen Möglichkeiten auf, wie Schülerinnen und Schüler an der Unterrichtsplanung beteiligt werden können und *Transparenz* hergestellt werden kann (Die Schülerinnen und Schüler wissen, welche Kompetenzen es zu erwerben gilt, und können ihren Lernweg mitgestalten)

- Sie **operationalisieren** die vorangestellten Kompetenzen und bieten eine Fülle von Anregungen, wie solche Kenntnisse, Fähigkeiten und Fertigkeiten angebahnt, aber auch wiederholt werden können. Bewusst werden unterschiedliche Vorschläge gemacht, die verschiedene, auf Eigenaktivität angelegte Lernwege anbieten und deshalb von der Lehrperson ausgewählt werden müssen. Immer wieder lassen sie sich aber auch zu Lernsequenzen zusammenfügen. Die Hinweise auf Schulbücher und Handreichungen sollen deutlich machen, dass unterrichtliches Material zu den vorgeschlagenen Bausteinen leicht zugänglich ist.
- Sie regen an, am Ende einer Lernsequenz die Ergebnisse zu **evaluieren** und vor allem die Schülerinnen und Schüler dazu zu motivieren, das Gelernte selbständig darzustellen (Die Schülerinnen und Schüler können darstellen, was sie gelernt haben).
- Die abschließenden Literaturhinweise wollen knapp auf weitere hilfreiche Materialien und auf vertiefende Erkenntnisse hinweisen.

Die angefügten Arbeitsmaterialien sollen den vorgeschlagenen Lernweg ermöglichen, können und wollen aber nicht alles Material bieten, das im Rahmen einer solchen Einheit benötigt wird. Zum einen ist davon auszugehen, dass die Unterrichtenden selber über viel Material verfügen, zum anderen finden sich in den einschlägigen Schulbüchern wie Kursbuch Religion Elementar 5/6, Das Kursbuch Religion 1 und SpurenLesen 1 sowie in den bisher erschienenen Unterrichtsideen Religion 5 und 6 eine Fülle ergänzender Materialien. Bewusst wurden solche Materialien ausgewählt, die so nicht zur Verfügung stehen.

Die angebotenen Unterrichtseinheiten lassen sich in schulartübergreifende und schulartspezifische Einheiten unterscheiden. Dies erklärt sich aus der Nähe der in den verschiedenen Schularten vorgegebenen Kompetenzen. So ergeben sich auch Einheiten, die drei und zwei Schularten im Blick haben. Lehrende können hier entweder den ganzen Vorschlag übernehmen oder jene Elemente auswählen, die in ihrer Schulart von Bedeutung sind.

In einem Anhang finden sich die Kompetenzen aus den Bildungsplänen der Hauptschule, der Realschule und des Gymnasiums. Die Hinweise auf die Einheiten und die Seiten sollen helfen, die dafür vorgeschlagenen Unterrichtselemente rasch zu finden.

Die angefügten Zweijahrespläne für den Religionsunterricht an Hauptschulen und Gymnasien sind auch für die Realschule exemplarisch zu verstehen, machen aber zugleich deutlich, welcher Aufriss bei der Auswahl der Einheiten und der Bestimmung der Unterrichtsvorschläge vor Augen stand. Sie wollen gleichzeitig deutlich machen, dass kompetenzorientierter Unterricht stets den Unterricht in einem ganzen Standardzeitraum vor Augen haben muss, um nachhaltig arbeiten zu können. Nur so wird sichtbar, ob alle Kompetenzen aufgenommen sind, wo bestimmte Kompetenzen noch einmal aufgegriffen werden und wo es zu Wiederholungen und Vertiefungen kommen kann.

Miteinander über Bilder von Gott sprechen

Bildungsstandards Hauptschule, Realschule, Gymnasium

Schwerpunktkompetenzen und weitere Kompetenzen	Die Schülerinnen und Schüler - **kennen unterschiedliche Gottesnamen und -symbole der Bibel: JHWH, Gott – Vater und Mutter, Feuer, Wolke … (HS 4.2)** - können darauf verweisen, dass in biblischen Geschichten von Erfahrungen mit Gott erzählt wird (HS 4.1) - kennen zentrale Geschichten und Texte aus der Bibel (HS 3.2) - **können über ihr eigenes Gottesbild mit anderen sprechen (RS 4.1)** - kennen biblische Geschichten, die von der Beziehung Gottes zu den Menschen erzählen (RS 4.2) - können über ausgewählte Texte der Bibel Auskunft geben (RS 3.2) - sind in der Lage, sich mit ihren Fragen und Erfahrungen bei der Auslegung eines biblischen Textes zu beteiligen (RS 3.4) - **kennen biblische Bildworte für Gott und können eigene Gottesbilder aussprechen und bedenken (GY 4.2)** - können exemplarisch biblische Texte zu ihren Entstehungssituationen in Beziehung setzen (GY 3.2)
Zur Lebensbedeutsamkeit	Im Gottesbild der Kinder findet ihr grundlegendes Verhältnis zur Welt und zu sich selbst Ausdruck. Gottesbilder thematisieren somit das, was das Leben, Erleben, Urteilen und Handeln der Kinder mehr oder weniger bewusst bestimmt. Die Auseinandersetzung mit dem biblisch-christlichen Gottesbild gibt zum einen Raum eigene Vorstellungen zu entwickeln und bietet Geschichten an, die trösten, vergewissern, leiten und Hoffnung geben können. Sie gibt darüber hinaus Einblick in das Selbst- und Weltverständnis der europäisch-abendländischen Kultur. Der christliche Gottesglaube hat auf vielfache Weise gesellschaftliche Selbstverständlichkeiten geprägt wie z.B. den Wechsel von Alltag und Sonntag, die Hilfe für den notleidenden Nächsten, die Personalität des Menschen, Leitvorstellungen wie Solidarität, Verantwortung die unendliche Würde jedes einzelnen Menschen und die Sicht der Umwelt als Schöpfung Gottes. Sie gibt schließlich Einblick in das Grundverständnis der christlichen Kirchen und eröffnet die Möglichkeit zur Teilhabe.
Elementare Fragen	Wie sieht Gott aus? Wie handelt Gott? Gibt es Gott überhaupt? Kann und darf man von Gott ein Bild malen? Hilft Gott, wenn ich zu ihm bete? Ist Gott ein Mann oder eine Frau?
Ein Blick auf katholische Bildungsstandards	Die Schülerinnen und Schüler - sind in der Lage, ihre Vorstellungen und Erfahrungen von Gott auszudrücken und wissen, dass diese unterschiedlich und widersprüchlich sein können (HS 4.5) - kennen den biblischen Gottesnamen (JHWH) und biblische Symbole für Gott (wie Vater und Mutter, Feuer, Wolke, Licht) (RS 4.2) - kennen Lebensgeschichten von Menschen, die mit Gott ihren Weg gegangen sind (GY 4.3) - können an Beispielen bildhafte Sprache erkennen und deuten (GY 3.5)

Leitmedien	▪ Lied: Bist du ein Haus aus dicken Steinen (Das Kursbuch Religion 1, 108) ▪ Gottesbilder aus der Kunst → M 1
Die Schülerinnen und Schüler können zeigen, was sie schon können und kennen → GY 4.2	▪ Kinderbilder und Kinderaussagen von Gott lesen, deuten und vergleichen (Das Kursbuch Religion 1, 108, 110, 111; Unterrichtsideen 6, 111f.) ▪ Aus den 99 Namen Gottes im Islam jene aussuchen, die zum Gott der Bibel passen (Kursbuch Religion Elementar 5/6, 85) ▪ Gruppenarbeit zu den Stichworten »Abraham und Gott«, »Mose und Gott«, »Wie Gott Josef geholfen hat«, »Woran sich zeigt, dass Jesus Gottes Sohn ist«. Schülerinnen und Schüler erzählen sich, welche Geschichten sie kennen, notieren diese mit einem Stichwort und stellen es dann anderen vor. ▪ Meine Fragen an Gott formulieren (Unterrichtsideen 5, 93) ▪ Worte sammeln, die zu Gott passen (Unterrichtsideen 5, 93)
Die Schülerinnen und Schüler wissen, welche Kompetenzen es zu erwerben gilt, und können ihren Lernweg mitgestalten	▪ Kompetenzen vorlesen und klären, wie man dazu kommen kann ▪ Gespräch über elementare Fragen und Formulierungen von Anschlussfragen führen
Die Schülerinnen und Schüler können über eigene Gottesbilder miteinander sprechen → GY 4.2; RS 4.1	▪ Eigene Gottesbilder zeichnen und miteinander vergleichen ▪ Mit Gottesbildern aus der Kunst (z.B. Chagall → M 1) vergleichen ▪ Eigene Geschichten von Gott mit dem apostolischen Glaubensbekenntnis vergleichen. Wo gehören unsere Geschichten hin, was wissen wir mehr? ▪ Eigene Gottesbilder mit dem Bild Gottes in Liedern (auch Ev. Gesangbuch) vergleichen ▪ Die eigenen Gottesbilder mit Gottesbildern in der Popkultur vergleichen (z.B. God is a DJ; God is a girl, Das Kursbuch Religion 1, 111) ▪ Theologisieren: Ist Gott ein Mann oder eine Frau? (Das Kursbuch Religion 1, 111)
Die Schülerinnen und Schüler können eigene Gottesbilder mit dem Gottesbild in einem Psalm vergleichen → GY 4.2; HS 3.2; RS 3.2; 4.2	▪ Ps 139 gliedern und zu den einzelnen Versen Bewegungen bzw. Gesten entwickeln ▪ Den wichtigsten Vers bestimmen und kalligrafisch gestalten ▪ Zu einzelnen Abschnitten von Ps 139 (V. 1–7; 8–12; 13–18) Bilder von Gott malen ▪ Die Bilder von Gott in Ps 139 mit denen in Ps 23 vergleichen ▪ Die Vorstellungen von Gott im Psalm mit eigenen Gottesbildern vergleichen
Die Schülerinnen und Schüler können erzählen, wie Gott einer biblischen Person begegnet → GY 3.2; HS 4.1	▪ **Mose**-Zyklus als Video, Comic oder Erzählung (Unterrichtsideen 5, 93f., Das Kursbuch Religion 1, 96–100) ▪ Die Begegnung am brennenden Dornbusch Ex 3 mit verschiedenen künstlerischen Darstellungen vergleichen (Kursbuch Religion Elementar 5/6, 86; Das Kursbuch Religion 1, 98; Unterrichtsideen 5, 95) ▪ In verschiedenen Bibelübersetzungen unterschiedliche Übersetzungen des Gottesnamens finden (z.B. Gute Nachricht »Der-Ich-bin-da«, Lutherbibel »Ich werde sein, der ich sein werde«; Laubi-Bibel »ICHBINDA«; Einheitsübersetzung …). Überlegen, ob das immer dasselbe ist und welcher Name am besten zu Gott passt. ▪ Vergleich mit Ps 139 oder Ps 23

- **Jakob**-Esau-Erzählung als Film, Comic oder Gesamterzählung (Das Kursbuch Religion 1, 94f.)
- Die Begegnung Gottes in Bethel Gen 28,10–22 nachempfinden und mit verschiedenen künstlerischen Darstellungen vergleichen (Das Kursbuch Religion 1, 94)
- Zu Gen 28,15 aus einer Sammlung von Segensworten (→ M 2) alternative Segensworte zuordnen

- Die Begegnung **Elias** mit Gott in 1 Kön 21 pantomimisch nachempfinden
- Vergleich mit verschiedenen künstlerischen Darstellungen, z.B. Laubi-Bibel, 145; oder Sieger Köder, Kinderbibel 67

Die Schülerinnen und Schüler können mithilfe von Erzählungen, Liedern, Bildern oder Zeichnungen darstellen, wie Jesus von Gott erzählt **→ HS 4.1; 4.2; RS 4.2**	- In einem Comic zum Gleichnis vom verlorenen Schaf entdecken, wie Jesus von Gott erzählt (Kursbuch Religion Elementar 5/6, 89) - Das Gleichnis vom verlorenen Sohn nachvollziehen und darin entdecken, wie Jesus von Gott erzählt (Unterrichtsideen 6, 133f.; Das Kursbuch Religion 1, 133, 110) - Geschichten von ähnlichen Erfahrungen im Alltag erzählen (Das Kursbuch Religion 1, 71)
Die Schülerinnen und Schüler können biblische Symbolbilder für die Erfahrung mit Gott deuten (Regenbogen, Licht, Hand, Taube, Sonne, Tetragramm, Kreuz) **→ HS 4.2; GY 4.2; RS 4.2**	- Unterschiedliche Gottesnamen bedenken: Lied »Bist du ein Haus aus dicken Steinen?« (Das Kursbuch Religion 1, 108); Das Lied der Trommel (Unterrichtsideen 6, 109) - Lieder miteinander singen, in denen die biblischen Symbole enthalten sind (z.B. Du bist das Licht der Welt) - In biblischen Namen für Gott (Licht, Quelle, König, Sonne, Fels, Richter, Vater, Burg) Erfahrungen, die andere mit Gott gemacht haben, entdecken und mit eigenen Erfahrungen vergleichen (Kursbuch Religion Elementar 5/6, 87, 84) - Zu symbolischen Darstellungen Gottes biblische Geschichten finden (Kursbuch Religion Elementar 5/6, 86; Das Kursbuch Religion 1, 109, 88, 89 - Zusammenfassend ein Textbild-Collagen entwerfen und einander vorstellen
Die Schülerinnen und Schüler können das Bilderverbot angesichts der Fülle sprachlicher Gottesbilder in der Bibel erläutern **→ HS 3.2; RS 3.2; GY 4.2; 3.2**	- Aus einem Schulbuch oder Sammlung Bilder von Gott zusammentragen (z.B. Das Kursbuch Religion 1, 12, 39, 49, 92, 95, 98, 108, 113, 133, 139, 212; Kursbuch Religion Elementar 5/6, 83; vgl. auch Unterrichtsideen 5, 102, 110) und Gemeinsamkeiten und Unterschiede herausfinden. Bedenken, was das Bilderverbot heißen könnte - Das Bilderverbot in seinem biblischen Erzählzusammenhang mit Ex 32 kennen lernen und darauf achten, dass sich das Bilderverbot auf materielle Standbilder, nicht aber auf sprachliche Bilder bezieht; L-Erzählung: Götter in Ägypten – Sinai – Goldenes Kalb - Theologisieren: Darf man sich ein Bild von Gott machen? (Das Kursbuch Religion 1, 112) - Jesus Christus als wahres Ebenbild Gottes (Das Kursbuch Religion 1, 113)
Die Schülerinnen und Schüler können entdecken und darstellen, was sie neu gelernt haben	- Ein Gottesbild aus der Kunst (z.B. Emil Nolde, Der Gärtner) deuten und zu eigenen sowie zu biblischen Vorstellungen in Bezug setzen - Ein DIN A 3-Blatt in vier Felder teilen: Ein Bild von Gott, das mir gut gefällt; eine Geschichte aus der Bibel, die von Gott erzählt; ein Symbol, das zu Gott passt; ein Lied von Gott, das ich gerne singe. - Ein Plakat gestalten von Menschen, die von der Zuwendung Gottes erzählen können (Unterrichtsideen 5, 96)

- Ein Streitgespräch führen: Sind unsere Bilder von Gott falsch oder richtig?
- Theologisieren: Ist Gott eine Burg, ein Licht oder ein Vater?
- Arbeiten mit Lernkarten; Entwickeln eigener weiterer Lernkarten

---

Literatur

Unterrichtspraktisches Material
Werner Laubi, Kinderbibel. Illustriert von Annegert Fuchhuber, Lahr, [8]2002, 145
Unterrichtsideen Religion 5, Stuttgart 1996, 90–115 »Ich bin für euch da«
Unterrichtsideen Religion 6, Stuttgart 1997

Schulbücher
Das Kursbuch Religion 1, Stuttgart/Braunschweig 2005, 108–113
Kursbuch Religion Elementar 5/6, Stuttgart/Braunschweig 2003, 80–91
SpurenLesen 1, Stuttgart/Braunschweig 2007

M 1 Bilder von Gott

Sieger Köder

Marc Chagall © VG Bild-Kunst, Bonn 2008

Deckenmalerei in Urschalling

Marc Chagall © VG Bild-Kunst, Bonn 2008

Farbige Vorlagen siehe Seite 257

William Blake

Lucas Cranach

Heiliges Mandylion

Mark Rothko

Farbige Vorlagen siehe Seite 258

M 2 Segenskarten

Ich wünsche dir nicht ein Leben ohne Mühe und ohne
   Herausforderung.
Ich wünsche dir, dass deine Arbeit nicht ins Leere
   geht.
Ich wünsche dir die Kraft der Hände und des Her-
   zens.
Und ich wünsche, dass hinter deinem Pflug Frucht
   wächst
und dass zwischen den Halmen die Blumen nicht
   fehlen.
Denn wie der Mensch nicht vom Brot allein lebt,
so wächst auch das Brot nicht durch den Menschen
   allein,
sondern durch den Segen dessen, dem das Feld und
   die Saat gehören.
Das Brot wächst durch die Kraft dessen,
dem die Erde dient und der Himmel, die Sonne und
   der Regen.
Dass in deiner Kraft seine Kraft ist, das vor allem, das
   wünsche ich dir.

Jörg Zink

Keinen Tag soll es geben, an dem du sagen
   musst: niemand ist da, der mich hält.
Keinen Tag soll es geben, an dem du sagen
   musst: niemand ist da, der mich schützt.
Keinen Tag soll es geben, an dem du sagen
   musst: niemand ist da, der mich liebt.
Der Friede Gottes, der höher ist als alle Ver-
   nunft, bewahrt euer Herz und alle eure Sinne
   in Jesus Christus, eurem Herrn.

Der Herr segnet euch.
Er erfüllt deine Füße mit Tanz,
deine Arme mit Kraft,
deine Hände mit Zärtlichkeit,
deine Augen mit Lachen,
deine Ohren mit Musik,
deine Nase mit Wohlgeruch,
deinen Mund mit Jubel,
dein Herz mit Freude.
So segne dich der Herr.

Der Herr sei vor euch,
um euch den rechten Weg zu zeigen.

Der Herr sei neben euch,
um euch in die Arme zu schließen
und euch zu beschützen.

Der Herr sei hinter euch,
um euch zu bewahren
vor der Heimtücke böser Menschen.

Der Herr sei unter euch,
um euch aufzufangen, wenn ihr fallt
und euch aus der Schlinge zu ziehen.

Der Herr sei in euch,
um euch zu trösten
wenn Ihr traurig seid.

Der Herr sei über euch,
um euch zu segnen.

So segne euch der gütige Gott.

Gott bewahrt dich,
Gott behütet dich,
Gott ist mit dir vor allem Bösen.
Seine Hilfe, seine Kraft,
die Kraft, die Frieden schafft,
sei in dir, dich zu erlösen.

Gott behütet dich,
behütet dein Leben
wie ein Hirt die Schafe.

Gott beschützt dich,
schützt deinen Weg,
wie eine Schutzhütte den Wanderer.

Gott bewahrt dich,
bewahrt deine Freude,
wie der Himmel eine Wahrheit.

Gott steht dir bei
in allen deinen Nöten;
so standhaft wie ein Berg.

Gott segnet dir die Erde,
auf der du jetzt stehst.
Gott segnet dir den Weg,
auf dem du jetzt gehst.
Gott segnet dir das Ziel,
für das du jetzt lebst.
Der Immerdar und Immerdar
segnet dich auch, wenn du rastest.

Der Hüter behüte dich;
der Herr ist dein Schatten über deiner rechten
   Hand,
dass dich des Tages die Sonne nicht steche
noch der Mond des Nachts.
Der Herr behüte dich vor allem Übel,
er behüte deine Seele.
Der Herr behüte deinen Ausgang und Eingang
von nun an bis in Ewigkeit!

Psalm 121

Die Bibel als Bücher des Glaubens erschließen

Bildungsstandards Hauptschule, Realschule, Gymnasium

Schwerpunktkompetenzen und weitere Kompetenzen

Die Schülerinnen und Schüler

- **können den Aufbau der Bibel vereinfacht darstellen und vorgegebene Bibelstellen finden (HS 3.1)**
- kennen zentrale Geschichten und Texte aus der Bibel (HS 3.2)
- können ihre Alltagserfahrungen und Fragen in die kreative Bearbeitung von biblischen Geschichten einbringen (HS 3.3)
- können darauf verweisen, dass in biblischen Geschichten von Erfahrungen mit Gott erzählt wird (HS 4.1)

- **können den Aufbau der Bibel und ihre Entstehung in Grundzügen darstellen (RS 3.1)**
- können über ausgewählte Texte der Bibel Auskunft geben (RS 3.2)
- können die Erschließungshilfen einer Bibel verwenden (z.B. Inhaltsverzeichnis, Zeittafel, Karten) (RS 3.3)
- sind in der Lage, sich mit ihren Fragen und Erfahrungen an der Auslegung eines biblischen Textes zu beteiligen (RS 3.4)
- sind in der Lage, biblische Texte kreativ zu bearbeiten (RS 3.5)
- kennen biblische Geschichten, die über die Beziehung Gottes zu den Menschen erzählen (RS 4.2)

- **kennen Aufbau und Überlieferung der Bibel und können Textstellen nachschlagen (GY 3.1)**
- können exemplarisch biblische Texte zu ihren Entstehungssituationen in Beziehung setzen (GY 3.2)
- können erklären, dass die Bibel für Christinnen und Christen »Heilige Schrift« ist und damit besondere Bedeutung hat (GY 3.3)
- können Geschichten aus der Bibel nacherzählen (z.B. Gleichnisse), in denen Gottes Nähe Menschen verändert, und kennen Gebete (z.B. Psalmen), in denen Menschen sich an Gott wenden (GY 1.3)

Zur Lebensbedeutsamkeit

Nichts in der Welt gilt fraglos, auch nicht die so genannten heiligen Bücher, Gegenstände oder Traditionen. Entscheidend ist, welche Fragen man stellt und dass Antworten gefunden werden, die sich als tragfähig erweisen. Kein Kind fragt von sich aus nach der Bibel, aber die Begegnung mit biblischen Geschichten und Traditionen löst Fragen aus; die beunruhigendste Frage ist die Frage nach der Wahrheit.

Dass man an die Bibel Fragen nicht nur stellen kann, sondern sogar muss, ist eine zentrale Einsicht für den Umgang mit der Bibel und den Zugang zur Bibel. Kinder haben das Recht zu entdecken, dass die Fraglichkeit der Bibel sich lebensgeschichtlich verändert. Aus der Bibel begegnen den Kindern zunächst Erzähltraditionen, zumeist in der Form von mündlichen Erzählungen, aber auch Psalmen, die gelernt oder gemeinsam gesprochen werden. In der weiterführenden Schule kommen andere Gattungen hinzu, aber vor allem auch Methoden, mit deren Hilfe Kinder und Jugendliche an das Deuten und Verstehen herangeführt werden. Außerdem soll die Beschäftigung mit der Bibel die Kinder einführen in die fremde Welt der Bibel, um sie mit ihrer eigenen Erfahrungswelt ins Gespräch zu bringen.

Was Kinder und Jugendliche in der Bibel und mit der Bibel entdecken, haben schon unzählige Generationen vor ihnen entdeckt, nacherzählt, ausgelegt. Biblische Bezüge und Traditionsstücke sind bis heute in der gesamten abendländischen Kultur verbreitet, aber es ist schwieriger geworden, sie zu entdecken und sie zu »lesen«. Was in Gesellschaft und Kultur meist nur implizit gilt, wird im Leben der Kirchen explizit. Sämtliche Lebens-äußerungen der Kirche wollen in ihrem Bezug zur Bibel verstanden werden. Die Bibel ist dabei nicht eine Quelle unter anderen, sondern in diesem Sinne »Heilige Schrift«. Umso mehr müssen die Kinder und Jugendlichen im Umgang mit der Bibel die Kompetenz erwerben, mithilfe ihrer eigenen Erfahrungen und Fragen die Texte und Traditionen für sich zu erschließen, um so die Bibel als kulturelle Wurzel auch der gegenwärtigen Gesellschaft und als Orientierungsangebot zu entdecken.

Elementare Fragen	Wie hat es mit der Bibel angefangen und was kann ich mit der Bibel anfangen? Müssen wir die Geschichten der Bibel glauben oder wie sind sie zu verstehen?

Ein Blick auf katholische Bildungsstandards	Die Schülerinnen und Schüler ■ können den Aufbau der Bibel und ihre Entstehung vereinfacht darstellen (HS 3.1) ■ können vorgegebene Bibelstellen finden (HS 3.2) ■ kennen aus dem Alten Testament und dem Neuen Testament Geschichten von wichtigen Gestalten des Glaubens (HS 3.3) ■ können ihre eigenen Erfahrungen durch biblische Texte mit Gott in Verbindung bringen (HS 3.4) ■ verstehen die Bibel als Heilige Schrift der Christen (HS 3.5) ■ kennen den Aufbau der Bibel und ihre Entstehung im Laufe der Geschichte Israels und der frühen Kirche (RS 3.1) ■ können eine gesuchte Bibelstelle finden (RS 3.5) ■ können sich mit biblischen Geschichten auf vielfältige Weise auseinandersetzen (zum Beispiel durch kreatives Schreiben und Malen, Rollenspiele) ■ sind in der Lage, biblische Botschaften kreativ auszudrücken (RS 3.6) ■ können anhand wichtiger biblischer Gestalten (z.B. Abraham und Sara, Mose) erklären, wie Gott Menschen begleitet und ihnen wichtige Aufgaben zumutet (RS 4.6) ■ kennen wichtige Lebensstationen von Jesus Christus (RS 5.1) ■ können Bibelstellen auffinden und nachschlagen (GY 3.1) ■ können die Gruppierung der biblischen Schriften in geschichtliche Bücher, Lehrbücher und prophetische Bücher benennen (GY 3.2) ■ können in Grundzügen die Entstehung der biblischen Schriften Stationen der Geschichte Israels und des frühen Christentums zuordnen (GY 3.3)

Leitmedien	■ Der biblische Text zu Beginn der Stunde (→ M 9) ■ Kursorische Lektüre eines Buches/einer Erzähltradition ■ Spielerische Aufschlageübungen ■ Erstellen eines Lern- bzw. Lesetagebuchs (→ M 3) ■ Aufbau der Bibel (Merkvers »In des Alten Bundes Schriften …«; → M 10) ■ Zentrale biblische Geschichten erinnern und gestalten (»Lieblingsgeschichte«)

Die Schülerinnen und Schüler können zeigen, was sie schon können und kennen	■ Schülerinnen und Schüler notieren sich auf Zetteln persönliche Erinnerungen an eine biblische Geschichte, Person oder einen Eindruck und erzählen reihum (Unterrichtsideen 5, 204) ■ Schülerinnen und Schüler interviewen sich gegenseitig (Partnerarbeit) und dokumentieren in ihrem Lerntagebuch die Antworten (→ M 1) ■ Schülerinnen und Schüler bringen von zu Hause Bibelausgaben mit und erstellen eine Bibelausstellung mit »Museumsführung«: Ich kann zu dieser Bibel eine Geschichte erzählen … oder: Eine besondere Begebenheit, die ich mit dieser Bibel verbinde … (Unterrichtsideen 5, 204)

Die Schülerinnen und Schüler wissen, welche Kompetenzen es zu erwerben gilt, und können ihren Lernweg mitgestalten	• Input: schülergerechte Formulierung der Kompetenzen wird den Schülerinnen und Schülern angeboten (→ M 2) • Die Schülerinnen und Schüler entscheiden für sich: das weiß und kann ich – da bin ich mir unsicher – das kann ich noch nicht – Variante: Die Originalformulierungen aus dem Bildungsplan werden den Schülerinnen und Schülern vorgelegt. Schülerinnen und Schüler kommentieren diese Formulierungen, indem sie sie in ihre Sprache übersetzen: »Wenn ich [Bildungsstandard], dann kann ich zum Beispiel …« • Lerntagebuch (Lesetagebuch) für ein biblisches Buch wird vorgestellt und zum Gebrauch eingeführt (→ M 3) • Absprachen über die vereinbarten Stationen- bzw. Gruppenarbeiten zu einzelnen thematischen Schwerpunkten treffen
Die Schülerinnen und Schüler können Aufbau und Entstehung der Bibel darstellen → **HS 3.1; RS 3.1; GY 3.1**	• Von der mündlichen zur schriftlichen Tradition: Die Klasse wird in zwei etwa gleich starke Gruppen geteilt und so im Raum (ggf. auf zwei Räume) verteilt, dass die Schülerinnen und Schüler ungestört sprechen und zuhören können. Jeweils ein/e Schüler/in erzählt vor der Gruppe eine kurze Begebenheit aus dem eigenen Leben; anschließend treffen sich die Gruppen wieder. Mehrere Schülerinnen und Schüler erzählen dem anderen Teil der Klasse die jeweils gehörte Begebenheit nach. Rundgespräch: Was passiert, wenn wir Geschichten weitererzählen? Wodurch entstehen Veränderungen? Wo verläuft die Grenze zwischen »anders erzählt« und »falsch erzählt«? • Ein/e Schüler/in erzählt vor der Klasse in drei Minuten eine Begebenheit. Schülerinnen und Schüler schreiben diese Begebenheit in drei Sätzen nieder. Ergebnisse werden vorgetragen und verglichen • Geschichte vom Baal Schem-Tow (→ M 4): einzelne Stationen der Geschichte nachspielen • Biblischer Impuls (z.B. David und Goliath, 1. Sam 17; Daniel in der Löwengrube, Dan 6) wird erzählt. Nach dem Gehörten wird gesammelt: Was haben wir erfahren, was nicht? • Entstehung der Bibel: Grafik von der mündlichen zur schriftlichen Tradition (Tafelbild, Folie, Plakat) entsteht, indem Aussagen (→ M 5) in die richtige Reihenfolge gebracht werden • Lernvers »In des alten Bundes Schriften« (→ M 10) wird als Leitvers zur Erstellung einer bib-lischen Bibliothek eingeführt (Unterrichtsideen 5, 205; Das Kursbuch Religion 1, 140)
Die Schülerinnen und Schüler können über die Vielfalt biblischer Überlieferungen Auskunft geben → **RS 3.2; GY 3.2**	Die Klasse wird eingeteilt in drei (oder zweimal drei) Gruppen: »Geschichten«, »Schriften«, »Propheten« und erhalten in der Gruppe eine vorgegebene Textauswahl, deren Merkmale sie anhand von Fragen erschließen (→ M 6). Im anschließenden Gruppenpuzzle berichten die Fachleute den Mitschüler/innen jeweils über ihre Eindrücke.
Die Schülerinnen und Schüler können beim Erzählen von Geschichten zuhören, sie verstehen und selbst erzählen → **RS 3.5; GY 1.3; 3.1**	• Schreibspiel zur formgeschichtlichen Frage: Die Schülerinnen und Schüler schreiben eine einfache Geschichte (z.B. Gleichnis vom verlorenen Schaf) als Brief, als Lehrererzählung, als erlebte Geschichte usw. auf • Die Schülerinnen und Schüler fertigen zu einer erzählten Geschichte Textkärtchen an; schreiben zu einer erzählten Geschichte eine Reizwortgeschichte • Die Schülerinnen und Schüler hören eine erzählte Geschichte und erzählen sie im Kugellager jeweils einer Partnerin/einem Partner; Gespräch über die erzählte Geschichte mit Interviewkarten (→ M 7)

Die Schülerinnen und Schüler verstehen die Bibel als Buch mit Geschichte → RS 3.5; GY 3.1	• Die Schülerinnen und Schüler lernen Hebräisch und Griechisch als Ursprachen der biblischen Überlieferung kennen und experimentieren damit (den eigenen Namen transskribieren; Texte entziffern; Das Kursbuch Religion 1, 144, 150) • Bekannte biblische Geschichten werden einem Zeitstrahl zugeordnet (Kursbuch Religion Elementar 5/6, 162–165; Das Kursbuch Religion 1, 142f., 148f.)
Die Schülerinnen und Schüler können sich in der Bibel orientieren → HS 3.1; RS 3.1; GY 3.1	• Die Schülerinnen und Schüler lernen Orientierungshilfen für die Bibel kennen und wenden sie an: Zeitstrahl, AT/NT; Inhaltsverzeichnis, Konkordanz, Bibel CD-ROM, Internet (z.B. www.bibleserver.com) • Spielerische Orientierung in der Bibel: Bibelfußball, ein biblisches Kochrezept (→ M 8) oder eine biblische Anleitung für die Herstellung eines einfachen Gegenstandes
Die Schülerinnen und Schüler können erklären, dass die Bibel für Christinnen und Christen »Heilige Schrift« ist und was dies bedeutet → GY 3.3	• »Was uns heilig ist«: Die Schülerinnen und Schüler erhalten Wortkarten mit den Aufschriften »heilig« – »unantastbar« – »unberührbar« – »ewig« – »vergänglich« – »Zutritt verboten« – »geistlich« – »unüberbietbar« – »nichts verändern«. L. erklärt den Schülerinnen und Schülern, er habe eine Bibel gefunden, auf der jeweils eines dieser Kärtchen als Titel aufgedruckt war. Schülerinnen und Schüler erörtern: Was bedeutet diese Aufschrift für die Bibel? • Mindmap zu den Worten »heilig« und »unheilig«. Welche Konnotationen finden die Schülerinnen und Schüler? Kennt Ihr andere Gegenbegriffe zu heilig? • Einen Buchumschlag für eine Bibelausgabe entwerfen, der zum Ausdruck bringt: die Bibel ist ein heiliges (besonderes) Buch bzw. ein Buch wie kein anderes; Anregungen z.B. im Internet recherchieren: die schönste »Prachtbibel«; Heilige Schriften in anderen Religionen
Die Schülerinnen und Schüler können mit einem biblischen Text arbeiten → RS 3.5	• Schülerinnen und Schüler werden mit verschiedenen Textgattungen vertraut (Die Vielfalt biblischer Überlieferungen; Lernstraße zur Bibel) • Die Schülerinnen und Schüler erproben unterschiedliche Methoden des erschließenden Umgangs mit Texten (eine Geschichte mit eigenen Worten wiedergeben, einen Text weiterschreiben, umschreiben, neu schreiben, kreatives Schreiben, Rollenspiel) • Die Schülerinnen und Schüler wenden die Auslegungsmethoden auf die verschiedenen Textgattungen an: – ein Gleichnis als gestaltetes Bild – eine Parabel als Comic – ein Psalm wird in eigene Sprache übersetzt – eine prophetische Rede wird durch eine Collage aktualisiert – Text verdoppeln (→ vgl. Baustein »Ich – Du – Wir«, RS)
Die Schülerinnen und Schüler können entdecken und darstellen, was sie neu gelernt haben	• Die Schülerinnen und Schüler suchen und präsentieren einen Lieblingstext aus der Bibel • Die Schülerinnen und Schüler finden eine angegebene Bibelstelle (evtl. in einer ihnen unbekannten Bibelausgabe) • Die Schülerinnen und Schüler entdecken in einer Textvorlage (Unterrichtsideen 5, 208, M 1) unter Gebrauch von Erschließungshilfen biblische Anspielungen und Zitate • Die Schülerinnen und Schüler erfinden ein Gleichnis, einen Psalm, eine prophetische Mahnung zu einem vorgegebenen Motiv. Mögliche Satzanfänge: »Der Himmel ist wie …«; »Vergebung (Geborgenheit, Friede, Liebe, Segen …) ist, wenn …«; »Meine Geschichte von der Liebe heißt …« • Elfchen schreiben

Literatur

Unterrichtspraktisches Material
Eleonore von Dincklage, Lernstraße zur Bibel, zu entleihen bei: Württembergische Bibelgesellschaft, Balinger Straße 31, 70567 Stuttgart
Unterrichtsideen Religion 5, Stuttgart 1996, 204ff.

Schulbücher
Kursbuch Religion Elementar 5/6, Stuttgart/Braunschweig 2003, 162–165
Das Kursbuch Religion 1, Stuttgart/Braunschweig 2005, 140–150

Internet
www.bibleserver.com

M 1 Schüler-Interview zur Bibel

Die Schülerinnen und Schüler bleiben entweder in der Bank sitzen (jeweils zwei Schüler/innen erforderlich) oder stellen sich in zwei konzentrischen Kreisen auf. Innen und außen stehen gleich viele Jugendliche, der Innenkreis blickt nach außen und umgekehrt, sodass jeweils zwei Schüler/innen einander gegenüberstehen.

Das Interview wird zweimal durchgeführt, der Innenkreis beginnt. Der Fragesteller bzw. die Fragestellerin notiert die gehörten Antworten. der zweite Durchgang erfolgt mit anderen Partner/innen (Kugellager bzw. Platz im Klassenzimmer wechseln!)

1. An welche biblische Geschichte kannst du dich spontan erinnern?

_____

_____

_____

Ist das deine Lieblingsgeschichte? Wenn ja: warum?

_____

_____

2. Welche Erinnerung oder welche Situation in deinem Leben verbindest du mit dieser Geschichte?

_____

_____

_____

3. Nenne eine Frage zur Bibel, die du gerne beantwortet haben willst!

_____

_____

_____

Danke für deine Antworten!

M 2

Ich kann und weiß schon einiges über die Bibel. Ich kann …	kann ich	bin ich mir mir unsicher	kann ich nicht	da habe ich noch Fragen
… die wichtigsten Bücher der Bibel in der richtigen Reihenfolge aufzählen				
… einige ganz wichtige Geschichten aus der Bibel aufzählen				
… mit biblischen Geschichten etwas anfangen und biblische Geschichten bearbeiten				
… darüber Auskunft geben, wie in biblischen Geschichten erzählt wird, was Menschen mit Gott erlebt haben				
… bestimmte Geschichten oder Personen in der Bibel suchen, indem ich im Inhaltsverzeichnis nachschaue oder einen PC benutze				
… biblische Geschichten nennen, in denen erzählt wird, dass Gott die Menschen liebt				
… mit eigenen Worten erklären, warum die Bibel auch »Heilige Schrift« genannt wird				
Außerdem kann ich* _____ _____ _____ _____ _____ _____ _____ _____ _____				

* Hier kannst du einen eigenen Satz eintragen und deinen Vorschlag deinen Mitschüler/innen vorlegen!

**M 3 Lerntagebuch/
Lesetagebuch zur Bibel**

Unser Leseplan _____   Zeitraum von _____ bis _____

Datum _____   Was wir heute lesen wollen   Ziel erreicht ☐
_____   nicht erreicht ☐

Unser Lesestück von heute _____

Überschrift _____

Inhaltsangabe mit eigenen Worten _____

_____

_____

_____

Fragen an unseren Text – Fragen, die wir uns selbst ausgedacht haben

1. _____

2. _____

3. _____

Antworten, die wir gefunden haben

1. _____

2. _____

3. _____

Wo wir noch Hilfe brauchen und wie wir uns Hilfe holen wollen

Frage Nr.	Die Klasse fragen	Nachschlagewerk	Internet	Bibliothek	Lehrer/in fragen

Unser Forschungsergebnis

_____

_____

Unser Kommentar
(Uns hat beeindruckt, dass …; Wir haben herausgefunden, wie …; Uns hat gestört, dass …; Wir können nicht verstehen, warum …; Wir können uns jetzt erklären, wie …; usw.)

_____

_____

M 4 Elie Wiesel, Rabbinische Erzählung

Wenn der Großrabbi Israel Baal-Schem-Tow sah, dass dem jüdischen Volk Unheil drohte, zog er sich für gewöhnlich an einen bestimmten Ort im Walde zurück; dort zündete er ein Feuer an, sprach ein bestimmtes Gebet, und das Wunder geschah: Das Unheil war gebannt.

Später, als sein Schüler, der berühmte Maggid von Mesritsch, aus den gleichen Gründen im Himmel vorstellig werden sollte, begab er sich an denselben Ort im Wald und sagte: Herr des Weltalls, leih mir dein Ohr. Ich weiß zwar nicht, wie man ein Feuer entzündet, doch ich bin noch imstande, das Gebet zu sprechen.

Und das Wunder geschah.

Später ging auch der Rabbi Mosche Leib von Sasow, um sein Volk zu retten, in den Wald und sagte: Ich weiß nicht, wie man ein Feuer entzündet, ich kenn' auch das Gebet nicht, ich finde aber wenigstens den Ort, und das sollte genügen.

Und es genügte: Wiederum geschah das Wunder.

Dann kam der Rabbi Israel von Rizzin an die Reihe, um die Bedrohung zu vereiteln. Er saß im Sessel, legte seinen Kopf in beide Hände und sagte zu Gott: Ich bin unfähig, das Feuer zu entzünden, ich kenne nicht das Gebet, ich vermag nicht einmal den Ort im Walde wiederzufinden. Alles, was ich tun kann, ist, diese Geschichte zu erzählen. Das sollte genügen. Und es genügte.

Elie Wiesel, Die Pforten des Waldes, Frankfurt a.M. 1967, S. 7

M 5 Von der mündlichen zur schriftlichen Überlieferung der Bibel

Menschen machen Erfahrungen mit Gott.

Menschen erzählen in ihrer Sprache darüber,
was sie mit Gott erlebt haben.

Die Geschichten von Menschen, die Gott erfahren haben,
werden weitererzählt.

Menschen sammeln Geschichten von Gott.

Geschichten über Gott und Menschen werden aufgeschrieben.

Geschichten von Gott und den Menschen werden gesammelt.

Geschichten von Gott und den Menschen werden zu einem
Buch zusammengefasst.

Verschiedene Bücher mit Geschichten von Gott und den Menschen
werden in eine Reihenfolge gebracht und ergeben so
zusammen die Bibel.

Die Bibel wird abgeschrieben und in andere Sprachen übersetzt.

**M 6 Anregungen
für die Textauswahl
»biblische
Textgattungen«**

Erzähltraditionen
Gen 15,1–6; Gen 18,1–14; Gen 27,1–23; Ex 2,1–10; Ex 3,1–15; aus Ex 14; Jos 3; Ri 4
Hiob 1,1–2,10 usw.

Gleichnisse/Parabeln
Ri 9,7–15; 2. Sam 12,1–7; Gleichnisse des NT

Wundergeschichten

Briefe

Predigten und Reden
Anregung zur gattungsgeschichtlichen Einordnung der biblischen Texte:

Der Text erinnert mich an
(eine andere Geschichte, einen anderen Text, der ganz ähnlich klingt):

_____

_____

_____

⇨ Ich kann an unserem Text zeigen, was mir bekannt vorkommt!

⇨ Die Art, wie unser Text »spricht«, könnte man so beschreiben:

_____

_____

⇨ Unseren Text könnte man ein(e/n) _____ nennen.

M 7 Interview-Karte zum Erzählen von Geschichten im »Kugellager«

1. Was war für dich das Wichtigste an der Geschichte, die du mir soeben erzählt hast?

_____

_____

_____

2. Wann ist es dir in deinem Leben ebenso ergangen wie der Hauptperson?

_____

_____

_____

3. Welchen Eindruck hattest du von der Hauptperson in der Geschichte?

_____

_____

_____

4. Wie hätte die Geschichte anders ausgehen können?

_____

_____

_____

M 8 Bibelkuchen

Zutaten

1½ Tassen 5. Mose 32,14a
6 Stück Jeremia 17,11
2 Tassen Richter 14,18a
4½ Tassen 1. Könige 5,2
2 Tassen 1. Samuel 30,12a
¾ Tassen 1. Korinther 3,2
2 Tassen Nahum 3,12
1 Tasse 4. Mose 17,23b
1 Prise 3. Mose 2,13
3–4 TL Jeremia 6,20
3 TL Backpulver
1 L 1. Korinther 3,2a

Zubereitung

Was ihr jeweils braucht, ist natürlich in den angegebenen Bibelstellen zu finden. Achtung: manchmal müsst ihr genau hinschauen! Versucht mit den Augen von Bäckerinnen und Bäckern zu lesen – dann müsstet ihr entscheiden können, was jeweils gebraucht wird!

Alle Zutaten werden in der angegebenen Reihenfolge gemischt, gut durchgerührt und in eine gefettete Backform gegeben. Nicht wundern: Der Teig ist ziemlich flüssig.

Backofentemperatur: 180° C (bei Umluft: 160° C)

Backzeit: etwa 1 Stunde

Guten Appetit!

M 9 Vorschlag für die Inszenierung des biblischen Textes zu Beginn der Stunde

(Stuhlkreis)
Ein/e Schüler/in hat eine Bibel mitgebracht.

(Liedvers)

Begrüßung
*Schüler/in zeigt die mitgebrachte Bibel und
kündigt die Lesung eines Textes (Verses) an.*

Begründung für die Textwahl:
   »Ich habe diesen Text ausgesucht, weil …«
   oder:
   »Mir hat an diesem Text besonders gefallen, dass …«
   oder:
   »An diesem Text finde ich besonders schön, wie …«
   oder ähnlich (mindestens ein Satz zur Begründung der Textwahl)

Blitzlicht
Schülerinnen und Schüler geben in loser Folge verbale Rückmeldungen zu dem Gehörten.

Abschluss
Liedvers oder gemeinsam gesprochener Vers, z.B. Dein Wort ist meines Fußes Leuchte und ein Licht auf meinem Wege (Ps 119,105)

Gesamtdauer: 8 Min.

M 10 Merkvers zur Reihenfolge der biblischen Bücher

In des alten Bundes Schriften merke an der ersten Stell:
Mose, Josua und Richter, Rut und zwei von Samuel.
Zwei der Könige, Chronik, Esra, Nehemia, Ester mit.
Hiob, Psalter, dann die Sprüche, Prediger und Hoheslied.
Drauf Jesaja, Jeremia, und Hesekiel, Daniel,
auch Hosea, Joel, Amos, nebst Obadja, Jonas Fehl,
Micha, welchem Nahum folget, Habakuk, Zefanja,
dann Haggai und Sacharja und zuletzt Malachia (= Maleachi).

In dem neuen stehn Matthäus, Markus, Lukas und Johann
samt den Taten der Apostel unter allen vornean.
Dann die Römer, zwei Korinther, Galater und Epheser,
die Philipper und Kolosser, beide Thessalonicher,
an Timotheus und Titus, an Philemon, Petrus zwei,
drei Johannes, die Hebräer, Jakobus, Judas' Brief dabei.
Endlich schließt die Offenbarung das gesamte Bibelbuch.
Mensch, gebrauche, was du liesest, dir zum Segen, nicht zum Fluch!

Klagen, anklagen – danken, loben: die Psalmen

Bildungsstandards Hauptschule, Realschule, Gymnasium

Schwerpunktkompetenz und weitere Kompetenzen	Die Schülerinnen und Schüler
	• **verfügen über Möglichkeiten, ihre eigenen Erfahrungen vor Gott zu bringen (Lied, Gebet ...) (HS 4.3)**
	• können darauf verweisen, dass in biblischen Geschichten von Erfahrungen mit Gott erzählt wird (HS 4.1)
	• kennen zentrale Geschichten und Texte aus der Bibel (HS 3.2)
	• können ihre Alltagserfahrungen und Fragen in die kreative Bearbeitung von biblischen Geschichten einbringen (HS 3.3)
	• **wissen, dass sich Menschen im Gebet an Gott wenden können, um in Notsituationen zu klagen und zu bitten und in Situationen der Freude und des Staunens zu danken (z.B. Ps 51, Ps 139, Irischer Reisesegen) (RS 4.3)**
	• verfügen über Möglichkeiten, Erfahrungen auf unterschiedliche Weise vor Gott zu bringen (z.B. Lied, Gebet, Stille, Tanz) (RS 4.4)
	• können über ausgewählte Texte der Bibel Auskunft geben (RS 3.2)
	• sind in der Lage, sich mit ihren Fragen und Erfahrungen an der Auslegung eines biblischen Textes zu beteiligen (RS 3.3)
	• **können an Beispielen zeigen, wie sich Menschen in Worten der Klage, des Dankes und des Lobes an Gott wenden (GY 4.1)**
	• [...] und kennen Gebete (z.B. Psalmen), in denen Menschen sich an Gott wenden (GY 1.3)
	• können [...] an ausgewählten Psalmen Lob, Dank und Klage beschreiben (GY 3.5)
	• kennen Aufbau und Überlieferung der Bibel und können Textstellen nachschlagen (GY 3.1)

Zur Lebensbedeutsamkeit	Die Schülerinnen und Schüler finden in den Psalmen eine einerseits konkrete und gleichzeitig sehr offene Sprache, mit der verschiedenste Gefühlszustände und Befindlichkeiten sich selbst, anderen und Gott gegenüber wahrgenommen und ausgedrückt werden können. So finden sich Trauer, Angst, Verzweiflung, Niedergeschlagenheit, Zorn, aber auch Lob, Dank, Begeisterung, Lust und Staunen.
	Da einige dieser Gefühle in Gesellschaft und Kirche wenig Beachtung und Wertschätzung finden, ist der mit den Psalmen mögliche Wahrnehmungs- und Sprachgewinn eine Chance. Psalmgebete sind feste Bestandteile des christlichen Gottesdienstes, dennoch fällt auf, dass auch die Kirchen in Gottesdiensten und ihrer Theologie die Vielfalt der menschlich-religiösen Ausdrucksfähigkeit oft einschränkten und damit Glaubwürdigkeit und Lebensdienlichkeit des christlichen Glaubens minderten. Wenn Schülerinnen und Schüler darin unterstützt werden, selbst den Reichtum biblischer Ausdrucks- und Glaubensmöglichkeiten zu entdecken, sich damit auseinander zu setzen und diese in Freiheit zu erproben wird Mündigkeit in Sinn- und Glaubensfragen gefördert.

Elementare Fragen	Hilft es, Gott sein Leid zu klagen und ihn anzuklagen – oder geht es einem danach noch schlechter?
	Wie kommt ein Mensch aus seiner Not heraus?
	Zu wem spreche ich, wenn es mir gut geht?
	Wohin mit meinem Staunen, mit meiner Begeisterung und mit meiner Freude?

Ein Blick auf katholische Bildungsstandards	Die Schülerinnen und Schüler
	▪ verfügen über Möglichkeiten, ihre eigenen Erfahrungen vor Gott zu bringen (Lied, Gebet, Tanz) und können eine Haltung dazu entwickeln, sich Gott anzuvertrauen und daraus Hoffnung und Selbstvertrauen zu schöpfen (HS 4.6) ▪ kennen unterschiedliche Gottesnamen und -symbole in der Bibel und können diese deuten (HS 4.2) ▪ kennen Beispiele von Menschen der Bibel, der christlichen Tradition und aus ihrer eigenen Lebenswelt, die Grundhaltungen des Glaubens wie Vertrauen und Hoffen, aber auch Fragen und Zweifel zeigen (HS 4.3) ▪ sind in der Lage, ihre Vorstellungen und Erfahrungen von Gott auszudrücken und wissen, dass diese unterschiedlich und widersprüchlich sein können (HS 4.5)
	▪ können frohe und traurige Grundsituationen ihres Lebens wahrnehmen, ausdrücken und mithilfe von Gebeten in eine Beziehung zu Gott bringen (RS 1.5) ▪ wissen, dass sich Menschen in allen Lebenslagen im Gebet an Gott wenden können (RS 4.3) ▪ sind in der Lage Botschaften der Bibel kreativ auszudrücken (RS 3.6) ▪ kennen Formen, in denen Christen ihren Glauben an Gott zum Ausdruck bringen (Gebet, Gesten, Gottesdienst) (RS 4.4) ▪ können die Grundgebete (zum Beispiel Vaterunser, Ehre sei dem Vater, Gegrüßet seist du, Maria) und das Apostolische Glaubensbekenntnis auswendig sprechen (RS 4.8)
	▪ können die Freude an der Schöpfung und Gefährdungen der Schöpfung exemplarisch aufzeigen (GY 2.1) ▪ kennen ausgewählte biblische Erzähltexte und Psalmentexte (GY 3.4) ▪ können an Beispielen bildhafte Sprache erkennen und deuten (GY 3.5) ▪ wissen, dass Religionen von Gott in Bildern und Symbolen sprechen und können ein biblisches Bild für Gott erläutern (GY 4.2)
Leitmedien	▪ Gebetsgebärden – Beziehung zu Gott, (An-)Klage, Bitte, Vertrauensbekenntnis, Dank, Lob ausdrücken ▪ Bild: Alfred Finsterer: Ist jemand guten Mutes, der singe Psalmen (Das Kursbuch Religion 1, 105) ▪ Persönliches Gebets- und Liederbuch oder Psalmenkartei
Die Schülerinnen und Schüler können zeigen, was sie schon können und kennen	▪ Schülerinnen und Schüler erhalten verschiedene Text- und Bildkarten (Ps 22; 23; 103; 139; Vaterunser; Irischer Reisesegen), ordnen diese verschiedenen (Ausdrucks-)Bildern zu und sortieren nach bekannt (z.B. aus Grundschule oder Kinderkirche) und unbekannt ▪ Bereits bekannte Psalmworte, Lieder und Gebete aus der Grundschule sind Ausgangspunkt einer Psalmenkartei bzw. eines im Verlauf der Unterrichtseinheit mitwachsenden Gebets- und Liederbuches
Die Schülerinnen und Schüler wissen, welche Kompetenzen es zu erwerben gilt und können ihren Lernweg mitgestalten	Anhand umformulierter schülergerechter Kompetenzformulierungen in Ich-Form (→ M 1) legen L und Schülerinnen und Schüler inhaltliche Schwerpunkte und das methodische Vorgehen fest – evtl. in binnendifferenzierten Gruppen – und erstellen dazu einen Zeitplan Gemeinsam mit den Schülerinnen und Schülern wird überlegt und festgelegt, ob und wie eine (alternative) Leistungsmessung stattfinden wird. (Anregungen dazu im letzten Baustein: »Die Schülerinnen und Schüler können darstellen, was neu gelernt wurde«)

Worte und Bilder der Angst nachempfinden – Klageworte zum Ausdruck bringen – Ps 22 → HS 3.3; 4.3; RS 4.3; 4.4; GY 3.5; 4.1	▪ Sich in die Lage eines Menschen versetzen, der mit Psalmworten klagt, evtl. Bilder aus einer Bildkartei auswählen lassen die einzelne Psalmworte erschließen hilft ▪ »Geschichten« erzählen, die hinter diesen Worten oder Bildern stecken könnten ▪ Zu Klageworten Bilder suchen, auch abstrakte (z.B. von Mark Rothko »Portfolio« mit 14 farbigen Bildern, 36,5 x 28,5 cm, Taschen Verlag Köln 2003), die wie ein »Fenster der Seele« sein können, groß projizieren und davor meditieren (Kursbuch Religion 2000, 5/6, 102f.) ▪ Eigene metaphorische Klageworte erfinden (Ich bin wie …) ▪ Zu Klageworten Körperhaltungen finden ▪ Ps 22 mit verschiedenen Sprechern und Geräuschen/Orffschen Instrumenten »verklanglichen« ▪ Ps 22 mit Gefühlsfarben gestalten ▪ Ps 22 in einen Rap umformen → CD »Bibel and More«, Bibelraps und ein Rap ohne Text, auf den Schülerinnen und Schüler selbst rappen können, zu bestellen für 10 Euro + Versandkosten bei: Religionspädagogisches Institut der ev. Landeskirche in Baden, Postfach 2269, 76010 Karlsruhe, Tel. 0721/9175-427 (Fax -435); E-Mail: Gerlinde.Walther@ekiba.de; Trenn, Olaf: »psalm it« – Das Psalm-Rap-Projekt mit zahlreichen Beispielen auf Audio-CD, in: KU-praxis 48, Infos unter: www.ku-praxis.de/, Bezug über Buchhandel ▪ Ohne Vorgaben Ps 22 nach Phasen gliedern (Hilfreiche Fragen: Wer spricht zu wem?, Wechsel der Gefühle?), Überschriften suchen, nach der Funktion der einzelnen Phasen fragen und überlegen, wieso es zu einem Wechsel der Phasen kommt, vgl. → M 2: Hefteintrag zu Phasen eines Klagepsalms ▪ Die Struktur des (gekürzten) Textes von Ps 22 (vgl. Kursbuch Religion 2000, 5/6, 98; Das Kursbuch Religion 1; 104) mithilfe von Vorgaben (Anrede, Klageworte, Vertrauensworte, Bitten, Dank, Lob(gelübde), vgl. → M 2) erarbeiten und dazu jeweils eine Gebärde entwickeln ▪ Mithilfe der oben genannten typischen Elemente eines Klagepsalms einen eigenen Klagepsalm schreiben ▪ Arbeitsteilige GA (evtl. am Computer), für jeden Gliederungsabschnitt eine Gruppe: zu einem elementaren Satz aus dem Abschnitt Gefühle und Erfahrungen sammeln und sich fragen, welche Folgen es haben kann, wenn man so betet, schreit, spricht. ▪ Eindrückliche Sätze aus den Abschnitten auf Psalmenkarten schreiben. ▪ Besuch des Handschriftenlesesaals einer großen Bibliothek: Gemeinsames Betrachten einer Faksimile-Ausgabe des Stuttgarter Psalters: eindrucksvoller Foliant mit 161 Illustrationen – besonders die Illustrationen der bearbeiteten Psalmen betrachten: Wie werden Klagende und Verfolgte dargestellt? (Vgl. zu Ps 22 → M 6) (evtl. verbinden mit der Einführung in die Nutzung einer großen Bibliothek) ▪ Psalmengang: Gruppen gestalten im Klassenzimmer oder für einen Gottesdienst Stationen zu den verschieden Phasen eines Klagepsalms (Religion entdecken – verstehen – gestalten, Werkbuch 5/6, 125)
Worte und Bilder des Vertrauens in Gott wiedergeben: Ps 36; 27,1; 62; 63,9; 18,3; 23,1 → HS 4.1; RS 4.3; GY 4.1	▪ Vertrauensworten aus der Bibel Bilder zuordnen ▪ Einzelnen Klageworten Vertrauensworte zuordnen und die Zuordnung begründen ▪ Vertrauensworten Gebetsgebärden zuordnen ▪ »Gott ist wie eine Mutter, wie ein Vater« – Die Bedeutung dieser Vergleiche im Unterrichtsgespräch erarbeiten (Unterrichtsideen 6, 98ff.)
Ein Vertrauensbekenntnis ausdrücken: Ps 23 → HS 3.3; 4.3; RS 4.3; 4.3; GY 3.5; 4.1	▪ Ein Bewegungslied zu Ps 23 entwickeln und einüben ▪ Ps 23 mit verschiedenen Personen laut sprechen, u.a. die Parallelität der Halbverse in V. 1–3 (»Parallelismus membrorum«) beachten ▪ Ps 23 mit Gefühlsfarben ausgestalten ▪ Ps 23 zeichnen/Gottesbilder in Ps 23 zeichnen, evtl. mit Kinderzeichnungen ver-

gleichen, ggf. Ausstellung (Unterrichtsideen 6, 111f.) Hanisch, H.: Die zeichnerische Entwicklung des Gottesbildes, Leipzig/Stuttgart, 1996, nach S. 128; Klein, S.: Gottesbilder von Mädchen, Stuttgart/Berlin 2000, nach S. 112, »Mein Gottesbild« (Foliensammlung) hg. v. Bischöfl. Ordinariat der Diözese Rottenburg-Stuttgart, Bestelladresse: Wernauer Buchdienst, E-Mail: buchdienst@bdkj.info, Tel.: 07153/3001-164; Infos: www.drs.de/Dioezese/bo/ha-ix/schulamt/leitseiten/meingottesbild.asp

- Versweise Gebärden entwickeln und den gesamten Psalm in Gebärden zum Ausdruck bringen, Reflexion: Gründe für die Auswahl der Gebärden? Wurde durch die Gebärden Neues entdeckt und der Psalm besser verstanden?
- Ps 23 »by heart« bzw. »par cœur«: auswendig und »inwendig« lernen und in gut gestalteter Sprechweise vortragen
- Schülerinnen und Schüler befragen sich gegenseitig, wie sie die einzelnen Verse verstehen
- Ps 23 in heutiger Sprache oder im Dialekt formulieren
- Eine Verfremdung von Ps 23 schreiben, z.B. den Inhalt ins Gegenteil verkehren, Rollen verändern, Klage, Anklage, Fragen …
- Ps 23 mit Segensgebeten und Liedern (»Von guten Mächten«) vergleichen
- Die Bilder des Psalms mit den Bildern des Pop-Songs »Bridge over troubled water« (Simon & Garfunkel) vergleichen, Gemeinsamkeiten und Unterschiede entdecken

Erfahrungen des Ausgeschlossenwerdens, der ohnmächtigen Wut, des Ärgers spüren, wahrnehmen, ausdrücken und vor Gott bringen → HS 3.3; 4.1; RS 4.3; 4.3; GY 3.5; 4.1	*Vorbemerkung: Eine gute Voraussetzung für den folgenden Baustein ist, wenn ein Sozialcurriculum Schülerinnen und Schüler darin unterstützt, einen guten und sicheren Platz in der Klasse zu finden, über Ängste und Schwierigkeiten zu sprechen und Konflikte auf gute Weise zu bearbeiten, und wenn ein konstruktiver Umgang mit Wut besprochen und eingeübt wurde. L muss verantwortlich einschätzen, ob sie oder er mit der Thematisierung solcher Erfahrungen umgehen kann. Es sollte in Doppelstunden unterrichtet werden.* ■ Zu Wut-Psalmworten (→ M 3 oder Unterrichtsideen 6, 105 – u.a. 9 Feindworte) sich mögliche Situationen ausdenken oder Situationen zuordnen (→ M 4) ■ Einen Feindpsalm bearbeiten (→ M 5, weitere Fragestellungen dort) ■ Kurzfilme über das Ausgeschlossensein: »Hand in Hand«; »Hallo, Erkan« – Entleih z.B. über: Ökumenischer Medienladen Stuttgart. Analysieren: Worin besteht das Ausgeschlossensein? (Wie) wird es überwunden?
Vielfältige Ausdrucksmöglichkeiten der Freude, des Lobes und des Dankens kennen und erproben (Ps 104) → HS 3.3; 4.3; RS 4.3; 4.3; GY 3.5; 4.1	■ Was tut und sagt man, wenn man sich freut? (Unterschiedliche Bilder: Siege im Sport, Alfred Finsterer: Ist jemand guten Mutes, der singe Psalmen. Kursbuch Religion 2000, 5/6, 100; Das Kursbuch Religion 1, 190), Sonnenuntergang , Eltern, die Kind in die Luft werfen, welche Bilder malen Kinder?) ■ Unterschiedliche Gebärden suchen zu »Gott loben« und »Gott danken« ■ Eine Woche lang jeden Tag drei Sätze aufschreiben nach dem Schema: »Gott, ich lobe dich, denn …« Gemeinsame Auswertung: Ändert sich etwas, wenn man nach Anlässen fürs Loben sucht und Gott lobt? ■ Ps 104 mit verschiedenen Sprechern zum Klingen bringen ■ Die verschiedenen Lob-Anlässe in Ps 104 entdecken ■ Text gliedern, Anordnung und Abfolge der einzelnen Teile begründen und zu dem Lieblingsabschnitt ein Bild malen ■ Welche Gottesbilder lassen sich in diesem Psalm finden (evtl. vorhandene Auflistung oder Mindmaps von Gottesbildern, die bei der Bearbeitung anderer Psalmen entstanden, erweitern) ■ Ps 104 mit verschiedenen Liedern vergleichen (»Laudato si«; »Du hast uns deine Welt geschenkt« u.a.) und das passende auswählen ■ Mithilfe der Textgliederung einen eigenen Lobpsalm schreiben (Unterrichtsideen 6, 102, 107)

- Bedeutung der Selbstaufforderung zum Lob, z.B. »Lobe den Herrn, meine Seele!« (Ps 103,1; Ps 104,1.35) beschreiben und anhand eigener Erfahrungen verdeutlichen
  - Bild dazu: Stuttgarter Psalter zu Ps 42 (Baldermann, Ingo: Wer hört mein Weinen? Buchcover; Zink, Jörg, Diabücherei Christliche Kunst, Verlag am Eschbach, Bd. 16)
  - Rollenspiel: Das Selbst- oder Zwiegespräch zwischen Psalmbeter/in und Seele. (Seele und Psalmbeter in eine ähnliche räumliche Anordnung bringen wie auf dem Bild)
  - Mögliche Fragen für ein Klassengespräch: Welche Vorteile hat ein solches inneres Selbstgespräch? Wann kann man solche Selbstgespräche führen? Wodurch können sie verhindert werden? Vgl. »Gespräche mit der Seele«, in Baldermann: Wer hört mein Weinen?, 51ff.)
  - Felix Mendelssohn Bartholdy: Ps 42 »Wie der Hirsch«, op. 42

Eigene Gebete formulieren und auf verschiedene Weise zum Ausdruck bringen → **HS 4.3; RS 4.4; GY 1.3**	- Über das eigene Beten sprechen - Die unterschiedlichen Möglichkeiten des Sich-Ausdrückens vor Gott in den Psalmen (Sprache, Stimme, Bewegung, Vollziehen von Riten – einzeln oder in der Gemeinde) mit Moderationskarten sammeln, clustern und mit dem eigenen Beten vergleichen. Gibt es unterschiedliche Formen für Jungs und Mädchen? - Schülerinnen und Schüler befragen Katholiken (evtl. Elternteile oder Großeltern) über katholische Besonderheiten beim Beten – (sich bekreuzigen, niederknien, Rosenkranzgebet, Mariengebet, früher: unterschiedliche Handhaltungen), evtl. Erweiterung des oben erstellten Clusterbildes - Verschiedene Ausdrucksformen des Gebets ausprobieren und reflektieren (Gebetsgebärden, Lied, Tanz, Stille) - Eigene Gebete zu verschiedenen Anlässen formulieren: Tagesbeginn, Abend, Jahreszeiten, Geburtstag, Schuljahresbeginn, -ende, Abschied, Mahlzeiten etc. - Eigene mit fremden Gebeten (auch Segensgebeten, u.a. Irischer Reisesegen) vergleichen (Gemeinsamkeiten, Unterschiede betreffs Aufbau, Art des Gebetes, Aussage, Gottesbild, Gottesbeziehung, …) - Darüber sprechen, ob und wie ein Gebet hilft - Einen Gebetswürfel gestalten - Ein persönliches Gebets- und Liederbuch mit Gebeten, Liedern und Bildern gestalten → Unterrichtsideen 8/1, 136
Die Schülerinnen und Schüler können entdecken und darstellen, was sie neu gelernt haben	- Überprüfen, ob die zu Beginn formulierten Kompetenzen beherrscht werden (→ M 1) - Persönliches Gebet- und Liederbuch vorstellen - Gebetsgebärden versprachlichen - Eigene Klage- und Lobworte formulieren und in einen Schulgottesdienst einbringen - Sich einigen auf je fünf Eigenschaften oder Verhaltensweisen, die einen guten Vater und eine gute Mutter auszeichnen. Welche dieser Eigenschaften können eurer Meinung nach auch auf Gott übertragen werden? Welche Eigenschaften sollte Gott außerdem haben? - Das Vaterunser spricht Gott als Vater an. Wenn ihr ein Gebet formulieren solltet, wie würdet ihr Gott ansprechen? - In der Darstellung des Stuttgarter Psalters zu Ps 22 Bezüge zum Psalm und zur Passionsgeschichte herausfinden (Wiederholung zum christlichen Festkreis, Passion → M 6) - Zu einem Psalm passende Motive der altorientalischen Bildkunst auswählen und während der Projektion dieser Motive den Psalm in verteilten Rollen vortragen. (Gutes Bildmaterial z.B. in: Keel, Othmar: Die Welt der altorientalischen Bildsymbolik und das Alte Testament am Beispiel der Psalmen, Göttingen, [5]1996) → Unterrichtsideen 6, 98ff., Kursbuch Religion Elementar 5/6, 84, 87

Literatur

Unterrichtspraktisches Material
Ingo Baldermann, Wer hört mein Weinen? – Kinder entdecken sich in den Psalmen, Neukirchen-Vluyn, 8. Auflage 2006
Elisabeth Buck, Religion in Bewegung, Göttingen 2005, bes. 32f. (Ps 139), 65ff. (Danken, Ps 103)
Rainer Oberthür, A. Mayer, Psalmwort-Kartei – in Bildworten der Bibel sich selbst entdecken, Heinsberg 1995
Unterrichtsideen Religion 6, Stuttgart 1997, 98–116

Schulbücher
Das Kursbuch Religion 1 (für 5/6), Stuttgart/Braunschweig 2005, 102–105
Das Kursbuch 1, Lehrermaterialien, Stuttgart/Braunschweig 2006, 85–91
Kursbuch Religion Elementar 5/6, Stuttgart/Braunschweig 2003, 87
Kursbuch Religion Elementar 5/6, Lehrermaterialien, Stuttgart/Braunschweig 2006, 135–138
Kursbuch Religion 2000, 5/6, Stuttgart/Braunschweig 1997, 94 ff.
SpurenLesen 5/6, Stuttgart 1996, 24, 85f., 177, 187
SpurenLesen 5/6, Werkbuch, Stuttgart 1997, 221f.
SpurenLesen 1, Stuttgart/Braunschweig 2007
Religion entdecken – verstehen – gestalten, Werkbuch, Göttingen 2000

Fachliteratur zur Vertiefung
Bernd Janowski, Konfliktgespräche mit Gott – eine Anthropologie der Psalmen, Neukirchen-Vluyn 2003
Erich Zenger, Psalmen Auslegungen, 1–4, Freiburg [2]2006

M 1 Vorschlag für Kompetenzformulierungen: (anzupassen, je nach Klassensituation und Schulart)

1. Ich kann Klage, Dank oder Lob in einem mir vorher unbekannten Psalm auf andere Weise ausdrücken. (Wähle mindestens eine Methode, die ohne Worte auskommt, und eine, die mit Worten und Sprache arbeitet.)

2. Ich kann mir zu einem Psalm, den ich vorher nicht kannte, eine Geschichte ausdenken und schreiben, bei der deutlich wird, in welcher Situation jemand diesen Psalm beten könnte und wie es ihm gehen könnte, nachdem sie oder er den Psalm gebetet hat.

3. Ich kann beschreiben, wie sich in einem mir vorliegenden Klagepsalm die Klage verändert.

4. Ich kann verschiedene Anlässe Gott zu loben in den Psalmen herausfinden.

5. Ich kann fünf verschiedene Namen, Symbole oder Bilder für Gott, die in den Psalmen vorkommen, nennen und deuten.

6. Ich kann einen eigenen Lob- und Klagepsalm schreiben.

7. Ich kann folgende Frage beantworten;
   a. Welche Vor- oder Nachteile kann es haben, zu Gott zu sprechen, wenn es mir schlecht geht?
   b. Welche Vor- oder Nachteile kann es haben, zu Gott zu sprechen, wenn es mir gut geht?

8. Ich kann den 23. Psalm und einzelne Verse anderer Psalmen gut verständlich und in einem angemessenen Sprechtempo auswendig vortragen.

M 2 Vorschlag für einen – je nach Klassensituation zu kürzenden – Hefteintrag

Phasen eines Klagepsalms

1. **Anrede**: Gott wird angesprochen. Es wird deutlich, was für eine Beziehung die Psalmbeterin oder der Psalmbeter zu Gott hat.

2. **Klage**: Ausführlich und oft mit vielen Wiederholungen wird das Leid geschildert. Man kann oft nicht genau sagen, woran jemand leidet, aber die Sprachbilder drücken treffend aus, wie es den Leidenden geht. Oft wird auch eine Bedrohung durch Feinde eindrücklich beschrieben.

3. Die Klage kann sich bis zur **Anklage Gottes** steigern.

4. **Vertrauensbekenntnis**: Die Erinnerung daran, dass Gott früher geholfen hat, z.B. den Vorfahren oder bei der eigenen Geburt, macht die Tatenlosigkeit Gottes noch unerträglicher. Gleichzeitig verbindet sich mit der Erinnerung an früher auch der Wunsch und Appell an Gott (und die noch nicht ganz aufgegebene Hoffnung), dass er auch jetzt wieder eingreife.

5. **Lob**: Einige Klagepsalmen enden damit, dass nach erfahrener Rettung gesungen, gesprungen, getanzt und über die unerwartete Wende anderen berichtet wird.

Als Hintergrund für interessierte Klassen, evtl. zum Theologisieren mit Schülerinnen und Schülern:

Für diesen Umschwung am Ende gibt es verschiedene Erklärungen:
a) Manchen ging es besser, nachdem sie ihr Herz ausgeschüttet hatten. Dabei erinnerten sie sich auch daran, dass Gott früher geholfen hatte. Sie haben so ihre Vertrauenskrise überwunden und können Gott wieder loben, auch wenn es ihnen äußerlich vielleicht gar nicht (viel) besser geht.
b) Manche Streitigkeiten wurden am Tempel durch einen Schiedsspruch gelöst (vgl. »Streitschlichter«).
c) Einige lobten Gott, weil sie darauf vertrauen, dass Gott ihnen noch helfen wird (»Denn ich werde ihm noch danken«, Ps 42,6).
d) Lobverse wurden den Klagepsalmen erst hinzugefügt, nachdem eine Wende eingetreten war.
e) Die Psalmbeterinnen und -beter erzählen von ihrer Not im Rückblick und können deswegen mit Lob und Dank enden.

M 3 Wut-Psalmworte

Gott stürze die, die schlecht über mich reden, ins Feuer, er stürze sie hinab in den Abgrund, dass sie nie wieder aufstehen. *Ps 140,11*	Sie sollen zurückweichen und zum Spott werden, die mir Übles wünschen. *Ps 70,3*	Wenn mein Feind mich schmähte, wollte ich es ertragen; wenn einer, der mich hasst, groß tut wider mich, wollte ich mich vor ihm verbergen. Aber nun bist du es, mein Gefährte, mein Freund und mein Vertrauter, die wir freundlich miteinander waren. *Ps 55,13–15*
Gott, zerbrich den Gottlosen die Zähne im Maul, zerschlage das Gebiss der jungen Löwen! *Ps 58,7*	Tochter Babel, wohl dem, der packt und zerschmettert deine Kinder am Felsen. *Ps 137,8f.*	Sei mir nah. Du kennst meine Schmach und meine Schande. Ganz krank bin ich, umsonst habe ich auf Mitleid gewartet, auf einen, der mich tröstet, doch ich habe keinen gefunden. Sie haben mir Gift zu essen gegeben. Steche ihre Augen aus, sodass sie nicht mehr sehen; lähme ihre Hüften für immer! Gieß über sie deinen Grimm aus, dein glühender Zorn soll sie treffen! *Ps 69, 20–25 (in Auswahl)*
Das Unglück, über das meine Feinde beraten, komme über sie selber. *Ps 140,10*	Ein jegliches hat seine Zeit, und alles unter dem Himmel hat seine Stunde: … lieben hat seine Zeit, hassen hat seine Zeit; Streit hat seine Zeit, Friede hat seine Zeit. *Prediger 3,1 + 8*	Der Tod übereile sie, dass sie lebendig zu den Toten fahren; denn es ist lauter Bosheit bei ihnen. *Ps 55,1*
In mir kocht es und es hört nicht auf, mich haben überfallen Tage des Elends. Ich bin ein Bruder der Schakale geworden und ein Geselle der Strauße. *Hiob 30,27 + 29*	Die Feinde geifern mit ihrem Mund, Schwerter sind auf ihren Lippen. *Ps 59,8*	O Gott, sie sollen vergehen wie die Schnecke, die sich auflöst in Schleim! *Ps 58,7–9 (in Auswahl)*
Der Gerechte wird sich freuen, wenn er solche Vergeltung sieht, und wird seine Füße baden in der Gottlosen Blut. *Ps 58,11*	Mein Gott, mein Gott, wozu hast du mich verlassen? Du bist fern von meiner Rettung, den Worten meines Schreiens! *Ps 22,2*	Zerbrich den Arm des Gottlosen und suche heim das Böse. *Ps 10,15*

**M 4 Situationskarten:
Mögliche Anlässe
für Wut**

Wenn ich im Unterricht etwas sage und der Lehrer/die Lehrerin so schaut, dass ich denke, er/sie hält mich für blöd	Wenn ich krank bin und nicht den anderen spielen kann	Wenn ich wegen einer langen Strafarbeit den ganzen Nachmittag nicht raus kann
Wenn andere etwas über mich erzählen, was nicht stimmt	Wenn mein bester Freund/ meine beste Freundin auf einmal mit jemand anderem am meisten zusammen sein will	Wenn ich verpetzt werde
Wenn ich Hausarrest habe	Wenn ich gehänselt werde	Wenn ich (viel) gelernt habe und eine schlechte Arbeit zurück bekomme
Wenn ich ausgeschlossen werde	Wenn ich neu in eine Klasse komme	Wenn ich beim Wählen für Mannschaften in Sport oft erst gegen Ende genommen werde
Wenn ich bestraft werde und andere, die das Gleiche getan haben, nicht	Wenn alle auf mich sauer sind, weil ich ein Tor reingelassen habe	Wenn ich mitbekomme, dass hinter meinem Rücken über mich gelästert wird
Wenn Lehrer/innen mich nicht ernst nehmen	Wenn ich Ärger mit Mama oder Papa habe	Wenn es Zoff in meiner Clique gibt
Wenn alle anderen im Sport etwas gut können, ich aber nicht	Wenn ich für etwas bestraft werde, was ich nicht getan habe	Wenn ich für etwas geschimpft werde, von dem ich gar nicht weiß, dass es verboten ist
Wenn ich verlassen werde	Wenn jemand gestorben ist	Wenn der Computer nicht funktioniert
Wenn andere mir nicht zuhören, meine Ideen nicht beachten oder sie lächerlich machen	Wenn andere keine Zeit für mich haben	Wenn jemand ohne zu fragen in mein Zimmer kommt oder beim Rausgehen die Tür offen lässt
Wenn ich Fernsehverbot habe	**JOKER** Denke dir eine eigene Situation aus, bei der du wütend wirst	Wenn ich jemanden etwas frage, und der mir gar nicht richtig zuhört

M 5 Ps 59 »Rette mich vor meinen Feinden, mein Gott!«

Ein Psalm von David. Als Saul hinsandte und man das Haus von David bewachte, um ihn zu töten. (vgl. 1. Sam 19,8–17)

Rette mich vor meinen Feinden, mein Gott,
rette mich vor den Mördern.
Denn siehe: Sie haben mir aufgelauert, Starke greifen mich an.
Ich habe nichts Böses getan.
Obwohl ich unschuldig bin, greifen sie an und stellen sich auf.

(zu Gott) Wach auf, komm, sieh her!
Hab kein Erbarmen mit diesen Verbrechern.

Die Feinde kehren zurück am Abend,
sie knurren wie die Hunde und schleichen rings um die Stadt.

Siehe, sie geifern mit ihrem Mund;
Schwerter sind auf ihren Lippen.

Doch sie sagen sich: *»Wer hört es schon?«*

Du aber, HERR, du lachst sie aus.

Gott ist meine Schutzburg.

Gott kommt mir zu Hilfe,
zerstreue die Feinde mit deiner Macht und wirf sie nieder!

Wegen all ihrer Reden,
denn sie fluchen und verbreiten nur Lüge:
Vernichte die Feinde im Zorn, vernichte sie,
sie sollen zu Grunde gehen.

So wird man erkennen, dass Gott in Israel herrscht
bis an die Enden der Erde.

Die Feinde kehren zurück am Abend,
sie knurren wie die Hunde und schleichen rings um die Stadt.

Aber ich, ich will besingen deine Stärke,
und ich will jubeln über deine Güte am Morgen,
denn du bist mir zur Schutzburg geworden.
Bei dir finde ich Zuflucht in Zeiten der Not.

Gott ist meine Schutzburg.

Vorschläge für Arbeitsaufträge

1. Folgende Teile kommen in diesem Klagepsalm vor (vgl. M 2):
   - Angabe, in welcher Situation der Psalm gebetet wurde
   - Klage an Gott, die manchmal in ein Selbstgespräch übergeht
   - Vertrauensworte, die sich einmal auch wie ein Refrain wiederholen
   - Schuldbekenntnis oder Unschuldsbeteuerung
   - Versprechen Gott zu loben.

   Kennzeichnet diese Teile im Psalm.

2. Lest den Psalm in verteilten Rollen:
   - die oder der Klagende (können mehrere übernehmen)
   - die Feinde
   - die wiederkehrenden Verse (alle).

3. Erklärt euch gegenseitig, was ihr nicht versteht, oder fragt eure Lehrkraft.

4. Malt den Psalmtext mit unterschiedlichen Gefühlsfarben an und sucht zu jedem Abschnitt eine Ausdrucks-Geste.

5. Überlegt und diskutiert:
   Hier wird den Feinden Böses gewünscht:
   a. Was könnten sie den Klagenden angetan haben?
   b. Worin liegt der Unterschied, ob man selbst seinen Feinden Böses wünscht oder ob man Gott damit »beauftragt«?
   c. Ist es eher gut oder schlecht, solche Wünsche vor Gott auszusprechen?
   d. Woher nimmt der Psalmbeter am Ende seine Zuversicht? (vgl. M 2)

6. Sucht euch eine Situationskarte zum Thema »Mögliche Anlässe für Wut« (M 4) und schreibt allein, zu zweit oder dritt dazu einen eigenen Psalm (auch als Rap!). Berücksichtigt dabei die Teile aus Arbeitsauftrag 1.

M 6 Wiederholungs-aufgabe zu Ps 22 und »Jahreskreis und Feste« (Passion)

Stuttgarter Psalter, Saint Germain des Près, erste Hälfte des 11. Jahrhunderts, ausgestattet mit 316 kolorierten Zeichnungen, Stuttgart – Württembergische Landesbibliothek.

- Die lateinischen Psalmworte oberhalb und unterhalb des Bildes geben Ps 22,18–20 wieder.
- Zur Deutung des Bildes: Luther übersetzte Ps 22,22: Hilf mir aus dem Rachen des Löwen und errette mich vor den Einhörnern.

Arbeitsaufträge

1. Schau dir das Bild genau an und beschreibe die verschiedenen Personen und Tiere. In welcher Beziehung stehen sie zum Gekreuzigten?

2. Suche alle Formulierungen aus Ps 22 und aus Mk 15,24–39 heraus, die zu dem Bild passen. Schreibe sie heraus und vermerke, zu welchem Teil des Bildes sie gehören.

3. Vergleiche das Bild mit einer anderen Kreuzigungsdarstellung.

4. Suche dir einen Vers aus Ps 22 aus, male zu ihm ein Bild und schreibe den Vers dazu.

Kirchengebäude erschließen und deuten

Bildungsstandards Hauptschule, Realschule, Gymnasium

Schwerpunktkompetenzen und weitere Kompetenzen	Die Schülerinnen und Schüler • **können Formen evangelischer und katholischer Glaubenspraxis beschreiben und Angebote der Kirchengemeinden vor Ort ausfindig machen (HS 6.2)** • **sind in der Lage, Kirchenräume zu erkunden und Gemeinsamkeiten und Unterschiede zwischen evangelischen und katholischen Kirchen festzustellen (RS 6.3)** • verfügen über die Fähigkeit, Gemeinsamkeiten und Besonderheiten der evangelischen und der katholischen Kirche und die grundlegenden Merkmale der evangelischen Konfession wahrzunehmen (RS 6.1) • **können Kirchengebäude deuten … (GY 6.2)** • können Gemeinsamkeiten und Unterschiede der evangelischen und katholischen Kirche erläutern (GY 6.1) • können im Rahmen der Schule Ökumene praktizieren (GY 6.3)

Die Lebensbedeutsamkeit	Evangelische und katholische Kirchengebäude gehören zum selbstverständlichen Bestandteil aller Orte und Städte hierzulande. Sie weisen auf die prägende Kraft des christlichen Glaubens für die europäisch-abendländische Kultur und die Bedeutung religiösen Lebens für einen jeden. Kirchengebäude unterscheiden sich von anderen Gebäuden durch ihr äußeres Erscheinungsbild, durch ihre Innenausstattung und durch ihre Funktion. Sie sind symbolisch aufgeladen und erschließen sich deshalb nicht sofort. Sie brauchen eine angemessene Alphabetisierung, die den verstehenden Mitvollzug eröffnen kann. Von der Symbolik der Kirchengebäude und Kirchenräume öffnet sich der Blick auf christlich-religiöse Motive im Alltag, die es ermöglichen, nach dem Vorkommen religiöser Symbolik insgesamt im Alltag zu fragen. Für viele Schülerinnen und Schüler gehören Kirchengebäude zu den Identifikationsmerkmalen von Christentum und Kirche. Sie können diese anfangs aber nicht differenziert »lesen«. Eine differenzierte Kenntnis fördert die Vertrautheit mit Christentum und Kirche, lässt andere Religion in Unterscheidung erkennen und erschließt grundlegende Merkmale von Christentum und den christlichen Konfessionen.

Elementare Fragen	Wozu braucht man eine Kirche? Warum gibt es evangelisch und katholisch? Warum glauben die einen an Gott, andere aber nicht?

Ein Blick auf katholische Bildungsstandards	Die Schülerinnen und Schüler • können an Beispielen die Grundfunktionen der Kirche aufzeigen (GY 6.2) • kennen die Bedeutung der Eucharistiefeier für katholische Christen (GY 6.4) • können an Beispielen aus dem Leben der Gemeinden vor Ort Gemeinsamkeiten und Unterschiede zwischen den Konfessionen aufzeigen (GY 6.6)

Leitmedien	• Bilder: Evangelische Pfarrerin im Talar, katholischer Priester im Messgewand (→ M 1 und M 2) • Bilder: Evangelischer und katholischer Kirchenraum von innen (→ M 3 und M 4) • Hinweisschild auf Sonntagsgottesdienste der verschiedenen Konfessionen an der Orts-/Stadtgrenze (→ M 5)
Die Schüler und Schülerinnen können zeigen, was sie schon können und kennen	• Personen, Gegenstände und symbolische Zeichen mitbringen und/oder als Bilder zeigen (→ M 6), erläutern und den Konfessionen zuordnen. Was haben beide gemeinsam? Was gibt es nur in der evangelischen Kirche? Was gibt es nur in der katholischen Kirche? Wozu braucht man diesen Gegenstand? Warum sieht das so aus? *Lösung: Altarkreuz: beide; Pfarrerin: ev.; betende Hände: beide; ewiges Licht: kath.; Bischofsstuhl: kath.; Kirchenfenster: beide; Bibel: beide; Abendmahlsgefäß: beide; Parament: beide; Kruzifix: beide; Maria: kath.; Kanzel: beide; Kirchturmuhr: beide; Messdiener: kath.; Beichtstuhl: kath.; Papst: kath.; Luther: ev.; Taufstein: beide; Glocken: beide; Taufstein: beide; Turmhahn: ev.; Christuszeichen: beide.* • Die Fehler in einer Tiki-Karikatur entdecken (→ M 7)
Die Schülerinnen und Schüler wissen, welche Kompetenzen es zu erwerben gilt, und können ihren Lernweg mitgestalten	• Bodenbild mit unterschiedlichen Bildern und/oder Gegenständen (→ M 6). Schülerinnen und Schüler ordnen die Gegenstände nach bekannt und unbekannt sowie nach interessant und weniger interessant. Überlegen, welche Personen und Gebäude man unbedingt besuchen will • Miteinander klären: Was halte ich von dem Thema »Kirchengebäude«? Ist es interessant oder langweilig, wichtig oder unwichtig? Ist es eher ein Buben- oder ein Mädchenthema? Was möchte ich unbedingt lernen? Wie will ich lernen (allein oder mit anderen; alle gemeinsam oder in Gruppen; mit oder ohne Computer; mit oder ohne Bücher; mit oder ohne Lieder; auswendig oder …)?
Die Schülerinnen und Schüler können darlegen, welche Kirchen und Konfessionen es am Schulort gibt	• Eigenes Wissen zusammentragen und einander Geschichten erzählen • Telefonbuch auswerten und alle kirchlichen Orte in einen Stadtplan eintragen • Eine »Kirchenrallye« planen, durchführen und den Verlauf in einen Stadtplan einzeichnen • Theologisieren: Warum gibt es verschiedene Kirchen? • Kirchen bzw. Konfessionen in Gruppen ordnen. Unterschiede herausfinden und zusammenfassend definieren • Von den unterschiedlichen kirchlichen Gebäuden (Kirchen, Gemeindehäuser) Fotos und/oder Zeichnungen machen. • Schulstatistik besorgen und eine Religionslandkarte der eigenen Schule entwerfen. Die Angaben durch persönliche Recherchen ergänzen
Die Schüler und Schülerinnen können aufgrund der Erschließung eines evangelischen Kirchenraumes eigene Wahrnehmungen zum Ausdruck bringen → RS 6.3; 6.1; GY 6.2; 6.1	Je nach Situation und Zeit kann aus den folgenden Vorschlägen ein Verlauf zusammengestellt werden: • Kirche umrunden und nach Auffälligkeiten suchen. Überlegen, was der Turm bedeutet und wie die Kirche wirkt • Von außen den Punkt finden, von dem aus die Kirche am schönsten aussieht. Mit Kreide den eigenen Namen auf den Punkt schreiben • In der Kirche den Lieblingsplatz suchen und anderen erzählen, warum dies der Lieblingsplatz ist • Orgel von innen erkunden, Turm besteigen • Einen Grundriss zeichnen und darin die wichtigsten Details der Kirche einzeichnen. Herausfinden, warum die Kirche so eingerichtet ist, wie sie eingerichtet ist

- Symbolische Zeichen in der Kirche finden (z.B. Evangelistensymbole, geöffnete Bibel, Abendmahlsgerät, Kreuz, Kerze u.a.m.)
- Bibeltexte (kopiert/laminiert) einzelnen Orten im Kirchenraum zuordnen (Taufe Jesu, Taufbefehl, Seligpreisungen, Zehn Gebote, letztes Abendmahl, Kreuzigung, Auferstehung, Ps 150, aaronitischer Segen) und dann gemeinsam die Texte an den Orten lesen
- Ein Detail des Kirchenraumes zeichnen und anderen vorstellen
- Kanzellesen: aus einer Text-Kartei einen Bibeltext auswählen, von der Kanzel lesen und mit einem Satz begründen, warum man gerade diesen gewählt hat. Anschließend bedenken, wozu man eine Kanzel braucht
- Am Taufstein von der eigenen Taufe erzählen
- Am Altar miteinander Trauben essen, dazu die Geschichte vom letzten Abendmahl hören; anschließend gemeinsam das Vaterunser beten
- Herausfinden, was »typisch evangelisch« ist. Überlegen, woher die Kirche ihren Namen hat
- Einen Bericht über die Kirche schreiben
- Bilder, Gegenstände und symbolische Zeichen dem evangelischen Kirchenraum zuordnen und entschlüsseln (s.o.)
- Den gedeckten Abendmahlstisch beschreiben und die einzelnen Gegenstände deuten (Bibel, Altarkreuz, Blumen, Kerzen, Teller, Kanne, Kelch, Paramente) und einander den Ablauf eines Abendmahls erzählen. Evtl. Gesangbuch zur Hand nehmen

Die Schüler und Schülerinnen können aufgrund der Erschließung eines katholischen Kirchenraums Gemeinsamkeiten und Unterschiede des evangelischen und des katholischen Kirchenraums erläutern → HS 6.3; RS 6.3; 6.1; GY 6.2; 6.1	Je nach Situation und Zeit kann aus den folgenden Vorschlägen ein Verlauf zusammengestellt werden: • In einem katholischen Kirchenraum zentrale Orte suchen und sich dort hinstellen • Überall dort ein Fragezeichen hinlegen, wo man eine Frage hat, und ein Ausrufezeichen, wo man etwas ganz besonders schön findet. Anschließend Gespräch mit einem katholischen Pfarrer oder Religionslehrer • Herausfinden, was es so in einer evangelischen Kirche nicht gibt, und den Ort mit einer gelben Karte bezeichnen • Geschichten von einem Heiligen hören, der in der katholischen Kirche »wohnt« • Eine Marienfigur betrachten und ein Marienlied singen • Den Grundriss zeichnen und die wichtigsten Elemente einzeichnen (mit roter Farbe diejenigen, die es nur in der katholischen Kirche gibt; mit blauer Farbe diejenigen, die es auch in der evangelischen Kirche gibt) • Einmal kniend beten • Weihrauch riechen und herausfinden, woher Weihrauch kommt • Mithilfe von Tabernakel, Hostie und Monstranz sich die Eigenart der Eucharistie und ihre Bedeutung für den katholischen Glauben darstellen lassen • Bilder, Gegenstände und symbolische Zeichen entschlüsseln (s.o.) • Einen katholischen und einen evangelischen Altar zeichnen • Herausfinden, woher die Kirche ihren Namen hat • Berichte schreiben: Gemeinsamkeiten und Unterschiede zwischen einer evangelischen und einer katholischen Kirche; Gemeinsamkeiten und Unterschiede zwischen einem evangelischen und einem katholischen Gottesdienst
Die Schüler und Schülerinnen können Kirchengebäude deuten → GY 6.2	• Metaphermeditation: Diese Kirche ist wie … Schülerinnen und Schüler ergänzen den Satz, anschließend Austausch der Bilder. Voraus kann eine Metapherübung gestellt werden: Einen Ferrari mit einem Tier vergleichen: »Ein Ferrari ist wie …«; Die Schule mit einer Landschaft vergleichen: »Die Schule ist wie …«; die eigene Klasse mit einem Tier vergleichen: »Unsere Klasse ist wie …« • Vergleich verschiedener Kirchenbauten (→ M 8): Was haben diese Kirchen gemeinsam? Worin unterscheiden sie sich? • Das sorgfältig betrachtete Kirchengebäude sprechen lassen (Wie ich erbaut wurde; Was ich schon alles erlebt habe; Was man in mir findet; Was ich den Menschen empfehle; Was ich nicht will; Wozu ich da bin; Was ich Menschen gebe)

Die Schülerinnen und Schüler können evangelische und katholische Glaubenspraxis beschreiben und Angebote der Kirchengemeinden vor Ort ausfinden machen → **HS 6.3; RS 6.3; 6.1; GY 6.2; 6.1**	▪ Katholische Schülerinnen und Schüler einladen und anhand von gemeinsam festgelegten Stichworten (z.B. Beten, Abendmahl, Aussehen der Pfarrer, Klänge, Gerüche, Gesangbuch; Worte) von dem katholischen Gottesdienst erzählen lassen; anschließend erzählen evangelische Schülerinnen und Schüler von dem evangelischen Gottesdienst und bestimmen dann Gemeinsamkeiten und Unterschiede ▪ In einem evangelischen sowie einem katholischen Kirchenraum durch Anleitung den Gottesdienstablauf pantomimisch durchspielen, anschließend Erfahrungen vergleichen ▪ Evangelische und katholische Gemeindebriefe sammeln und miteinander aufgrund festgelegter Gesichtspunkte vergleichen (Anzahl und Anfangszeiten der Gottesdienste; Veranstaltungen für Kinder, Veranstaltungen für Alte, Veranstaltungen für Erwachsene, Kreise und Gruppen). Überlegen, was am interessantesten ist
Die Schüler und Schülerinnen können gemeinsam mit ihren katholischen Mitschülerinnen und Mitschülern ein ökumenisches Gottesdienstprojekt durchführen → **GY 6.3**	▪ Gemeinsam überlegen, für welchen Anlass man einen ökumenischen Gottesdienst feiern kann (Weihnachten, Schuljahresende, Advent u.a.m.), und dazu ein Projekt planen ▪ Den Gottesdienstort wählen und begründen ▪ Die Grundschritte eines Gottesdienstes bestimmen (Ankommen/Begrüßen, Sich zu Gott hinwenden/Vorbereitung, Von Gott hören, Sich Verabschieden/Segen) und körperlich-pantomimisch nachvollziehen ▪ Die Grundelemente eines Gottesdienstes zusammenstellen (Lieder, Gebete, Bibeltexte, Predigt/Anspiel, Segen, Raumgestaltung, Technik, Werbung) und in Arbeitsgruppen geeignete Inhalte aus Vorlagen aussuchen ▪ Einander die Vorschläge vorstellen und den Gottesdienst zusammenstellen ▪ Für den Gottesdienst werben ▪ Den Gottesdienst proben ▪ Den Gottesdienst durchführen ▪ Gemeinsam über den Gottesdienst sprechen und einen Text für die Schülerzeitung/den Jahresbericht der Schule entwerfen. Bedenken, warum Personen nicht am Gottesdienst teilgenommen haben
Die Schüler und Schülerinnen kennen Gründe, warum Mitschülerinnen, aber auch Lehrpersonen nicht am Gottesdienst teilnehmen	▪ Diskussion: Soll man in der Schule einführen, dass alle Schülerinnen und Schüler sowie die Lehrpersonen am Gottesdienst teilnehmen müssen? ▪ Interviews mit Menschen, die an dem gemeinsamen Gottesdienst nicht teilgenommen haben, die Ergebnisse auswerten ▪ Einander von Menschen erzählen, die nicht an Gott glauben oder einer anderen Religion angehören. Herausfinden, woran und wie sie glauben, diesen Glauben jeweils symbolisch zum Ausdruck bringen
Die Schülerinnen und Schüler können darstellen, was neu gelernt wurde	▪ Das Bodenbild mit seinen Bildern, Gegenständen und Zeichen ordnen und interpretieren. In die Hand nehmen und sagen, was man jetzt viel besser kennt und versteht ▪ Herausstellen, was typisch evangelisch und was typisch katholisch ist ▪ Das Röntgenbild eines idealtypischen ev. Kirchengebäudes bezeichnen (→ M 9) ▪ Einen kleinen Kirchenführer entwerfen ▪ Eine Kirchenführung für Kinder entwerfen ▪ Für einen Muslim oder einen vollkommen Nichtreligiösen einen Text schreiben, der erklärt, was evangelisch und katholisch ist ▪ Mit Kreide auf den Boden zwei Kreise zeichnen, die sich schneiden und eine gemeinsame Fläche haben. Hinschreiben, was allein evangelisch und allein katholisch ist und was beide gemeinsam haben ▪ Lernkarten vorlegen oder selber Lernkarten entwerfen

Literatur

Unterrichtspraktisches Material

Unterrichtsideen Religion 5, Stuttgart 265–275

Christiane-B. Julius u.a., Der Religion Raum geben. Eine Kirchenpädagogische Praxishilfe, rpi Loccum 1999

Thomas Klie (Hg.), Kirchenpädagogik und Religionsunterricht. 12 Unterrichtseinheiten für alle Schulformen, rpi Loccum 2001

Information und Material des Instituts für Religionspädagogik der Erzdiözese Freiburg, Heft 1/2006, Wir erkunden unsere Kirchen. Von außen – nach innen (zu erhalten bei IRP Habsburgerstraße 107, Karl Rahner Haus, 79104 Freiburg, Tel. 0761/12040-102; Fax 0761/12040-199)

Information und Material des Instituts für Religionspädagogik der Erzdiözese Freiburg, Heft 2/2006, Rätsel und Spiele um die Kirche (zu erhalten bei IRP Habsburgerstraße 107, Karl Rahner Haus, 79104 Freiburg, Tel. 0761/12040-102; Fax 0761/12040-199)

Schulbücher

Das Kursbuch Religion 1, Stuttgart/Braunschweig 2005, 160–167, 180–185

Kursbuch Religion Elementar 5/6, Stuttgart/Braunschweig 2003, 158–165

SpurenLesen 1, Stuttgart/Braunschweig 2007

Zur Vertiefung

Hartmut Rupp, Handbuch der Kirchenpädagogik, Stuttgart 2006

Birgit Neumann, Antje Rösener, Kirchenpädagogik. Kirche öffnen, entdecken und verstehen. Ein Arbeitsbuch, Gütersloh 2003

M 1 Evangelische Pfarrerin

Foto: epd-Bild

M 2 Katholischer Priester

Foto: kna-Bild

**M 3 Moderner
evangelischer
Kirchenraum**

Evangelische
Kirche Rauenberg

**M 4 Moderner
katholischer
Kirchenraum**

Katholische Kirche
Neureut Thaddäus

Farbige Vorlagen siehe Seite 259

**M 5 Schilder am
Ortsrand**

Heilige Messe

Samstag 19.00 Uhr
Sonntag 10.00 Uhr

im Altenheim:
Sonntag 11.00 Uhr

Evangelischer
Gottesdienst

Sonntag 10.00 Uhr

Ev.-Methodistischer
Gottesdienst

Sonntag 10.00 Uhr

M 6 Bilder und Gegenstände, Symbole und Personen im evangelischen und katholischen Kirchenraum

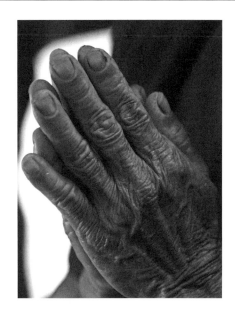

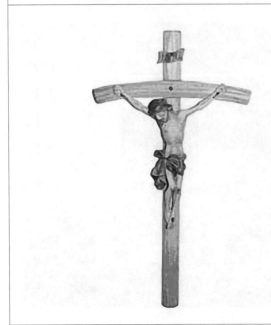

M 7 Karikatur

Werner »Tiki« Küstenmacher

M 8 Verschiedene Kirchengebäude

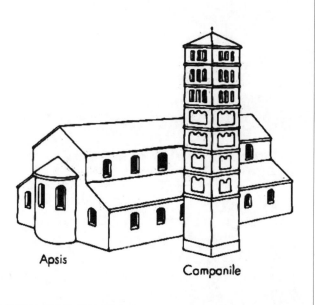

Apsis   Companile

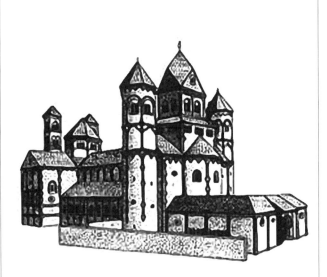

M 9 Röntgenbild

Farbige Vorlage siehe Seite 260

Feste im Jahreskreis entdecken, verstehen und gestalten

Bildungsstandards Hauptschule, Realschule, Gymnasium
Das vorliegende Unterrichtsmodul versteht sich als Einführung in die Gesamtthematik »Christliche Feste«. Es bietet sich an, die einzelnen Bausteine im Verlauf des Kirchenjahres zu bearbeiten.

Schwerpunktkompetenz und weitere Kompetenzen	Die Schülerinnen und Schüler

- **können die christlichen Hauptfeste erklären und in das Kirchenjahr einordnen (HS 6.3)**
- wissen, dass in der Bibel die Evangelien von Jesus Christus erzählen. Sie kennen wichtige Lebensstationen Jesu (HS 5.1)
- kennen neben den Formen christlicher Glaubenspraxis auch wesentliche Ausdrucksformen der Glaubenspraxis von Juden und Muslimen (HS 7.2)

- **können christliche Feste erklären und in das Kirchenjahr einordnen (RS 6.2)**
- können den Festen im Kirchenjahr Lebensstationen Jesu zuordnen (RS 5.2)
- verfügen über die Fähigkeit, Gemeinsamkeiten und Besonderheiten der evangelischen und katholischen Kirche und die grundlegenden Merkmale der evangelischen Konfession wahrzunehmen (RS 6.1)

- **kennen die Grundstruktur des Kirchenjahres mit seinen Hauptfesten und die zugehörigen biblischen Geschichten (GY 1.2)**
- können die Geschichte Jesu in Grundzügen wiedergeben, wie sie in der Bibel erzählt wird, und sich in den Festen des Kirchenjahres spiegelt (GY 5.1)
- können die Bedeutsamkeit von Festen und Feiern im privaten, öffentlichen und kirchlichen Rahmen darlegen und Aufgaben bei der Gestaltung übernehmen (GY 1.1)
- wissen, dass sich das (Schul-)Jahr besonders an kirchlichen Festen orientiert (GY 2.2)
- können den Wert des Sonntags für das persönliche und gemeinsame Leben erläutern (GY 2.3)
- kennen zu den wichtigsten Festen im Kirchenjahr eine biblische Geschichte (GY 3.4)
- können die Bedeutung des Sonntags darlegen (GY 6.4)
- können religiöse Ausdrucksformen in unserer Gesellschaft erkennen und zuordnen (GY 2.1)

Zur Lebensbedeutsamkeit	Feste unterbrechen den (Schul-)Alltag, die Routine, die Arbeit. Feste und Feiern ermöglichen den Schülerinnen und Schülern Orientierung in der Zeit. Sie tragen bei zur Ordnung der Erlebniswelt, sie bieten geformte Wiederholung und symbolische Vergegenwärtigung von Vergangenem, Raum für zweckfreies Handeln sowie Möglichkeiten für Fantasie und Kreativität.

Feste verbinden Menschliches und Göttliches, Weltliches und Transzendentes. Feste zeigen die Hauptinhalte des Glaubens auf, verbinden diese mit Naturerfahrungen und mit grundlegenden Lebenserfahrungen und festigen so beide. Feste ermöglichen den Menschen Bestätigung und Erfüllung – auch ohne Leistung – und sensibilisieren für tiefer gehende Formen der Gemeinschaft, des miteinander Feierns, der Besinnung. Gerade im Feiern können die Schülerinnen und Schüler erfahren, dass Menschen füreinander Zeit haben, etwas gemeinsam tun, etwas füreinander tun und sich gemeinsam freuen. Gleichwohl kennen immer weniger Menschen die biblisch-christlichen Wurzeln der Feste im Kirchenjahr. Ohne Kenntnis und Verständnis dieser Wurzeln droht kommerzielle Vereinnahmung von Festen immer weiter voranzuschreiten (Beispiele: Halloween, Nikolaus u.a.m.). Information über und Teilhabe an den Festen stärken das Selbstwertgefühl durch praktisches Tun und Übernahme von Verantwortung und fördern das soziale Miteinander.

Elementare Fragen	Warum feiern wir Feste? Was gehört alles zu einem Fest? Wie gelingt ein Fest? Was ist am Sonntag anders? Wie sieht ein guter Sonntag aus? Was bringt es mir, sonntags in die Kirche zu gehen?

Ein Blick auf katholische Bildungsstandards

Die Schülerinnen und Schüler

- kennen zentrale Feste im Kirchenjahr und ihr Brauchtum (HS 6.6)
- wissen, dass in der Bibel die Evangelien von Jesus erzählen (HS 5.1)
- kennen wichtige Lebens- und Wirkstationen Jesu (HS 5.2)

- kennen den Jahreskreis mit den wichtigsten kirchlichen Festen und die Bedeutung des Sonntags (RS 6.3)
- sind in der Lage, kleine religiöse Feiern mit Gebet, Lied und Stille mitzugestalten (RS 4.9)
- sind in der Lage, sich an der Vorbereitung eines Festes und einer liturgischen Feier in der Klasse oder in der Schulgemeinschaft zu beteiligen (RS 6.8)
- kennen aus dem Neuen Testament Erzählungen vom Leben, Sterben und Auferstehen Jesu Christi und die Ursprungsgeschichten zu den christlichen Festen (RS 3.3)

- kennen und unterscheiden die Bedeutung der Feste und des Feierns im privaten, öffentlichen und kirchlichen Rahmen (GY 1.2)
- können den zentralen christlichen Festen die Ursprungsgeschichten zuordnen (GY 5.2)
- können die wichtigsten Feste des Kirchenjahres erläutern (GY 6.3)

Leitmedien

- Kirchenjahreskreis als Bodenbild (kann immer wieder aufgebaut werden) oder als Lernplakat
- Bodenbildgestaltungen mit jeweils zum Fest oder zur Festzeit passenden Gegenständen, Symbolen, Bildern, Tüchern in liturgischen Farben, (biblischen) Geschichten, Liedern …; Kirchenjahrestisch bzw. Jahreszeitentisch, Kirchenjahrskorb
- Selbst gestaltetes Feste- und Feiern-Buch, das Basisinformationen sowie Bilder und Texte enthält
- Religiöse Symbole zum Kirchenjahr
- Das Spiel vom Kirchenjahr, Nidderau 2005
  Johann Betz: So bunt ist unser Kirchenjahr, DVD, 27 Min., München 2005. Die DVD stellt in 20 kurzen Einheiten die Feste des Kirchenjahrs anschaulich vor und zeigt, wie und warum wir heute in Familie und Kirche die Feste des Jahres feiern. Die Entstehung und Herkunft der vielen Festbräuche wird erklärt und was das Ganze mit unserem Leben zu tun hat

Die Schülerinnen und Schüler können zeigen, was sie schon können und kennen

- Zentrale Feste im Kirchenjahr, die ich benennen, erklären und in das Kirchenjahr einordnen kann
- Schülerinnen und Schüler wählen den Namen eines Festes (auf Kärtchen) im Kirchenjahr und die Klasse positioniert sich in der richtigen Reihenfolge der Feste

Die Schülerinnen und Schüler wissen, welche Kompetenzen es zu erwerben gilt, und können ihren Lernweg mitgestalten

- Eine Mindmap bzw. ein Lernplakat zum Thema Feste im Jahreskreis an der Tafel entwickeln, Themenschwerpunkte (Festkreise, Feste, …), Bearbeitungsformen (GA, Stationenarbeit) und Zielsetzungen (Kompetenzerwerb) der Bearbeitung festlegen
- Kompetenzraster-Check: Schüler-Info über die Kompetenzen, die es für sie zu erwerben gilt (→ M 1)

Die Schülerinnen und Schüler können die zwei wichtigsten Festkreise im Kirchenjahr unterscheiden und dazugehörige Feste nennen → HS 6.3; RS 6.2; GY 1.2; 2.2	• Die auf Wortkarten formulierten und von den Schülerinnen und Schülern genannten Feste auf einem Jahresband (Zeitstrecke mit den Monatsangaben Januar und Dezember) in der richtigen Reihenfolge anordnen • Symbole bzw. Brauchtum (Adventskranz, Christbaum, Krippe, Osterei, Kreuz, Taube, u.a.m.) sammeln (auf Karten oder von zu Hause mitgebrachte Gegenstände), beschreiben, deuten und den Festen zuordnen; biblische Bezüge herstellen. • Symbole und Feste (Kärtchen) in einen Festkreis (Bodenbild) einordnen
Die Schülerinnen und Schüler können die Bedeutung des Sonntags begründen → HS 7.2; 5.1; GY 2.3; 6.4	• Gründe für einen freien Sonntag sammeln und bei der Gestaltung von Protestplakaten gegen eine mögliche Abschaffung des freien Sonntags verwenden; die gefundenen Gründe werden gemeinsam reflektiert – Was sind religiöse Gründe? Welche anderen Gründe gibt es? • Einen realen (typischen) und/oder idealen Sonntagsverlauf beschreiben und mit dem Ablauf des Sabbats vergleichen (vgl. Unterrichtsmodul Judentum) • Anregungen für die Gestaltung des Sonntags unter besonderer Berücksichtigung der Fragestellung »Was nutzt, was schadet dem Sonntag?« als Hitliste formulieren
Die Schülerinnen und Schüler können zu den Festen des Weihnachtskreises eigene Geschichten erzählen, Bräuche darstellen und erklären sowie den Bezug zur Geschichte Jesu herstellen → HS 6.3; 5.1; RS 5.2; 6.1; GY 1.2; 5.1; 1.1; 3.4; 2.1	• Unterschiede zwischen einer Geburtstagsfeier und dem Weihnachtsfest entdecken und benennen • Geschichte des Adventskranzes und anderer Adventsbräuche erschließen • Geschichte(n) zum Lichtsymbol erschließen • Einen Weihnachtsweg gestalten (Stationen der Weihnachtsgeschichte) • Familiäre Traditionen vorstellen • Die Weihnachtsgeschichte (Lk 2,1–14) vorlesen und gestalten (Bild-, Textpuzzle, Tagebuch, Streitgespräch, Leporello …) • Ein Krippenbild gestalten (Standbild, Szene, Bild …) • Singen und Gestalten von Advents- und Weihnachtsliedern
Die Schülerinnen und Schüler können den Festtagen der Passions- und Osterzeit Geschichten von Jesus zuordnen sowie Symbole und Brauchtum erläutern → HS 6.3; 5.1; RS 6.2; 5.2; 6.1; GY 1.2; 5.1; 3.4; 2.1	• Ein Streitgespräch zur Frage: Fasten – wozu? Verlust, Gewinn und Gefahren? • Die Traditionen zu den drei »großen Tagen« (Palmsonntag, Gründonnerstag, Karfreitag) der Passionszeit kennen lernen, Bibeltexten, Bildern und Liedern zuordnen und eigene Symbole finden • Die einzelnen Stationen der Karwoche (Palmsonntag, …) mithilfe des Lukasevangeliums (Kapitel 22–24) rekonstruieren und als Wandzeitung gestalten • In einem Hungertuchbild (Misereor Hungertücher) die Passionsgeschichte entdecken • Einen Kreuzweg in einer katholischen Kirche gehen • Mithilfe von Bibeltexten einen eigenen Kreuzweg gestalten • Ein Kreuz aus Sorgen und Leid gestalten und Klagegebete formulieren • Symbole aus der Passionsgeschichte erinnern, gestalten und Erklärungen zuordnen • Mit den Jüngern auf dem Weg nach Emmaus: Körperübungen und Klanggestaltungen mit Orffschen Instrumenten zu Trauer, Freude, Umkehr, Neuanfang. Osterfrühstück • Eine Osterkerze gestalten • Ein Holzkreuz mit Blumen und Zweigen schmücken
Die Schülerinnen und Schüler können zu einem Fest des Kirchenjahres eine Klassenfeier oder einen Schulgottesdienst gestalten → HS 7.2; GY 1.1	• Gemeinsam liturgische Bausteine (Gebet, Bild, Erzählung, Lied u.a.m.) und Gestaltungselemente (miteinander essen, spielen u.v.m.) eines Festes bestimmen • Eine Klassenfeier oder einen Schulgottesdienst planen und durchführen (→ M 2) • Über Erfahrungen sprechen, vergleichen und die Bedeutung für den Alltag bedenken

Die Schülerinnen und Schüler können die Pfingstgeschichte nacherzählen und kreativ bearbeiten → HS 6.3; 5.1; RS 6.2; 6.1	▪ Apg. 2 mehrmals lesen, pantomimisch und musisch umsetzen ▪ Apg. 2 mit bildhaften Darstellungen vergleichen ▪ Symbole für das Pfingstfest erfinden (Sturm, Feuer, Wasser u.a.); Redensarten zu Feuer und Wind sammeln ▪ Pfingstbilder betrachten und besprechen ▪ »Feuer und Flamme« sein: Entdecken, für wen/was wir uns heute be-geist-ern können ▪ Eine Wunsch-Kirche »bauen« (z.B. Plakat mit dem Umriss einer Kirche; die Schülerinnen und Schüler füllen den Kirchenraum mit einer Collage, mit Begriffen usw.)
Die Schülerinnen und Schüler können einen Erntedankaltar gestalten und Gebete und Lieder für eine Feier aussuchen → HS 7.2; RS 5.2; GY 1.1; 3.4	▪ Lerngang in eine Kirche (wahrnehmen, was in einem Kirchenraum unverzichtbar ist; mögliche Schlüsse für die Gestaltung des Klassenraums als ›liturgischer Raum‹ ziehen) ▪ Bilder von Erntedankaltären vergleichen ▪ Erntedankaltar (bzw. Bodenbild, Tischgestaltung) in der Klasse zusammenstellen ▪ Schöpfungslieder miteinander singen und interpretieren ▪ Dankbar sein wofür? – einen Dank formulieren
Die Schülerinnen und Schüler können von den historischen Hintergründen des Reformationsfestes erzählen → HS 6.3; RS 6.1; 6.2; GY 1.1; 3.4	▪ Auszüge aus einem Lutherfilm zum Thesenanschlag: Gründe für die Reformation entdecken ▪ Einen kurzen Lebensabriss Luthers in Bildern erstellen (Feil-Götz u.a.: Martin Luther und seine Zeit) ▪ Ablasshandel szenisch nachspielen ▪ Kritik am Ablasshandel des Mittelalters formulieren ▪ Plakat zu einzelnen der 95 Thesen Martin Luthers gestalten (→ M 3 bzw. www.ekd.de/bekenntnisse/) ▪ Luthers Morgen- und Abendsegen hören und sprechen

Die Schülerinnen und Schüler können den Ewigkeitssonntag als ein Hoffnungszeichen gegen den Tod verstehen und darstellen
 → HS 5.1; RS 5.2;
 GY 5.1; 2.1; 3.4; 2.1
	▪ Lerngang über einen Friedhof:
	   – Zeichen finden, abzeichnen, einander vorstellen und über die (Be-)Deutung nachdenken
	   – Entdecken, wie Menschen ihrer Verstorbenen gedenken; überlegen, welche Lebensgeschichten sich in einem Grabstein zeigen
	 ▪ Eigene Hoffnungszeichen gestalten (geöffnete Hände, Baum, Wurzeln, Rose usw.) und präsentieren

Die Schülerinnen und Schüler können die Christusfeste im Kirchenjahr zusammenhängend nacherzählen und erklären → HS 5.1; 6.3; RS 6.2; 5.2; GY 5.1; 2.2; 3.4; 2.1	▪ Eine Kirchenjahresbibel mit den Christusgeschichten erstellen ▪ Einen Kirchenjahreskalender bzw. eine Kirchenjahresscheibe gestalten (→ M 4) ▪ Verschiedene Kirchenjahres-Poster gestalten ▪ Zu den Christusfesten Paramente entwerfen (Lerngang in die Kirche)
Die Schülerinnen und Schüler können den Verlauf, Symbole und Bedeutung des jüdischen Passafestes und des islamischen Zuckerfestes darstellen → HS 7.2; RS 5.2; GY 5.1; 1.1; 2.1	▪ Präsentation bzw. Erstellung eines multireligiösen Festkalenders (www.feste-der-religionen.de) ▪ Expertengespräche mit Juden und Muslimen ▪ Sederteller symbolisch deuten ▪ Verlauf einer Sederfeier nachvollziehen ▪ Gründe für das Fasten der Muslime im Fastenmonat Ramadan

Die Schülerinnen und Schüler können darstellen, was neu gelernt wurde	▪ Einen Kirchenjahreskreis zusammenbauen ▪ Auskunft über das Kirchenjahr und seine Hauptfeste geben ▪ Zu drei Festen eine biblische Geschichte erzählen (s. Ursprungsgeschichten zu den christlichen Festen) ▪ Zeigen, wie Kirchenjahr und Schuljahr zusammenhängen bzw. sich unterscheiden ▪ Eine Übersicht zum Kirchenjahr vervollständigen ▪ Anlässe und Ausdrucksformen des Feierns kennen ▪ Eine Mitte oder einen Tisch passend zum Kirchenjahr gestalten ▪ »Kleine« Feiern zum Kirchenjahr, Gottesdienste und Gestaltungen im Schulhaus planen und gestalten ▪ Um die besondere Bedeutung von Sabbat und Sonntag wissen

Literatur	*Unterrichtspraktisches Material* S. Bäuerle, Im Kirchenjahr leben – Liturgien und Rituale, Frankfurt a.M. 2006 Horst Klaus Berg / Ulrike Weber, Ostern – In Bildern Spuren des neuen Lebens entdecken, Stuttgart/München 1996 entwurf 1/2003, 19–29: »… und der Heilige Geist erfüllte sie« Elvira Feil-Götz / Dieter Petri / Jörg Thierfelder, Martin Luther und seine Zeit, Stuttgart 1999 Helmut Hanisch, Den Glauben feiern – Feste im Kirchenjahr, Düsseldorf 2000 Gerhard Rödding, Das Kirchenjahr feiern und erleben, Gütersloh 2002 Das Spiel vom Kirchenjahr, Nidderau 2005 Unterrichtsideen Religion 5, Stuttgart 1996, 217ff. *Schulbücher* Kursbuch Religion Elementar 5/6, Stuttgart/Frankfurt a.M. 2003, 166ff. Das Kursbuch Religion 1, Stuttgart/Braunschweig 2005, 124–129, 179–185, 190–195, 201 SpurenLesen 1, Stuttgart/Braunschweig 2007, 172ff. *Fachliteratur* Jahrbuch für Kindertheologie 2004, »Zeit ist immer da«. Kinder erleben Hoch-Zeiten und Fest-Tage, Stuttgart 2004 *Multimedia/Internet* Johann Betz, So bunt ist unser Kirchenjahr, München 2005 (DVD, 27 Min.) www.ekd.de/bekenntnisse/ www.feste-der-religionen.de

M 1 Schüler-Info über die zu erwerbenden Kompetenzen

Vor bzw. nach der Beschäftigung mit dem Thema Kirchenjahr	trifft schon voll zu	teils/teils	trifft noch nicht zu
▪ kann ich anderen von Festen und Feiern in meinem Umkreis erzählen.			
▪ weiß ich, welche Feste zum Jahres- und Lebenslauf gehören.			
▪ kann ich über das Kirchenjahr und seine Hauptfeste Auskunft geben.			
▪ kann ich zu den Christusfesten eine biblische Geschichte erzählen.			
▪ weiß ich, dass viele unserer Feste ihre Wurzeln im Judentum haben.			
▪ kann ich mit anderen zusammen zu einem Fest des Kirchenjahres eine Klassenfeier planen und gestalten.			
▪ kann ich Gründe dafür benennen, warum Menschen gemeinsame Feier- und Ruhetage brauchen.			
▪ kenne ich Anregungen für die Gestaltung des Sonntags.			

M 2 Zu einem Fest des Kirchenjahres eine Feier oder einen Schulgottesdienst gestalten

Planung in vier Gruppen

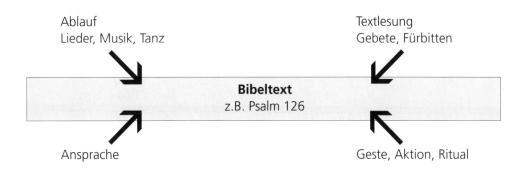

Bausteine einer arbeitsteiligen Gottesdienstplanung in Kleingruppen

Bereitet die verschiedenen Bausteine in Gruppen vor:

Ablauf
Entwerft ein Andachts- bzw. Gottesdienstblatt, auf dem Thema, Lieder, Texte und der Ablauf der Feier stehen. *(1. Eingangslied bzw. -musik; 2. Begrüßung; 3. Eingangsgebet (Psalm oder Spruch); 4. Lesung; 5. Lied; 6. Ansprache; 7. Ritual, Aktion, Geste; 8. Lied; 9. Fürbitten/Vaterunser; 10. Lied; 11. Segen)*

Lieder, Musik und Tanz
Wählt für eure Feier die Lieder, Musik und Tänze aus, die inhaltlich zum Thema passen, und bereitet für die Feier ein Liedblatt vor.

Textlesung
Überlegt, wie man die ausgewählten Bibeltexte in die Feier einbringt, z.B. durch ein kurzes Anspiel, mit mehreren Sprechern im Wechsel lesen, Bibel teilen. Die Texte sollten als Kopie oder Folie zur Verfügung stehen.

Gebete, Fürbitten, Segen
Ihr könnt in Dankgebeten Gott dafür danken, was ihr in eurem Leben Gutes erfahren habt.
In den Fürbitten könnt ihr an Menschen denken, denen es nicht so gut geht.

Ansprache
Zu einem ausgewählten Bibeltext könnt ihr eure Gedanken verbal oder in einer kleinen Szene zum Ausdruck bringen.

Geste, Aktion, Ritual (Symbolhandlung)
Mit einer Geste, einer Aktion bzw. einem Ritual könnt ihr das Thema der Feier handelnd inszenieren (z.B. ein Licht weitergeben, …)

**M 3 Martin Luther:
Die 95 Thesen**

Der Ablasshandel veranlasste Martin Luther zum Verfassen von 95 Thesen, um mit anderen Gelehrten darüber eine Diskussion zu führen.

Schlosskirche zu Wittenberg, 1517

Aus Liebe zur Wahrheit und in dem Bestreben, diese zu ergründen, soll in Wittenberg unter dem Vorsitz des ehrwürdigen Vaters Martin Luther, Magisters der freien Künste und der heiligen Theologie sowie deren ordentlicher Professor daselbst, über die folgenden Sätze disputiert werden. Deshalb bittet er die, die nicht anwesend sein und mündlich mit uns debattieren können, dieses in Abwesenheit schriftlich zu tun. Im Namen unseres Herrn Jesu Christi, Amen.

Martin Luthers Thesenanschlag zum Ablasshandel führte damals zur Reformation und zu neuem Aufbruch, aber auch zum Konflikt mit der Katholischen Kirche, zu Kirchenspaltung und Religionskriegen.

These 1: Da unser Herr und Meister Jesus Christus spricht: »Tut Buße« usw. (Matth. 4,17), hat er gewollt, dass das ganze Leben der Gläubigen Buße sein soll.

These 6: Der Papst kann eine Schuld nur dadurch erlassen, dass er sie als von Gott erlassen erklärt und bezeugt, natürlich kann er sie in den ihm vorbehaltenen Fällen erlassen; wollte man das gering achten, bliebe die Schuld ganz und gar bestehen.

These 36: Jeder Christ, der wirklich bereut, hat Anspruch auf völligen Erlass von Strafe und Schuld, auch ohne Ablassbrief.

These 46: Man soll die Christen lehren: Die, die nicht im Überfluss leben, sollen das Lebensnotwendige für ihr Hauswesen behalten und keinesfalls für den Ablass verschwenden.

These 50: Man soll die Christen lehren: Wenn der Papst die Erpressungsmethoden der Ablassprediger wüsste, sähe er lieber die Peterskirche in Asche sinken, als dass sie mit Haut, Fleisch und Knochen seiner Schafe erbaut würde.

These 62: Der wahre Schatz der Kirche ist das allerheiligste Evangelium von der Herrlichkeit und Gnade Gottes.

These 72: Aber wer gegen die Zügellosigkeit und Frechheit der Worte der Ablassprediger auftritt, der sei gesegnet.

These 94: Man soll die Christen ermutigen, dass sie ihrem Haupt Christus durch Strafen, Tod und Hölle nachzufolgen trachten.

These 95: und dass sie lieber darauf trauen, durch viele Trübsale ins Himmelreich einzugehen, als sich in falscher geistlicher Sicherheit zu beruhigen.

A. Sprecht in Kleingruppen über Luthers Thesen.

B. In welchen Punkten müsste sich eurer Meinung nach die Kirche heute ändern? Formuliert eure Kritik und Vorschläge in zwei Thesen.

M 4 Feste im Kirchenjahr

Das Kirchenjahr teilt das Jahr nach den christlichen _____ ein.

Es beginnt am _____ und endet am _____

Ordne die einzelnen Feste und Feiertage

Gründonnerstag, Buß- und Bettag, Palmsonntag, Reformation, Christi Himmelfahrt, Erntedank, Weihnachten, Dreieinigkeitssonntag, Karfreitag, Totensonntag, Ostersonntag, Erscheinungsfest, Vierter Advent und Pfingsten

in ihrer kirchenjahreszeitlichen Reihenfolge den drei Festkreisen des Kirchenjahres zu.

Weihnachtsfestkreis	Osterfestkreis	Trinitätszeit

Tragt die Namen der Feste aus eurer Tabelle bei den jeweils passenden Symbolen in der Kirchenjahresscheibe ein, färbt die Kreissegmente mit den jeweiligen Farben der Festzeiten im Kirchenjahr ein und ordnet die Farben der Festzeiten und die Bedeutung dieser Farben einander richtig zu.

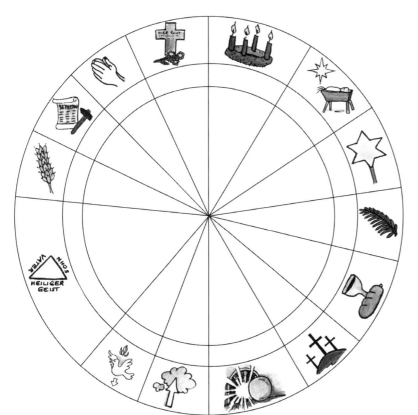

Farben der Festzeiten und ihre Bedeutung

weiß	
violett	
rot	
grün	

- Kraft Gottes, Heiliger Geist
- Vorbereitung, Stille, Nachdenken
- Wachsen und Reifen
- Freude über Jesus

Evangelisch – katholisch: Unterschiede wahrnehmen, Gemeinsamkeiten entdecken

Bildungsstandards Hauptschule, Realschule, Gymnasium

Schwerpunktkompetenz und weitere Kompetenzen	Die Schülerinnen und Schüler
	• **können Formen evangelischer und katholischer Glaubenspraxis beschreiben und Angebote der Kirchengemeinden vor Ort ausfindig machen (HS 6.2)** • wissen, dass man durch die Taufe Mitglied der Kirche wird und zu ihr gehört (HS 6.1) • wissen, dass Menschen unterschiedlichen Glaubensgemeinschaften angehören und friedlich miteinander leben können (HS 7.1)
	• **verfügen über die Fähigkeit, Gemeinsamkeiten und Besonderheiten der evangelischen und der katholischen Kirche und die grundlegenden Merkmale der evangelischen Konfession wahrzunehmen (RS 6.1)** • sind in der Lage, Kirchenräume zu erkunden und Gemeinsamkeiten und Unterschiede zwischen evangelischen und katholischen Kirchen festzustellen (RS 6.3) • kennen das christliche Verständnis, dass sie als Geschöpfe Gottes einzigartig geschaffen sind und ohne Gegenleistung von Gott geliebt werden (RS 1.1)
	• **können Gemeinsamkeiten und Unterschiede der Evangelischen und Katholischen Kirche erläutern (GY 6.1)** • können Kirchengebäude deuten und mit Synagogen vergleichen (GY 6.2) • können im Rahmen der Schule Ökumene praktizieren (GY 6.3) • verstehen Verhaltensweisen und Reaktionen von Menschen, die keiner oder einer anderen Konfession angehören (GY 6.5) • wissen, dass sich die Religiosität des Menschen in unterschiedlichen Religionen und Konfessionen konkretisiert (GY 1.4) • können religiöse Ausdrucksformen in unserer Gesellschaft erkennen und zuordnen (GY 2.1)

Zur Lebensbedeutsamkeit	Die Schülerinnen und Schüler sind religiös sehr unterschiedlich sozialisiert; die konfessionelle Prägung und Bindung wird immer weniger als Teil der eigenen Sozialisation erlebt. Dennoch nehmen sie wahr, dass sich der christliche Glaube in unterschiedlichen konfessionellen Traditionen äußert. Außerdem führt es in der Regel zu überraschenden Entdeckungen, sobald auch wenig religiös sozialisierte Kinder und Jugendliche sich erinnernd der eigenen kirchlichen Biografie annähern, wenn man etwa an die Mitwirkung an szenischen Spielen im Kindergarten, die Erstkommunion, die Taufe eines Verwandten usw. denkt.

Die Kinder und Jugendlichen spiegeln aber in der Regel eine gesellschaftliche Übereinkunft wider, wonach die konfessionellen Unterschiede überholt oder verschwunden seien. Doch schon der gemeinsame, aber eben auch unterschiedliche Umgang mit Traditionen aus den kirchlichen Festkreisen oder die Entdeckungen in kirchlichen Gebäuden zeigen zumeist, dass Religion niemals ›an sich‹ existiert, sondern eine Geschichte, genauer: unterschiedliche Geschichten hat, die in unserem Kontext in der Regel katholisch oder evangelisch geprägt sind.

Solche Traditionen aufzugreifen und bewusst zu machen, ist nicht nur ein Beitrag des Religionsunterrichts zur Identitätsbildung der nachwachsenden Generation, sondern auch zum kulturellen Gedächtnis unserer Gesellschaft.

Es soll deutlich werden, dass konfessionelle Gemeinsamkeiten und Unterschiede die Perspektive auf die Botschaft des Evangeliums bereichern können. Durch die vielfältige Begegnung mit der je anderen Konfession, durch Symbole und Rituale, durch Dialog und Kirchenerkundung oder durch das gemeinsame Gestalten eines ökumenischen

Gottesdienstes kann bei den Schülerinnen und Schülern sowohl ein Verständnis für die andere Konfession als auch ein vertieftes Verständnis ihrer eigenen Glaubensgemeinschaft entstehen.

Elementare Fragen	Kann man verschieden an Gott glauben? Warum glauben andere anders – wer hat Recht? Braucht man zum Glauben eine Kirche? Warum finden die großen Kirchen nicht schon längst zusammen? Warum haben die Evangelischen keinen Papst?

Ein Blick auf katholische Bildungsstandards	Die Schülerinnen und Schüler ■ sind sich der Stationen ihres eigenen Glaubensweges (Taufe, Erstbeichte, Erstkommunion) bewusst und wissen um die Zusage, dass sie hierbei die Nähe Gottes, die Gemeinschaft mit Christus und die Begleitung von Mitchristen erfahren durften und weiter erfahren können (HS 6.5) ■ kennen ausgewählte Unterschiede zwischen der Evangelischen und der Katholischen Kirche und wissen um die Gemeinsamkeiten der christlichen Konfessionen sowie um Wege des gelebten christlichen Miteinanders (Ökumene) im Schulleben (HS 6.7) ■ kennen die Bedeutung der sieben Sakramente und den Aufbau der Eucharistiefeier (RS 6.4) ■ kennen die Aufgaben von Papst, Bischöfen, Priestern, Ordensleuten und Laien in der katholischen Kirche (RS 6.5) ■ können das Lebensbild eines/r Heiligen erarbeiten und präsentieren (RS 6.11) ■ können an Beispielen die Grundfunktionen der Kirche aufzeigen (GY 6.2) ■ kennen die Bedeutung der Eucharistiefeier für katholische Christen (GY 6.4) ■ können zeigen, welche Bedeutung der Apostel Paulus für die frühe Kirche hat (GY 6.5)

Leitmedien	■ Kirchencollage, Umriss einer Kirche, die im Laufe des Moduls mit kirchlichen Arbeits- und Themenfeldern aufgefüllt wird ■ Fortlaufende Gestaltung evangelischer und katholischer Ecken im Klassenzimmer: farblich, ikonisch, symbolisch, gegenständlich ■ Liturgische Gottesdienstelemente evangelisch und katholisch als Rituale (Psalmgebet, Kerzen, Kirchenlieder …) ■ Evangelische, katholische und ökumenische Lieder aus dem Gottesdienst

Die Schülerinnen und Schüler können zeigen, was sie schon können und kennen	■ Auf Zetteln persönliche Erfahrungen notieren mit der eigenen und/oder der anderen Konfession (verschiedene Farben; clustern, präsentieren, vergleichen) ■ Schülerinnen und Schüler formulieren Fragen, die sie an die andere Konfession haben, und ggf. Antworten, die sie vermuten; Fragen und Antworten begleiten die gesamte UE und werden als Brief an die Religionsgruppe der anderen Konfession geschickt ■ Gestaltung einer Plakatwand: Umriss einer Kirche, darin Aufgaben und Funktionen der Kirche(n) (Diakonie, Gottesdienst, usw.). Das Wandbild füllt sich im Verlauf des Unterrichts

Die Schülerinnen und Schüler wissen, welche Kompetenzen es zu erwerben gilt, und können ihren Lernweg mitgestalten	■ Schülerbrief: Das werdet ihr in den nächsten … Wochen können (→ M 1) ■ Lernplakat mit verschiedenen Lernbereichen des Moduls: Mindmap mit strukturierenden Symbolen, die im Klassenraum während der Unterrichtseinheit sichtbar ist und ermöglicht, zu sehen, an welchem Themenbereich gerade gearbeitet wird

Die Schülerinnen und Schüler entdecken am Beispiel der Taufe Gemeinsamkeiten zwischen den Konfessionen und können Unterschiede benennen
→ HS 6.1; 6.2; RS 1.1; 6.1; GY 1.4

- Wie wird man Mitglied einer Gruppe, eines Vereins, einer Kirche? Gespräch: Kennen alle ihre eigene Konfession? Woher weiß ich, dass ich evangelisch (o.a.) bin? Was wissen wir über die Taufe? Tafelanschrieb: Was bei einer Taufe passiert … (sammeln, ergänzen, reflektieren)
- Die Schülerinnen und Schüler entdecken verschiedene Dimensionen und schließlich die Bedeutung der Taufe:
  - Sie zeichnen einander ein Wasserkreuz auf die Stirn
  - Sie drücken ihr Gefühl aus, einmal zur Taufe ›getragen worden‹ zu sein
  - Sie erfinden und gestalten ein Symbol ihrer eigenen Taufe und erläutern es mit einem Satz vor der Klasse
- Schreibstaffel zum biblischen Taufbefehl Mt 28,18f.: Zwei Gruppen an einer herkömmlichen, sauber geputzten Tafel schreiben mit einem in Wasser getauchten Finger den Taufbefehl um die Wette an die Tafel. Wenn der Finger eines Schülers trocken ist, schreibt der/die nächste der Staffel weiter. Anschließend gemeinsames Sprechen des Textes (so lange, bis der Text auswendig gewusst wird)
- Tauferinnerung: Die Schülerinnen und Schüler bringen von zu Hause Taufkerze, Urkunde, Taufspruch, Fotos u.a.m. mit und berichten einander, gemeinsames Singen eines Taufliedes (z.B. »Ich bin getauft auf deinen Namen« – EG 200)
- Warum taufen die evangelische und die katholische Kirche kleine Kinder? Schülerinnen und Schüler bereiten ein Interview mit einem Vertreter/einer Vertreterin einer Konfession zum Thema ›Kindertaufe‹ vor, führen es durch und dokumentieren das Ergebnis
- Symbol Wasser:
  - Collage: in vier Feldern eines Plakats werden Wasser-Bilder aufgeklebt unter der Thematik »Reinigung«, »Erneuerung/Leben«, »Wasser trägt«, »Wasser bedroht« – Stilleübung zum Thema Schuld und Vergebung
  - Biblischer Impuls: Schreibgespräch zu Joh 7,53–8,11 über die Gedanken der Ehebrecherin
  - Die Schülerinnen und Schüler notieren auf vorbereiteten Zetteln »Was ich niemandem außer Gott sagen kann …«. Die Zettel werden verdeckt in Kreuzform aufgeklebt. Zur Bedeutung der Taufe vgl. auch Baustein 1.
- Biblischer Impuls: Joh 13. Die Schülerinnen und Schüler sitzen im Kreis, waschen einander die Hände und beschreiben anschließend ihre Eindrücke aus beiden Perspektiven
- Schreib-Bild: ›Ich bin einmalig‹ (→ M 4)
  Die Schülerinnen und Schüler beschriften das Arbeitsblatt; ggf. individuell gestalten lassen: Fingerabdruck, Name, Farben usw. Die gefundenen Besonderheiten können mithilfe von Linien dem Bild zugeordnet werden.
  Gesprächsanlässe u.a.: Haben wirklich ›alle‹ Menschen zwei Beine, zehn Finger, Haare usw.? Was macht einen Menschen unverwechselbar: Äußerlichkeiten oder innere Merkmale – oder alles gemeinsam?
  Auf das freie Feld auf dem Arbeitsblatt wird eine biblische Zusage aufgeklebt oder aufgeschrieben (Jes 43,1 o.ä.)

  Mögliche Weiterarbeit:
  - Die Schülerinnen und Schüler wählen von ihren drei Besonderheiten diejenige aus, die ihnen am wichtigsten erscheint, und schreiben diese anonym auf vorbereitete kleine Zettel, die von L eingesammelt werden
  - L liest die Zettel vor, Klasse überlegt, wer sich hinter welchem Zettel verbirgt
  - Plakat mit der Überschrift: »Jeder ist einmalig!« – Zettel werden aufgeklebt
- Die Schülerinnen und Schüler lernen Merkmale der evangelischen und katholischen Glaubenspraxis kennen (Kursbuch Religion Elementar 5/6, 165)
- Aus einer vorgegebenen Geschichte einen »Konfessionenbaum« gestalten (vgl. Kursbuch Religion Elementar 5/6, 165; Unterrichtsideen 6, 344)
- Handlungsfelder einer Kirchengemeinde (Gruppenpuzzle): Anhand von Gemeindebriefen beider Konfessionen erarbeiten Expertengruppen die Angebote der betreffenden Kirchengemeinden unter verschiedenen Gesichtspunkten (Kinder- und Jugendarbeit, Gottesdienste, Kirchenmusik, Zielgruppenarbeit, soziales Engagement,

Seelsorge usw.) In den Informationsgruppen treffen sich die unterschiedlichen Experten, tragen ihre Ergebnisse zusammen und jeder sichert diese in der Skizze einer »Simultankirche« (→ M 3)

Die Schülerinnen und Schüler können Kirchengebäude vor Ort erkunden und Beobachtungen reflektieren
→ **RS 6.1; 6.3; GY 6.1**
	Kirchenerkundung (vgl. Modul »Kirchengebäude erschließen«)
	■ Kirche umrunden und nach Auffälligkeiten suchen. Überlegen, was der Turm bedeutet
	■ In der Kirche den Lieblingsplatz suchen und anderen erzählen, warum dies mein Lieblingsplatz ist
	■ Orgel von innen erkunden, Turm besteigen
	■ Einen Grundriss zeichnen und darin die wichtigsten Details der Kirche einzeichnen. Herausfinden, warum die Kirche so eingerichtet ist, wie sie eingerichtet ist
	■ Symbolische Zeichen in der Kirche finden (z.B. Evangelistensymbole, geöffnete Bibel, Abendmahlsgerät, Kreuz, Kerze u.a.m.)
	■ (Kopierte/laminierte) Bibeltexte dem Raum zuordnen (Bergpredigt, letztes Abendmahl, Taufe Jesu, Psalm 150) und dann gemeinsam die Texte an den Orten lesen
	■ Ein Detail des Kirchenraumes zeichnen und anderen vorstellen
	■ Herausfinden, was »typisch evangelisch« oder »typisch katholisch« ist
	■ Recherchieren und überlegen, woher die Kirche ihren Namen hat
	■ Zu persönlichen Erfahrungen und Gefühlen bei der Kirchenerkundung schreiben, malen, gestalten, skizzieren
	■ Bilder, Gegenstände und symbolische Zeichen dem evangelischen Kirchenraum zuordnen und entschlüsseln (s.o.)
	■ Mithilfe eines Beobachtungsbogens, einer Raumskizze, einer Tabelle oder eigener Fragen
	   – eine ›Kirchenrallye‹ durchführen
	   – die Merkmale einer Kirche in der jeweils anderen suchen und Gemeinsamkeiten und Unterschiede feststellen
	■ »Eine Kirche verzetteln«: Die Schülerinnen und Schüler besuchen eine Kirche und formulieren spontan Assoziationen zu den Einrichtungsgegenständen (kurze Sätze: »War die Bibel teuer?« – »Hier wurde ich getauft« …), die sie auf Zetteln notieren und am jeweiligen Ort anheften
	■ Gemeinsam mit den katholischen Schülerinnen und Schülern: Die gesamte Lerngruppe besucht zwei Kirchen (eine evangelische und eine katholische). Alle Teilnehmenden haben Schreibzeug und Papier. Sie gehen je für sich (alle gleichzeitig) durch die Kirche, beobachten aufmerksam und notieren Fragen (Warum brennt hier eine Kerze? Warum gibt es hier keinen Altar? Warum ist die Bibel aufgeschlagen? Warum ist die Kirche zugeschlossen? …)
	Zurück in der Schule sind zunächst die evangelischen Schülerinnen und Schüler aufgefordert, die Fragen der katholischen Kinder zu beantworten, danach umgekehrt. Schriftlich festhalten:
	   – Welche Fragen konnten wir klären?
	   – Wo waren wir uns unsicher?
	   – Wo wussten wir keine Antwort?
	Gemeinsames Überlegen: wo holen wir uns verlässliche Antworten? ⇨ Experten-Interviews
	Anmerkung: Dieser Vorschlag verzichtet bewusst darauf, sich von einem Vertreter der entsprechenden Konfession durch die Kirche führen zu lassen, um möglichst vielen Fragen Raum zu geben.
	Variante: nach Konfessionen getrennt mit einem anschließenden Brief an die katholische Lerngruppe bzw. einem wechselseitigen Besuch
	■ Schülerinnen und Schüler planen eine Führung durch ›ihre‹ Kirche und führen sie mit den Schülerinnen und Schüler der anderen Konfession durch
	■ Bilder von kirchlichen Einrichtungsgegenständen jeweiligen Konfessionen bzw. beiden Konfessionen zuordnen

Die Schülerinnen und Schüler können ihre Eindrücke und Entdeckungen in christlichen Kirchen mit einer Synagoge vergleichen → GY 6.2	▪ Vgl. Thema Judentum

Die Schülerinnen und Schüler können Ökumene im Schulleben praktizieren und sich mit der Tatsache auseinandersetzen, dass manche Menschen nicht daran teilnehmen wollen → HS 7.1; GY 1.4; 6.3; 6.5	▪ Arbeit mit dem Evangelischen Gesangbuch: – Kennenlernen der Systematik des Gesangbuchs (Grobeinteilung in Farben, Kirchenjahr, Gottesdienst usw.) – Die Grundelemente eines Gottesdienstes herausfinden und mithilfe des Gesangbuchs einzelne Elemente entdecken (Lieder, Gebet, Bibeltexte, Segen) – Gemeinsames Nachdenken über angemessene Raumgestaltung Anschließend: Austausch mit einer katholischen Schülergruppe: Welche Vorerfahrungen gibt es? Was ist ›Erstkommunion‹? Welche Gottesdienste gibt es in beiden Konfessionen, welche unterscheiden sich? Wie schlägt sich das Kirchenjahr in den Gottesdiensten nieder? ▪ Gemeinsam überlegen, für welchen Anlass man einen ökumenischen Gottesdienst feiern kann (Weihnachten, Schuljahresende, Advent u.a.m.) und dazu ein Projekt planen ▪ Für einen (selbst entworfenen/mitgestalteten?) Gottesdienst werben: ein Plakat für einen Schulgottesdienst ▪ Gemeinsam über einen erlebten Gottesdienst sprechen und einen Text für die Schülerzeitung/den Jahresbericht der Schule verfassen. Bedenken, warum Personen nicht am Gottesdienst teilgenommen haben bzw. nicht daran teilnehmen wollen. ▪ Interviews mit Menschen, die an dem gemeinsamen Gottesdienst nicht teilgenommen haben, die Ergebnisse auswerten ▪ Einander von Menschen erzählen, die nicht an Gott glauben oder einer anderen Religion angehören. Herausfinden, woran und wie sie glauben. ▪ Symbol der Ökumenischen Bewegung in Overlay-Technik aufeinander aufbauend verdeutlichen (→ M 2) Beachten: Die römisch-katholische Kirche ist kein Mitglied des Ökumenischen Rates der Kirchen. – Arbeit mit der Grafik M 3 – Welche Symbole weisen auf welche Konfession hin? – Stimmen diese Symbole mit unseren Erfahrungen (z.B.: Kirchengebäude vor Ort) überein? – Karikatur beschriften und ergänzen (Name des Pfarrers/der Pfarrerin am Ort; Name der Kirchen; Anschriften usw.) ▪ Hilfsprojekte der Kirchen werden recherchiert und vorgestellt (Brot für die Welt, Adveniat, Misereor, vgl. auch www.brot-fuer-die-welt.de, www.adveniat.de, www.misereor.de)

Die Schülerinnen und Schüler können aus Quellen erarbeiten und mit eigenen Worten wiedergeben, wo Kirche herkommt und wie sie sich versteht → GY 6.1; 1.4	▪ Die Kirche gründet sich auf die Bibel Zentrale Texte des Neuen Testaments werden einzelnen Kleingruppen vorgelegt (bzw.: selbst aufgesucht): Apg 2 in Auszügen (V. 1–8.12–15.22.32f) – Apg 2,37–39.42–47 – 1. Kor 12 – Eph 2,11–13.19–22 – Eph 4,1–6. Gruppen arbeiten zu folgenden Fragen: Was erfahren wir aus der Bibel über die ersten Christengemeinden? Wie haben die ersten Christinnen und Christen gelebt, geglaubt, sich als Christenmenschen verstanden …? – Zusammentragen, als Tafelbild gestalten ▪ Kirche erklärt sich selbst in Bekenntnissen ▪ Vorausgehende Klärungen: Bekenntnis als Motto, als Selbstvorstellung, als einigendes Band, als Programm, als Selbstanspruch einer Gruppe

- Evtl. Vorübung in Verbindung mit ›Gemeinschaft gestalten‹, ›Ich-Du-Wir‹ o.ä.: Was macht uns als (Lern-)Gruppe aus: Wer sind wir? Was ist uns wichtig? Wie wollen wir uns anderen vorstellen? – Satzaussagen (›Bekenntnisaussagen‹, ›Visionen‹, …) sammeln
- Arbeit an Texten: Apostolische Bekenntnistexte (Apostolisches Glaubensbekenntnis, Nicaenum); Evangelische Bekenntnistexte (Augsburger Bekenntnis von 1530, Art. 7; Schmalkaldische Artikel von 1537, Art III, XII: ggf. ergänzen um die sechs Thesen der Barmer Theologischen Erklärung von 1934 u.a.) und eine aktuelle katholische Quelle (Katechismus der katholischen Kirche von 2005, Fragen 153 und 163; → M 5)
  Fragen zur Weiterarbeit:
  Wie hängen der Glaube und die Kirche miteinander zusammen?
  Wie wird ›Kirche‹ in diesen Texten gekennzeichnet? Was macht die Kirche zur Kirche‹? Kann man davon ein Bild gestalten? (Hirte/Herde; Leib Christi …) Welches Bild erinnert euch an eine Stelle aus der Bibel?
- Vertiefung: Wie unterscheiden sich evangelisches und katholisches Kirchenverständnis? – Was müsste man noch genauer wissen, wenn man die letzte Frage beantworten will? – Wo und wie besorgt man sich dafür Informationen?

Die Schülerinnen und Schüler können der Lerngruppe katholische Religion begegnen und Gemeinsames und Unterscheidendes in Erfahrung bringen → **HS 7.1; RS 6.1; GY 6.1; 1.4**	• Besuch bei der Parallelgruppe katholische Religionslehre: Katholische Schülerinnen und Schüler erzählen von ihrer eigenen Erstkommunion. Weiterführende Fragen an die katholischen Mitschüler/innen: Was war für dich das Besondere? Was hast du verstanden, was nicht? Welche Bedeutung misst die katholische Kirche der Kommunion bei? Was bedeutet die Kommunion für dich? – Evangelische Schülerinnen und Schüler suchen nach Anknüpfungspunkten mit vergleichbaren eigenen Erfahrungen (Kinderabendmahl in der Gemeinde, Konfirmation älterer Geschwister) • Die evangelischen Schülerinnen und Schüler werten die Informationen der katholischen Mitschüler/innen aus, stellen diese – z.B. mit Plakaten – dar und überlegen, wie sie ggf. noch offene Fragen klären können (Interview-Leitfaden, Internetrecherche usw.)
Die Schülerinnen und Schüler können nachdenken über die Rolle der Religion im eigenen Leben und in der Gesellschaft → **GY 1.4; 2.1**	• Arbeitsblatt zur religiösen Sozialisation: Die Schülerinnen und Schüler zeichnen eine ›Lebenslinie‹ (Zeitstrahl DIN A 4 quer von 0 bis 12/13 Jahre), auf der sie ihre Begegnungen und Erfahrungen mit Glaube/Religion/Kirche einzeichnen. (Anregungen geben: Taufe? Kindergarten? Weihnachtsgeschichte, Krippenspiel, Kindergottesdienst? Konfirmation eines Geschwisterkindes? Trauerfeier auf dem Friedhof? Jungschar? Tod eines Haustieres? …) Wichtig: nur Stichworte verwenden. Anschließend: Unterrichtsgespräch; Vergleich der unterschiedlichen Begegnungen mit Glaube/Religion/Kirche. • Arbeiten mit Satzanfängen: Schülerinnen und Schüler erhalten ein Arbeitsblatt (bzw.: Arbeit mit Tafelanschrieb) mit drei Satzanfängen: – Ich glaube, dass … – Ich glaube an … – Ich vertraue fest auf … Nach Möglichkeit sollten alle Schülerinnen und Schüler alle drei Sätze ergänzen. Wo liegen die Unterschiede? Folgen überhaupt religiöse Inhalte? Mit welchem Satz lässt sich das Gesamtbild am ehesten zusammenfassen: Jeder Mensch hat einen Glauben – Manche glauben gar nichts – Man kann an fast alles glauben – …? Die Sätze der Kinder werden konfrontiert mit den Aussagen (o.ä.): Christen glauben, dass Gott die Welt geschaffen hat; … glauben an Jesus Christus; … vertrauen fest auf die Liebe Gottes. Der genaue Wortlaut der Glaubenssätze kann je nach Klasse variieren. • Recherchearbeit (Hausaufgabe?): Tageszeitungen, Illustrierte, Werbung untersuchen auf ›Spuren‹ von Gott, Religion, Kirche. (Auch: Todesanzeigen, Veranstaltungskalender, Bilder, Symbole, Kreuz als Schmuck usw.).

Denkaufgabe: Wo begegnet uns Religion – wo begegnet uns Gott? Wozu ›brauchen‹ Menschen Religion?

Wünschen wir uns mehr – weniger – andere Formen von Religion? (Darf man ein Kreuz um den Hals tragen, wenn man nicht an Jesus Christus glaubt?)

Die Schülerinnen und Schüler entdecken und sichern, was sie neu gelernt haben	<ul><li>Ökumene-Memory (→ M 6)</li><li>Können eine Kirchenführung, z.B. für jüngere Mitschüler/innen, vorbereiten und durchführen</li><li>Zu einem Themenbereich der Mindmap einen strukturierten Text oder Brief schreiben</li><li>Die Schülerinnen und Schüler schreiben einem katholischen Mitschüler/einer Mitschülerin einen Brief, was sie über dessen/deren Konfession gelernt haben</li><li>Die Schülerinnen und Schüler gestalten und feiern eine ökumenische Andacht oder erarbeiten ein Element für einen ökumenischen Schulgottesdienst</li></ul>

Literatur

Unterrichtspraktisches Material
Unterrichtsideen Religion 6 Stuttgart 1997

Schulbücher
Kursbuch Religion Elementar 5/6, Stuttgart/Braunschweig 2003, 158–165
Das Kursbuch Religion 1, Stuttgart/Braunschweig 2005, 174–178

Fachliteratur
Bekenntnisschriften der evangelisch-lutherischen Kirche, Göttingen [12]1998
Katechismus der katholischen Kirche, München u.a. 2005
Michael Meyer-Blanck, Walter Fürst, Typisch katholisch – Typisch evangelisch. Ein Leitfaden für die Ökumene im Alltag, Freiburg 2007
Andreas Rössler, Evangelisch – Katholisch. Grundlagen, Gemeinsamkeiten und Unterschiede, Gütersloh 2004
Reinhard Frieling: Katholisch und Evangelisch. Informationen über den Glauben, Göttingen [9]1007
Evangelisches Gesangbuch, versch. Regionalausgaben, 1996

Internet
www.brot-fuer-die-welt.de
www.adveniat.de
www.misereor.de

M 1 Brief an die Schülerinnen und Schüler

Liebe(r) _____ !

Heute fängt der Unterricht ungewöhnlich an, nämlich mit diesem Brief.

Was ich Dir darin schreibe, hätte ich Dir auch sagen können, aber es ist mir wichtig, dass Du den Brief selbst aufmerksam durchliest. Ich erwarte nämlich auch eine Antwort von Dir. Diese Antwort musst Du mir nicht vorlesen, sie bleibt bei Dir in Deinem Heft. Aber jetzt zu dem, was ich Dir schreiben möchte!

Ich möchte Dir heute nämlich aufschreiben, was uns in den nächsten Stunden im Religionsunterricht beschäftigen wird – und was ich mit der Klasse gemeinsam hinbekommen möchte.

In den nächsten Stunden werden wir uns damit beschäftigen, dass es bei uns immer noch viele Menschen gibt, die Christen sind – aber sie gehören verschiedenen christlichen Kirchen an, nämlich entweder der katholischen Kirche oder einer evangelischen Kirche. Wir im evangelischen Religionsunterricht sind fast alle evangelisch – aber was glauben die Kinder im katholischen Religionsunterricht? Warum glauben andere anders, wer von beiden hat wohl Recht? Und: muss das immer so bleiben?

Einiges weißt Du schon darüber und einiges wird Dir neu sein.

Ich habe mir vorgenommen, dass Du schon bald

1. mit eigenen Worten beschreiben kannst, was das Besondere ist am Evangelischsein und am Katholischsein
2. Dich in einer Kirche auskennst und dort neue Entdeckungen machen und beschreiben kannst
3. weißt, wie man Mitglied einer Kirche wird und wie man seinen Glauben in der Kirche leben kann
4. ....

Hast Du die letzten vier Sätze genau durchgelesen? Dann würde ich gerne erfahren, was Du darüber denkst. Dafür ist hier unten Platz. Notiere Deine eigenen Gedanken, schneide danach Deine vier Sätze an der gestrichelten Linie aus und klebe sie in Dein Heft!

✂---

1. _____

2. _____

3. _____

4. _____

M 2

**M 3 Karikatur
Evangelisch /
katholisch**

Zeichnung: Gerhard Ziener

M 4 Ich bin einmalig

Drei Dinge an mir, die alle Menschen haben:	Drei Dinge an mir, die es nur bei mir gibt:
_____	_____

Hinweis: Überlege dir, ob du sichtbare oder ›unsichtbare‹ Dinge aufschreiben willst! Was fällt dir leichter?
Erkläre den anderen Kindern, wie du auf deine Einfälle gekommen bist!

Das verspricht dir Gott: (Jes 43,1)

M 5 Arbeit mit Quellentexten

Was alte kirchliche Bekenntnisse über die Kirche sagen:

Ich glaube an den heiligen Geist,
die heilige christliche Kirche,
Gemeinschaft der Heiligen,
Vergebung der Sünden,
Auferstehung der Toten
und das ewige Leben.
Amen   *aus dem Apostolischen Glaubensbekenntnis, ca. 150 n.Chr.*

Wir glauben an den Heiligen Geist,
der Herr ist und lebendig macht,
der aus dem Vater und dem Sohn hervorgeht,
der mit dem Vater und dem Sohn
angebetet und verherrlicht wird,
der gesprochen hat durch die Propheten,
und die eine, heilige, allgemeine
und apostolische Kirche.
Wir bekennen die eine Taufe
zur Vergebung der Sünden.
Wir erwarten die Auferstehung der Toten
und das Leben der kommenden Welt.
Amen.   *aus dem Nizänischen Glaubensbekenntnis, 381 n.Chr.*

Was das Augsburger Bekenntnis von 1530 über die Kirche sagt:

Artikel VII – Von der Kirche
Es wird auch gelehrt,
dass allezeit müsse eine heilige christliche Kirche sein und bleiben,
welche ist die Versammlung aller Gläubigen,
bei welchen das Evangelium rein gepredigt
und die heiligen Sakramente laut des Evangeliums gereicht werden.

Was Martin Luther 1537 über die Kirche sagt:

… denn es weiß gottlob ein Kind von sieben Jahren, was die Kirche sei, nämlich die heiligen Gläubigen und die Schäflein, die ihres Hirten Stimme hören.
aus den ›Schmalkaldischen Artikeln‹

Was der katholische Katechismus über die Kirche sagt:

Frage 153. Warum ist die Kirche das Volk Gottes?
Die Kirche ist das Volk Gottes, denn es hat Gott gefallen, die Menschen nicht einzeln zu heiligen und zu retten, sondern sie zu einem einzigen Volk zu machen, das von der Einheit des Vaters und des Sohnes und des Heiligen Geistes her geeint ist.

Frage 162. Wo besteht die einzige Kirche Christi?
Die einzige Kirche Christi, in der Welt als Gesellschaft verfasst und geordnet, besteht in der Katholischen Kirche, die vom Nachfolger des Petrus und von den Bischöfen in Gemeinschaft mir ihm geleitet wird.

Frage 163. Wie sind die nicht katholischen Christen zu betrachten?
In den Kirchen und kirchlichen Gemeinschaften, die sich von der vollen Gemeinschaft der Katholischen Kirche getrennt haben, sind vielfältige Elemente der Heiligung und der Wahrheit zu finden.   *aus dem Katechismus der Katholischen Kirche von 2005*

M 6 Ökumene-Memory   Die Klasse bildet zwei Gruppen. Die Schülerinnen und Schüler suchen Paare aus sachlich zusammenge-
hörigen Karten (Fragen bzw. Aussagen/Definitionen werden auf der Kartenrückseite durch Buchstaben
gekennzeichnet, Antworten durch Ziffern); Regel nach dem traditionellen Memoryspiel.
Paare: 1i / 2h / 3e / 4d / 5f / 6g / 7a / 8c / 9b

a	b	c
Wie wir zu Christen werden und zur Gemeinde kommen, ist zwischen evangelischen und katholischen Christinnen und Christen nicht umstritten.	Die Bibel nennt die Gemeinschaft der Gläubigen auch »Herde«. Diese Herde hat in der christlichen Gemeinde einen hauptamtlichen Hirten.	Dieses Lebensmittel ist keine Backoblate und erinnert auch weniger an Weihnachten als an Ostern.
d	**e**	**f**
Katholische Christen sagen: Sein Amt reicht zurück bis zu Petrus, dem Jünger Jesu.	Ein Ort wie eine Ritterburg, in dem Menschen ein Leben in besonderer Verbundenheit mit Gott verbringen.	Das letzte Passa-Mahl Jesu können wir bis heute mitfeiern, weil Jesus dazu einlädt und mit dabei sein will.
g	**h**	**i**
Ein sichtbares Zeichen der unsichtbaren Gnade Gottes, von Jesus selbst eingesetzt.	Ein Wort, das die Gemeinschaft mit Gott bedeutet, aber auch einen besonderen Festtag für katholische Kinder.	Wen eine Schuld belastet, der kann sie einem Priester beichten und sich im Namen Gottes Vergebung zusprechen lassen.

1 Beichte	2 Kommunion	3 Kloster
4 Priester	5 Abendmahl	6 Sakrament
7 Taufe	8 Hostie	9 Pfarrer/Pastor

Jüdischen Glauben beschreiben

Hauptschule, Gymnasium

Schwerpunktkompetenzen und weitere Kompetenzen

Die Schülerinnen und Schüler

- **wissen, dass Menschen unterschiedlichen Glaubensgemeinschaften angehören und friedlich miteinander leben können (HS 7.1)**
- kennen neben den Formen christlicher Glaubenspraxis auch wesentliche Ausdrucksformen der Glaubenspraxis von Juden (HS 7.2)
- können sich in ihrer Verschiedenheit wahrnehmen, achten einander und können fair miteinander umgehen (HS 2.2)

- **können Feste, Rituale und Symbole jüdischen Glaubens und Lebens beschreiben (GY 7.1)**
- können Beispiele jüdischen Lebens in Deutschland aus Geschichte und Gegenwart darstellen (GY 7.2)
- können Kirchengebäude deuten und mit Synagogen vergleichen (GY 6.2)
- können Verbindendes und Unterscheidendes von Judentum und Christentum erläutern (GY 7.3)
- können erklären, dass die Person Jesus von Nazareth Judentum und Christentum verbindet und trennt (GY 5.4)
- wissen, dass Religionen von Gott in Bildern und Symbolen sprechen, und können ein biblisches Bild für Gott erläutern (GY 4.2)
- wissen, dass sich die Religiosität des Menschen in unterschiedlichen Religionen und Konfessionen konkretisiert (GY 1.4)
- können religiöse Ausdrucksformen in unserer Gesellschaft erkennen und zuordnen (GY 2.1)

Zur Lebensbedeutsamkeit

Da Schülerinnen und Schüler nur wenig über verschiedene Formen jüdischen Lebens und Glaubens, über jüdische Bräuche und Feste wissen, sollen sie einige Elemente der jüdischen Religion zunächst einmal kennen lernen. Dadurch werden sie herausgefordert, ihr eigenes religiöses Leben, das kaum noch durch Traditionen und Rituale geprägt ist, als nicht selbstverständlich und »normal« anzusehen. Dabei gilt es, dass sie die Chancen einer in Traditionen und Ritualen lebenden Religiosität verstehen und nicht als zwar im besten Fall achtenswerte, aber überholte Exotik abtun. Dafür sollen sie den unauflöslichen Zusammenhang von Zeichen, Traditionen und Ritualen mit den entsprechenden Bedeutungen darstellen können und die Überzeugung begreifen, dass dies eine Form ist, die Tora des einen und einzigen Gottes zu leben und zu bewahren.

Weil Begegnung mit dem, was anders ist als das, was man kennt, auch zu Verunsicherung und Ablehnung führen kann, ist es wichtig und eine Chance, solche möglichen Reaktionen der Schülerinnen und Schüler nicht zu tabuisieren, sondern anzusprechen und zu einem anderen Umgang anzuregen, z.B. durch Angebote des Perspektivenwechsels.

Dieses Vorgehen ermöglicht eine begründete positive theologische Beziehungsbestimmung zum Judentum als Wurzel, ohne die sich das Christentum nicht verstehen lässt.

Auf diese Weise kann zu einer Überwindung des immer noch weitgehenden Unverständnisses gegenüber dem Judentum in unserer Gesellschaft beigetragen werden, gerade indem es nicht einzig und allein im Zusammenhang der schrecklichen Geschichte des Holocausts thematisiert wird.

Elementare Fragen	Warum gehören Menschen verschiedenen Religionen an? Warum glauben andere anders? Wer ist eigentlich Jüdin oder Jude? Wie sehen sich Juden und wie sehen wir sie? Woran glauben Juden? Was verbindet und trennt Juden und Christen?

Ein Blick auf katholische Bildungsstandards	Die Schülerinnen und Schüler ■ wissen, dass Menschen unterschiedlichen Religionen angehören und verschiedene Weltanschauungen haben (HS 7.1) ■ wissen, dass Achtung und Toleranz gegenüber Andersgläubigen für ein verständnisvolles Zusammenleben wichtig sind (HS 7.4) ■ kennen wesentliche Elemente der jüdischen Religion und des jüdischen Lebens (GY 7.1) ■ wissen, dass der entscheidende Unterschied zwischen Judentum und Christentum im Bekenntnis zu Jesus als dem Christus liegt (GY 7.2) ■ können an Beispielen zeigen, wie das Christentum im Judentum verwurzelt ist und einige Konsequenzen nennen, die sich für den Umgang der beiden Religionen miteinander ergeben (GY 7.3) ■ können an einem Beispiel erläutern, dass Jesus im Judentum beheimatet ist (GY 5.3) ■ wissen, dass Religionen von Gott in Bildern und Symbolen sprechen, und können ein biblisches Bild für Gott erläutern (GY 4.2)

Leitmedien	■ Marc Chagall, Jude mit Torarolle, 1941, (→ M 1) ■ Jüdische/Jiddische Lieder und Tänze ■ Dokumentation: Spuren jüdischen Lebens vor Ort, Straßen- und Flurnamen, Gedenktafeln, jüdische Friedhöfe und Gebäude, Erinnerungen älterer Menschen … ■ Selbst gewähltes Symbol für das Judentum (Davidstern, Baum, siebenarmiger Leuchter, Tora-Rolle, Gebetsriemen), dem auf dem Deckblatt die verschiedenen Elemente der UE mit jeweils einem weiteren Symbol zugeordnet werden (»Symbol-Inhaltsverzeichnis«) ■ M 2: Christen eingepfropft in den Baum des Judentums (kombinierbar mit einem Konfessionenbaum). Die Wurzel Israel, aus der die beiden Stämme »Judentum« und »Christentum« hervorgegangen sind ■ Mindmaps (→ M 3a): Kennzeichen des Judentums – ausgewählt oder ergänzt gemäß Unterrichtsplanung (vergleichbar mit M 3b: Kennzeichen des Christentums)

Die Schülerinnen und Schüler können zeigen, was sie schon können und kennen	■ Brainstorming: Was ich schon über das Judentum weiß ■ Jüdische Erinnerungszeichen und Feste kennen und deren Bedeutung erklären können ■ Kennzeichen des Judentums auf Karten sammeln und auf einer Mindmap-Struktur entsprechend M 3a clustern ■ Durchgehen der Wissenskarten des Unterrichtsmoduls Judentum

Die Schülerinnen und Schüler wissen, welche Kompetenzen es zu erwerben gilt, und können ihren Lernweg mitgestalten	■ Fragen an die jüdische Religion und zum Thema Judentum stellen, Themenbereiche festlegen, Material sichten und auswerten und die Fragen bearbeiten ■ Absprachen über einzelne thematische Schwerpunkte treffen und Arbeitsformen überlegen

Die Schülerinnen und Schüler können Beispiele jüdischen Lebens in Deutschland aus Geschichte und Gegenwart darstellen → HS 7.1; GY 2.1; 7.2	▪ Hebräische Vornamen entdecken (Sarah, Samuel, Esther, Rachel, Ruth, Nathan; Mirjam …) ▪ Historische jüdische Namen im Lebensumfeld identifizieren (Anne-Frank-Schule, Heinrich-Heine-Platz …) ▪ Wer ist Jude? Charakteristika jüdischer Identität bestimmen: Jude ist, wer … ▪ Lebensweise(n) jüdischer Mitbürger/innen wahrnehmen und beschreiben (vgl. Literaturhinweise) ▪ Äußerliche Erkennungszeichen orthodoxer Juden und deren Lebensweise im Vergleich zum Auftreten anderer jüdischer Gruppierungen ▪ Spuren jüdischen Lebens vor Ort erkunden: Leben Juden in der eigenen Gemeinde? Ggf. wie viele? Wie viele waren es 1933? Wohin gehen Juden bei uns zum Gottesdienst? … ▪ Einen jüdischen Mitbürger bzw. eine jüdische Mitbürgerin interviewen: Lebenslauf und Persönlichkeit beschreiben und der Klasse vorstellen ▪ Ein Mitglied einer jüdischen Gemeinde zu seinem Leben und Glauben befragen und dazu, welche unterschiedlichen jüdischen Gruppierungen zur Gemeinde gehören ▪ Lerngang: Wahrnehmen der unterschiedlichen Erscheinungsweisen jüdischer Kultur (Synagoge, Gedenktafel …) ▪ Foto-/Maltour: »Unterschiede in der Grabgestaltung der Friedhöfe von Christen und Juden« dokumentieren und/oder einen jüdischen Grabstein malen ▪ Erzähl mir von dir – Nach dem Leben und Glauben jugendlicher Juden heute in Deutschland fragen – jüd. Alltag, jüd. Leben, Lebensbilder (vgl. Literaturangaben und Internetadressen)
Die Schülerinnen und Schüler können zwei zentrale Symbole des Judentums beschreiben, deuten und in Beziehung zum Schma Israel setzen → HS 7.2; GY 4.2; 7.1	▪ Über Gegenstände, die mir wichtig/heilig sind, sprechen und klären, was ich mit diesen Gegenständen zum Ausdruck bringen möchte ▪ Die Schülerinnen und Schüler lesen eine Geschichte, die die Bedeutung des Schma erschließt (Das Kursbuch Religion 1, 197; Kursbuch Religion Elementar 7/8, 174; Was Christen vom Judentum lernen können 102, Neuauflage 2006; 69) ▪ Welche jüdischen Symbole könnten für diesen zentralen Glauben stehen? Gespräch über die verschiedenen bekannten Symbole (Unterrichtsideen 7/2, 75, M 1) Schülerinnen und Schüler wählen zwei aus, können deren Bedeutung erläutern (Aufnahme in eigene Lernkartei) und gestalten ein Deckblatt für die Einheit ▪ Den Gebrauch von besonderen Gegenständen als Glaubenssymbole im Alltag und als Erinnerung an Gott wahrnehmen und beschreiben: Tallit, Tefillin, Kipa, Mesusa, Menorah, Davidstern und deren Bedeutung erklären ▪ Bildbetrachtung: Marc Chagall → M 1 »Jude mit Torarolle«, 1941 oder »Weiße Kreuzigung, 1938 (Das neue Kursbuch 7/8, 60, Kliemann: Wohnungen, 161) ▪ Bild eines betenden Juden (z.B. Marc Chagall »Jude mit Torarolle«, → M 1) abzeichnen und Tefillim, Tallit und Kippa beschriften ▪ Schma auswendig wiedergeben (kurze oder längere Fassung) 5. Mose 6,4f., Zum Entziffern aus deutscher Konsonantenschrift: Kursbuch Religion Elementar 7/8, 174) ▪ Eine Mesusa basteln und das Schma Israel kalligraphisch hineinschreiben ▪ Ein Davidstern-Mandala gestalten ▪ Bedeutung des Lernens im Judentum erläutern können (Was Christen vom Judentum lernen können, 31ff., Neuauflage 2006, 9ff.)
Die Schülerinnen und Schüler können die besondere Bedeutung von Sabbat und Sonntag darstellen → HS 7.2; GY 7.1	▪ Lesen in verteilten Rollen/nachspielen/verschiedene Perspektiven einnehmen können: Theißen: Konflikt in Kapernaum, (aus: Im Schatten des Galiläers, München 1986, Kap. 11) (SpurenLesen 7, 128f.) ▪ Den Sabbat als Gebot, seine doppelte Begründung und Praxis anhand der Bibeltexte 2. Mose 20,8–11 und 5. Mose 5,12–15 (Erinnerung an Gottes Befreiungstat) erschließen

- Die verschiedenen Tätigkeiten und Feierlichkeiten einer Sabbatfeier in Israel den Tagen Freitag und Samstag richtig zuordnen
- Bedeutung des Sabbat in einer jüdischen Gemeinde in Karlsruhe (SpurenLesen 7/8, 130f. Unterrichtsideen 7/2, 66f., M 4 – M 8; Das Kursbuch 1, 190f.; Kursbuch Religion Elementar 7/8 , 175)
- Vergleichen wie Juden Sabbat und Christen Sonntag feiern
- Erzählen oder S-Referat: Wie feierten Juden in einem christlichen Land den Sabbat? (Labsch-Benz, Elfie: Die jüdische Gemeinde in Nonnenweier, Verlag Mersch, Freiburg i.Br. [2]1981, 82–87)

Die Schülerinnen und Schüler können das Passafest mit einigen wichtigen Regeln und mindestens ein weiteres jüdisches Fest im Jahreskreis erläutern → HS 7.2; GY 7.1	• Erzählung, Ritual und symbolische Bedeutung des Pessach als ein Fest der Befreiung kennen: Textarbeit an 2. Mose 12,5–27 • Den Ablauf des Sederabends nacherzählen (L), die vier wichtigen Fragen des Sederabends nennen und beantworten und einen Sederteller mit den symbolischen Speisen beim Pessachmahl gestalten oder in einen Tellerumriss malen (Das Kursbuch Religion 1, 192f.) • Weitere Feste in Gruppen erarbeiten: Purim, Chanukka, Sukkot, Jom Kippur (analog zur Erarbeitung des Pessach-Festes) und ggf. Bezüge zu christlichen Festen herstellen (Das Kursbuch Religion 1, 194f.; Kursbuch Religion Elementar 5/6, 174f.) • Fest-Symbole den einzelnen Festen zuordnen und diese kurz beschreiben (Das Kursbuch Religion 1, 194f.)
Die Schülerinnen und Schüler können (mindestens zwei) jüdische Feste im Lebenszyklus erläutern → HS 7.2; GY 7.1	• Stationen und Feste im Lebenslauf – Geburt, Beschneidung, Bar-Mizwa/Bat-Mizwa (1. Mose 17,1–14) Eheschließung und Begräbnis – erarbeiten und einen Lexikonartikel zu einem Fest schreiben • Vergleichen mit Festen im christlichen Lebenslauf und Entsprechungen entdecken (Das Kursbuch Religion 1, 191–196; Kursbuch Religion Elementar 7/8, 176f.)
Die Schülerinnen und Schüler können die jüdischen Speisegebote (Kaschrut) erläutern und deren Bedeutung für das jüdische Leben darstellen → HS 7.2; GY 7.1	• Vieles, was wir essen, gibt es in vielen jüdischen Küchen nicht. – Die jüdischen Speisegebote (Kaschrut) anhand von 3. Mose 11,1–23 entdecken: Welche uns vertrauten Speisen sind nach jüdischem Gebot erlaubt, welche nicht? • Verschiedene Speisen (Hamburger, Pizza Salami, ...) den Kategorien koscher/nicht koscher zuordnen (3. Mose 11,1–23) • Wir kochen und essen koscher: Menüs mit koscheren Speisen zusammenstellen, die auf den jüdischen Speisevorschriften basieren oder: Besuch in einem koscheren Restaurant (nur in wenigen großen Städten), Austausch nach der eigenen Erfahrung: Was könnte es für Jüdinnen und Juden bedeuten, so zu essen? Wer und was bestimmt in christlichen Familien den Speiseplan?
Die Schülerinnen und Schüler können das Äußere und Innere einer Synagoge beschreiben, deuten und mit einem Kirchengebäude vergleichen → HS 7.2; GY 6.2	• Bilder von Kirchen und Synagogen vergleichen, Gemeinsamkeiten und Unterschiede nennen und äußere Merkmale bestimmen, die eine Synagoge charakterisieren • Den Innenraum und die Einrichtungsgegenstände einer Synagoge beschreiben • Die Ausstattungen von Kirche und Synagoge vergleichen: Was haben die christlichen Gemeinden von ihrer »Mutterreligion« übernommen? (Schriftrollen – Bibel auf dem Altar; Lesepult, Ausrichtung nach Osten/Jerusalem) • Für einen Synagogenbesuch einen Fragebogen entwickeln, sich über Verhaltensregeln für den Besuch der Synagoge verständigen und geeignete Präsentationsformen wählen • Verhalten und Tätigkeiten in der Kirche/in der Synagoge – jeweils eine Handreichung erstellen

- Die Aufgaben und Tätigkeiten eines Rabbi beschreiben – einen Rabbi, Kantor oder Gemeindevorsitzenden in die Schule einladen und interviewen (Kursbuch Religion Elementar 5/6, 116f.)

Die Schülerinnen und Schüler können die Bedeutung der Tora und des Talmuds darstellen (→ UE »Bibel«)
→ HS 7.2
→ GY Themenfeld »Zentrale Texte: Tora und Talmud«
	• Den Aufbau der Hebräischen Bibel (»Tenach«): Tora, Propheten und übrige Schriften wiederholen und die einzelnen Schriften in der richtigen Reihenfolge in ein Bücherregal einordnen
	• Das Inhaltsverzeichnis einer hebräischen Bibel, einer Einheitsübersetzung, einer Lutherbibel etc. vergleichen, Gemeinsamkeiten und Unterschiede beschreiben
	• Gemeinsam ein grafisches Überblicksschema zur Tora (5 Bücher Mose) gestalten, das in späteren Klassen erweitert werden kann
	• Geschichten aus der Tora in der richtigen Reihenfolge anordnen (z.B. Vätergeschichten, Josefsgeschichten, Mose, Dornbusch, Plagen, Pessach; 10 Gebote, Goldenes Kalb …)
	• Zeichnen und Gestalten einer aufgerollten Schriftrolle mit dem Glaubensbekenntnis »Schma Israel« oder einem anderen Text aus der Tora als Schmuckblatt
	• Mündliche und schriftliche Kommentierung und Auslegung der hebräischen Bibel: Mischna und Talmud an einem Beispiel kennen lernen
	• Nach dem Prinzip einer Talmudseite eine Auslegung zu einem Bibeltext gestalten
	  – Auszulegender Bibeltext in der Mitte (Kopieren, abschreiben, aus dem Internet kopieren, z.B. www.bibelserver.com)
	  – Außen herum: andere zum Verständnis wichtige Bibeltexte (falls am Computer erstellt evtl. als Links → IT) und Fragen und eigene durchaus kontroverse Kommentare der Schülerinnen und Schüler
	  – Vorschläge für auszulegende Bibeltexte:
	    – Gott übergibt Mose am Sinai die Gesetzestafeln, Ex 19,1–6.16–20 + 20,1 + 31, 18
	    – David tanzt vor der Bundeslade, 2 Sam 6, 1–16 (–22)
	    – Salomo lässt die Bundeslade in den neuen Tempel bringen und betet, 1 Kön 8,1 6.13.27–30
	    – Der zwölfjährige Jesus im Tempel, Lk 2,41–52
	    – Jesu Predigt in Nazareth, Lk 4,14–21
	    – Wann kommt das Reich Gottes? Lk 17,20f.

Die Schülerinnen und Schüler können verschiedene Antworten nennen auf die Frage: Wer ist Jüdin bzw. Jude?	• Vermutungen anstellen: Welche der folgenden Kriterien sind notwendig, damit ein Mensch als Jude/Jüdin gilt? – Israelischer Pass; geboren in Israel; wer nach jüdischen Gesetzen lebt; wer zur Synagoge geht; wer an Gott und nicht an Christus glaubt; wer jüdische Eltern hat; wer zum jüdischen Religionsunterricht geht; wer übergetreten ist • Gemeinsames Nachdenken über die Frage: Wer ist Christ/in? Haben Christinnen und Christen vergleichbare Kriterien?
Die Schülerinnen und Schüler können Verbindendes und Unterscheidendes von Judentum und Christentum erläutern und erklären, dass die Person Jesu von Nazareth Judentum und Christentum verbindet und trennt **→ HS 2.2; 7.2; GY 5.4: 7.3**	• Entdecken, was der Jude Jesus mit seinem Volk glaubte und hoffte – Texte aus dem NT über den Juden Jesus erarbeiten (Lk 2,21–24; 39–40; 41–42; Lk 3,23ff.; Mk 1,21–22; Mk 12,29; Mk 14,12; Joh 5,1; Röm 1,3) • Gemeinsamkeiten und Unterschiede von Christentum und Judentum: Text- und Bildkarten ordnen nach »gemeinsam« und »eigenständig« → M 4, vgl. insgesamt → Mindmap, M 3a + b • Schöpfungsdarstellung: Bibel, 15.Jh. (Das Kursbuch Religion 1, 39); Lutherbibel (Kursbuch Religion Elementar 5/6, 87); Schnorr von Carolsfeld • Abrahamsbild: Sieger Köder (Das Kursbuch Religion 1, 89) • Ps 23

- Dekalog: 2. Mose 20,1–17
- Auferstehung: Dirk Bouts (Das Kursbuch Religion 1,129)
- Pfingsten (Kursbuch Religion Elementar 5/6, 132)
- Sabbatregeln
- Gebetskleidung
- Vaterunser
- Achtzehn-Bitten-Gebet (Kursbuch Religion Elementar 7/8, 181; Was wir vom Judentum lernen können, 100f.; Neuauflage 2006, 67f.)
- Jüdisches und christliches Beten vergleichen und Gemeinsamkeiten entdecken: Vaterunser, Kaddischgebet (Was wir vom Judentum lernen können, 101f.; Neuauflage 2006, 68f.) und Achtzehnbittengebet

Die Schülerinnen und Schüler können von eigenen Erfahrungen des »Anders-Seins« und »Fremd-Seins« erzählen und mögliche Folgen für den Umgang mit Menschen formulieren, die sich fremd fühlen oder zu Fremden gemacht werden → **HS 7.1**	• Situationen sammeln, in denen ich mich anders und fremd fühlte (Moderationskarten, clustern nach verschiedenen Anlässen: Wodurch entstand dieses Gefühl? War es von Anfang an da?) • Wenn Anders-Sein existentiell bedrohlich wird: Die Schülerinnen und Schüler entdecken und beschreiben diese Veränderung anhand von Beispielen aus der Kinder- und Jugendliteratur; z.B. Ganzschriften daraufhin untersuchen, z.B. Labsch-Benz: Die jüdische Gemeinde in Nonnenweier, 40–47; 82–84; 112f. u.ö., Auerbacher, Ich bin ein Stern,16.27–33; Witzenbacher: Kaddisch für Ruth, 21ff., bes. 63f.72 u.ö. evtl. Buchpräsentation in Deutsch
Die Schülerinnen und Schüler können über Gründe für die Verschiedenheit von Religionen reden und daraus Einsichten für ein friedliches Miteinander ableiten → **HS 7.1; GY 1.4**	• Theologisieren mit Schülerinnen und Schülern (vgl. »Elementare Fragen«) Fragen auf Karten, bearbeiten in Kleingruppen, gefundene Antworten im Plenum vergleichen, suchen nach einer tragfähigen Antwort, z.B: »Alle glauben an das Gleiche.« – »Alle haben unterschiedlichen Anteil an Gott/an der letzten Wahrheit.« – »Gott hat allen das Gleiche gesagt, aber manche haben es nicht richtig verstanden.« – »Gott hat sich auf unterschiedliche Weise bekannt gemacht.« – »Gott hat für unterschiedliche Gruppen unterschiedliche Wege vorgesehen.« Die Antworten daraufhin untersuchen, ob sie ein friedliches Miteinander-Leben ermöglichen • Runder Tisch: eine Stadt plant ein Neubaugebiet, in das Juden, Evangelische, Katholiken, Muslime und Leute, die nicht an einen Gott glauben, ziehen werden. Der Bürgermeister lädt Vertreter aller Gruppen ein. Entwerft einen Stadtplan, damit alle ihren Glauben leben können. Denkt auch an Schule, Geschäfte und Freizeiteinrichtungen. Welche Regeln sollen in diesem Stadtteil gelten, damit die verschiedenen Kulturen und Religionen gut zusammenleben können? • Friedenslieder singen, z.B. »Schalom chaverim«, »Hewenu Schalom«
Die Schülerinnen und Schüler können entdecken und darstellen, was sie neu gelernt haben	• Ein oder zwei Symbole des Judentums auswählen: Erklären, warum sie einen ansprechen, und die Auswahl begründen • Drei jüdische Feste beschreiben • Den Aufbau des jüdischen Festkalenders skizzieren • Welchem jüdischen Fest lässt sich ein christliches Fest zuordnen? Jüdische Festsymbole zu christlichen Festsymbolen legen und inhaltliche und zeitliche Bezüge erläutern • Gedicht »G..tt der Welt« von Karin Levi: Welche Strophen kann ich erklären? Die Frage am Ende des Gedichts beantworten: »Haben sie einen anderen G..tt?« • Das Prinzip einer Talmudseite kennen und in einer Kleingruppe zu einem Bibeltext eine entsprechende Seite erstellen (Bibeltext in der Seitenmitte; am Rand Felder, z.B. mit folgendem Inhalt: eigene Fragen – Sachinformationen – Vergleichstexte – Deutung) • Einen Artikel für die Schülerzeitung über die jüdische Religion schreiben. U.a.: Was

gehört zu einem respektvollen Umgang miteinander, sodass man in Frieden miteinander leben kann?

- Kennzeichen des Christentums in einer Mindmap erfassen (→ M 3b – parallel zu M 3a), Gemeinsamkeiten und Unterschiede von Judentum und Christentum entdecken, präsentieren und begründen, inwiefern das Christentum in den jüdischen Baum eingepfropft ist
- Ausgehend von den Lernkarten, dem erweiterten Festkalender oder anderen Materialien Verbindendes und Unterscheidendes von Judentum und Christentum erläutern
- Zwei der elementaren Fragen (s.o.) beantworten
- Bezüge zu anderen Themenfeldern herstellen (Jesus; Jahreskreis und Feste; Psalmen, Bibel …)

Literatur

Unterrichtspraktisches Material

Bastelbogen »Synagoge«; Möckmühl o.J.

A. Lohrbächer, H. Ruppel, I. Schmidt (Hg.), Was Christen vom Judentum lernen können, Freiburg 1994; Neuauflage Stuttgart 2006

Dieter Petri/Jörg Thierfelder (Hg.), Grundkurs Judentum, Stuttgart 2002

Reinhold Then, »Das Judentum«, 54 Farbfolien, Religionspädagogisches Seminar der Diözese Regensburg, o.J.

Unterrichtsideen Religion 7, 2. Halbband, Stuttgart, 62ff.

Vorlesebuch Fremde Religionen, Bd. 1, Lahr/Düsseldorf, [2]2001, 96ff.

Peter Kliemann, Das Haus mit den vielen Wohnungen. Eine Einführung in die Religionen der Welt, Stuttgart 2004, 117–162

Michael Landgraf/Stefan Meißner, Judentum (ReliBausteine 4), Stuttgart 2007

Medien

Medienkoffer »Judentum« in einigen kirchlichen Bildstellen (Bedenken: Viele Gegenstände werden im Judentum nur mit vorgeschriebenen Segenssprüchen verwendet)

Bar Mitzwah,15 Min., VHS-Videokassette GB 1996

Fest und Feier im Judentum, Beschneidung, Bar-Mizwa, Hochzeit, 28 Min., VHS-Videokassette D 1982

Spielfilm »Alles auf Zucker« – Deutschland 2005

Recherche nach weiteren Medien, die im Landesmedienzentrum und den Kreismedienzentren in Baden-Württemberg auszuleihen sind unter: www.lmz-bw.de

Internetadressen

www.hagalil. com und www.juden.de

Internetadressen u.a. mit speziellen Informationen über jüdische Jugendliche:
www.jewish-forum.de
www.keren-hayessod.de
www.jujuba.de/jujuba/berichte.shtml

www.alemannia-judaica.de: umfassende Dokumentation jüdischen Lebens und jüdischer Kultur(-denkmale) im süddeutschen Raum

Ganzschriften

Inge Auerbacher, Ich bin ein Stern, Weinheim 1999/2005

Alexa Brum u.a. (Hg.), KinderWelten. Ein jüdisches Lesebuch, Egling 2000

Bella Chagall, Brennende Lichter, Reinbek, [29]2003

Janina David, Ein Stück Himmel, München 2000

Roland Gradwohl, Der jüdische Glaube. Eine Einführung, Stuttgart 2000

Eleonore Hertzberger, Durch die Maschen des Netzes – Die Flucht des jüdischen Ehepaares Hertzberger vor den Nazis, München 2002

Judith Kerr, Als Hitler das rosa Kaninchen stahl, Ravensburg 1997

Roberto Innocenti, Rosa Weiß, Sauerländer 2006

Max Krakauer, Lichter im Dunkel. Flucht und Rettung eines jüdischen Ehepaares im
    Dritten Reich, Stuttgart 2007
Elfie Labsch-Benz, Die jüdische Gemeinde Nonnenweier, Freiburg [2]1981, nur noch
    antiquarisch
Hans P. Richter, Damals war es Friedrich, München 1974
Peter Sichrowsky, Mein Freund David, Zürich/Frauenfeld 1990
Kurt Witzenbacher, Kaddisch für Ruth – Erinnerungen an meine jüdische Freundin,
    Gießen 2004.

*Weitere Jugendbücher zum Thema »Judentum« besprachen Schmidt-Lange, E. in ent-
wurf 3/94, S. 81f.*

Schulbücher
Kursbuch Religion Elementar 5/6, Stuttgart/Braunschweig 2003, 174ff.
Das Kursbuch Religion 1, Stuttgart/Braunschweig 2005, 190–197
SpurenLesen 7/8, Stuttgart 1998, 126–137
SpurenLesen 2

Fachliteratur zur Vertiefung
K. Finsterbusch, Judentum im RU – Anmerkungen zu vier Arbeitshilfen, in: entwurf
    1/99, 75f.
Gedenkstätten in Baden-Württemberg für die Opfer des Nationalsozialismus, 4. über-
    arb. Aufl. 2005 Landeszentrale f. polit. Bildung BW, kostenlos zu bestellen unter:
    www.lpb.bwue.de/publikat.htm
Joachim Hahn, Erinnerungen und Zeugnisse jüdischer Geschichte in Baden-Württem-
    berg, Stuttgart 1988 (umfangreicher Überblick, insbesondere was die noch existie-
    renden Spuren jüdischen Lebens in BW betrifft, also Synagogen, Inschriften, Ritual-
    bäder); Neuauflage geplant
Hans Maaß, Jesusgeschichten und ihr jüdischer Hintergrund, in: entwurf 3/92, 25–35
    (weitere Artikel zur Thematik in diesem Heft)
Hans Maaß, Kurzer Abriss über den Auferstehungsglauben in Israel, in: entwurf 1–2/
    2001, 25
Jürgen Stude, Ein Gang durch das jüdische Kippenheim, Geroldsecker Land – Jahrbuch
    einer Landschaft, hg. vom Ortenaukreis, 1994, 52–65

**M 1 Marc Chagall –
Jude mit Torarolle, 1941**

Die Mesusa (Türpfostenkapsel)
enthält ein Pergament mit
den Bibeltexten 5. Mose 6,4–9
und 5. Mose 11,13–21
Foto: Shalomnet/Vorndran

Marc Chagall,
Jude mit Torarolle
© VG Bild-Kunst, Bonn 2007

Texte in den Lederkapseln der Tefillin (»Gebetsriemen«) an Kopf und Arm:
2. Mose 13,2–10; 2. Mose 13,11–16; 5. Mose 6,4–9; 5. Mose 11,13–21

Höre, Israel, der Herr, unser Gott, ist der Herr allein.

Und du sollst den Herrn, deinen Gott, liebhaben von ganzem Herzen, von ganzer Seele
und mit aller deiner Kraft. (5. Mose 6,4f.)

Der Jude trägt außerdem eine Kippa auf dem Kopf und hat sich in seinen Tallit (Gebets-
mantel) gehüllt.

- Entdeckt dieses Bild mithilfe der entsprechenden Methoden.
- Überlegt: Wie wird die Torarolle getragen? (Wie ein Schatz, wie ein Baby, wie eine
  Freundin, wie ...)
- Die Jüdische Religion spielt sich zu großen Teilen zu Hause und in der Familie ab.
  Alles auf dem Bild außer der Torarolle wird auch bei der Religionsausübung zu Hause
  benützt.

M 2

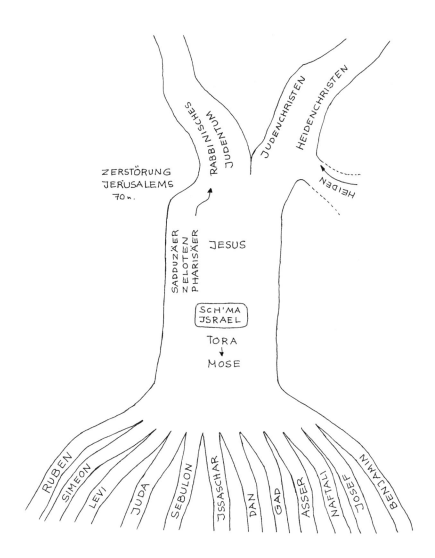

JAKOB = ISRAEL

ISAAK

ABRAHAM

M 3a

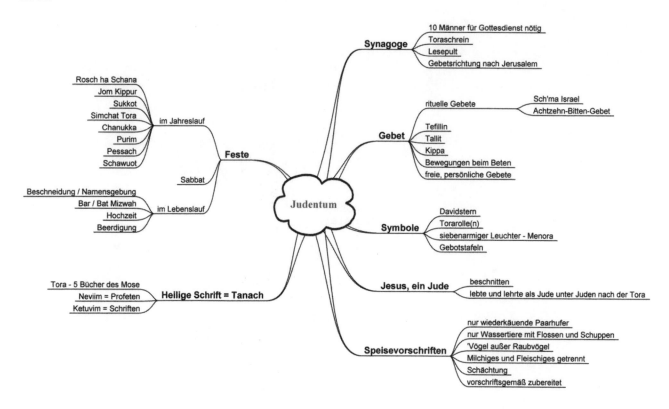

M 3b

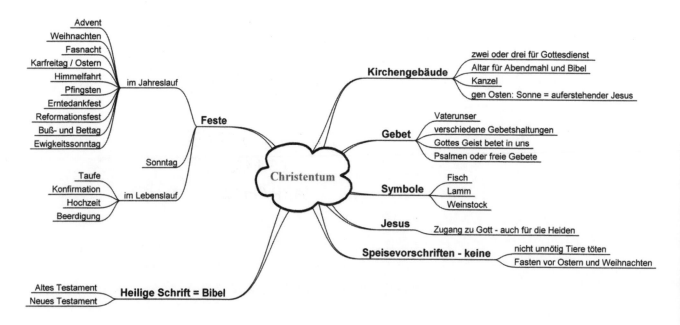

**M 4 Judentum –
Christentum,
gemeinsam und
eigenständig**

Judentum	Christentum
Schöpfung Abraham Ps 23 Dekalog	
	Auferstehung
	Pfingsten
Sabbatregeln → z.T. übertragen auf Sonntag	
Gebetskleidung	
Achtzehnbittengebet	Vaterunser

Merkmale des Islam erläutern

Bildungsstandards Hauptschule und Realschule

Schwerpunktkompetenz und weitere Kompetenzen	Die Schülerinnen und Schüler
	• **kennen neben den Formen christlicher Glaubenspraxis auch wesentliche Ausdrucksformen der Glaubenspraxis von (Juden und) Muslimen (HS 7.2)** • wissen, dass Menschen unterschiedlichen Glaubensgemeinschaften angehören und friedlich miteinander leben können (HS 7.1) • können sich in ihrer Verschiedenheit wahrnehmen, achten einander und können fair miteinander umgehen (HS 2.2)
	• **kennen die Entstehungsgeschichte, das Bekenntnis und die vier Pflichten des Islam (RS 7.1)** • sind in der Lage, vor dem Hintergrund der eigenen christlichen Tradition andere Religionen wahrzunehmen (RS 7.2) • wissen um die Würde aller Lebewesen, um ihre gegenseitige Angewiesenheit und um ihr gemeinsames Lebensrecht als Geschöpfe Gottes (RS 2.1)

Zur Lebensbedeutsamkeit

An den Haupt- und Realschulen begegnen die Kinder Mitschülerinnen und Mitschülern muslimischen Glaubens. Vor dem Hintergrund dieser multikulturellen und multireligiösen Lebenswirklichkeit ist interreligiöses Lernen längst zu einer der zentralen Herausforderungen für die Schule insgesamt und für den Religionsunterricht im Besonderen geworden. Dabei geht es sowohl um die Fähigkeit, einander wahrzunehmen, als auch um den Erwerb differenzierter Kenntnisse über die andere Religion, sodass ein offener, toleranter, aber auch selbstbewusster Umgang miteinander möglich wird und gepflegt werden kann.

Das bewusste Kennenlernen der anderen Religion(en) ist somit auch identitätsstiftend für die eigene Religion, die sich immer wieder in der Auseinandersetzung mit anderen Glaubensinhalten und Formen gelebten Glaubens bewähren muss. Im Blick auf die fremde Religion ist das zunehmende Verständnis eine wesentliche Voraussetzung für die Urteilsfähigkeit. Für den christlichen Wahrheitsanspruch stellt sich die Frage: an welchen Gott glauben wir, an welchen Gott glauben Muslime?

Elementare Fragen

Warum glauben andere anders? Wie glauben Muslime? Was verbindet Christen und Muslime? Was trennt uns? Glauben Muslime und Christen an den gleichen Gott?

Ein Blick auf katholische Bildungsstandards	Die Schülerinnen und Schüler ▪ wissen, dass Achtung und Toleranz gegenüber Andersgläubigen für ein verständnisvolles Zusammenleben wichtig sind (HS 7.4) ▪ wissen, dass Menschen unterschiedlichen Religionen angehören und verschiedene Weltanschauungen haben (HS 7.1) ▪ kennen wesentliche Elemente der Glaubenspraxis von Muslimen (HS 7.2) ▪ kennen Gemeinsamkeiten und Unterschiede der Glaubenspraxis von Christen und Muslimen (HS 7.3) ▪ wissen, dass es außer dem Christentum andere Weltreligionen gibt (RS 7.1) ▪ kennen den Islam als eine der drei monotheistischen Weltreligionen (RS 7.2) ▪ kennen wichtige Gesichtspunkte für die Charakterisierung des Islam (RS 7.3) ▪ können die Religion ihrer Mitschüler den Weltreligionen zuordnen (RS 7.4) ▪ achten Menschen anderer Religionen und Kulturen und gestalten das Zusammenleben in der Klasse und in der Schule im gegenseitigen Respekt (RS 7.6)
Leitmedien	▪ Landkarte des Vorderen Orients, in die schrittweise Bilder montiert werden (Kaaba, Städte, Stationen des Pilgerwegs, …) ▪ Vier Pflichten und das Glaubensbekenntnis des Islam (fünf Säulen) ▪ Lebensstationen Mohammeds ▪ »Islamlexikon«/ein allmählich anwachsendes Glossar mit zentralen Begriffen
Die Schülerinnen und Schüler können zeigen, was sie schon können und kennen	▪ Arbeit mit Moderationskarten: Was weiß ich über den Islam (bzw. das Judentum)? Begriffe sammeln; auf die Unterscheidung von Kenntnissen, Vermutungen und Einschätzungen achten! – Clustern der Karten, Verabredung von Themenschwerpunkten und deren Bearbeitungsweisen ▪ Fragen an den Islam (bzw. das Judentum: Was ich dringend fragen will …) ▪ Welche Muslime kennen wir (an unserer Schule) – was wissen wir über ihren Glauben im Alltag? Interviews mit Klassenkameraden und -kameradinnen entwerfen und durchführen ▪ Gegenstände, Abbildungen, Texte, Bücher usw. vorstellen und dem Islam bzw. Christentum oder Judentum zuordnen lassen. Ggf. mit diesen Gegenständen (Hl. Schriften, Bilder, Gegenstände aus dem Medienkoffer Judentum/Islam) Ecken im Klassenraum einrichten ▪ Sprachbetrachtung: arabische Lehnwörter bei uns (Unterrichtsideen 7/2, 129)

Die Schülerinnen und Schüler wissen, welche Kompetenzen es zu erwerben gilt, und können ihren Lernweg mitgestalten	▪ Ein Pressebericht über eine aktuelle öffentliche Auseinandersetzung (Einstellung muslimischer Erzieherinnen; Bau einer Moschee; …) wird auf ein Plakat geklebt. Schülerinnen und Schüler notieren Unklarheiten im Text und formulieren Fragen am Rand aus der Perspektive: Welche Informationen fehlen uns? Was müsste man an dieser Stelle genauer wissen?
	▪ Recherche-Aufgaben im Internet, z.B.:
	  – Es gibt in Deutschland die Evangelischen Landeskirchen und die katholischen Diözesen; wie sind die Muslime in Deutschland organisiert?
	  – Eine Landkarte der Weltreligionen (vgl. Weltatlas der Religionen): Was sind mehrheitlich muslimische Länder, welche anderen Religionen sind in anderen Ländern besonders stark vertreten?
	▪ Stationen der »Lernstraße Islam«: gemeinsame Auswahl der einzelnen Stationen; Bezug zu den Kompetenzen *[in schülergerechter Sprache!]* herstellen

Die Schülerinnen und Schüler können über Mohammed und die Ursprünge des Islam Auskunft geben	▪ Lebensstationen Mohammeds erarbeiten: anhand der Orte, der Personen und/oder der Ereignisse (Stationenlernen,/Lerntheke, Unterrichtsideen 7/2, 126: Kartenspiel, Kursbuch Religion Elementar 7/8, 188, Kursbuch Religion 2000, 7/8, 226f.) ▪ Lückentext zur Bedeutung des Koran in: Rupp-Holmes: Lernstraße Islam ▪ Der Islam breitet sich aus (Kartenarbeit – grün als Farbe des Islam, Halbmond als Symbol) Unterrichtsideen 7/2, 130)
Die Schülerinnen und Schüler können das muslimische Bekenntnis zu Allah wiedergeben	▪ Gemeinsamkeiten und Unterschiede feststellen und durch drei Fragen erschließen: 1. *Wo und wann* sprechen Christen ihr Bekenntnis zu Gott aus (Gottesdienst, Taufformel; Konfirmation, Abendmahlsfeier …); 2. *Mit welchen Worten* drücken Christinnen und Christen ihren Glauben an Gott aus? (Vaterunser, Apostolisches Glaubensbekenntnis, …) 3. Bibelstellen, die vom Glauben an Gott sprechen (Schma Israel 5. Mose 6,4; 2. Mose 3,14; Ps 23; Mk 8,29; 1. Kor 8,6) werden den Schülerinnen und Schülern vorgelegt. Frage: Wo sind Berührungen zwischen den in 1. und 2. genannten Anlässen und Texten mit solchen Bibeltexten zu finden? ▪ Neben einer Kalligraphie des islamischen Glaubensbekenntnisses (Das Kursbuch Religion 1, 200): ein christliches Bekenntnis (z.B. ΙΧΘΥΣ Jesus Christus, Gottes Sohn, Retter; im Namen des Vaters und des Sohnes und des Heiligen Geistes, …) kalligraphisch gestalten ▪ Bedeutung der arabischen Sprache für Moslems: muslimische Schülerinnen und Schüler werden in den Unterricht eingeladen und befragt. Hörproben (Gebetsruf, Koranverse, einzelne Begriffe) ▪ Wie sprechen Christen und Muslime von Gott? Die 99 Namen Allahs (Unterrichtsideen 7/2, 123) einzeln oder gemeinsam lesen. Welche dieser Namen sind für den biblischen Gott geeignet? Einzeln, Partnerarbeit und Gesamtgruppe erstellt eine Liste der Top Ten. ▪ Theologisieren mit Kindern: Warum hat Allah 99 Namen und wir nur einen? Wie viele Namen braucht man? Wie heißt Gott?
Die Schülerinnen und Schüler kennen die Pflichten eines gläubigen Muslims/einer gläubigen Muslima und können darüber Auskunft geben	▪ Mögliche Gebetshaltungen erfinden/darstellen und reflektieren: Schülerinnen und Schüler benennen/zeigen Gebetshaltungen, die sie selbst kennen; mit muslimischen Gebetshaltungen (Kursbuch Religion 2000, 7/8, 224) vergleichen. – Mit welcher Körperhaltung drücken Christen (Juden) und Muslime ihre Haltung Gott gegenüber aus? ▪ Pilgerfahrt (Hadsch) – einer Textquelle (z.B. Kursbuch Religion 2000, 7/8, 231f.) den Ablauf einer Pilgerreise nach Mekka entnehmen ▪ Einen Wandfries mit Stationen der Pilgerreise gestalten: In Partnerarbeit beschäftigen sich die Schülerinnen und Schüler mit einzelnen Stationen (Unterrichtsideen 7/2, 125) und entwickeln eine symbolische Darstellung ihrer Station, die sie auf dem Wandfries anbringen. Ergebnispräsentation: Schülerinnen und Schüler erklären ihre Stationen vor der Klasse. ▪ Soziale Verantwortung im Islam: die Armensteuer (Zakat). – Spiel in der Klasse (→ M 1). Sammeln von Ideen: wie können wir die »Armen« unterstützen? U.U. zweiter Spieldurchgang mit veränderten Regeln (z.B.: nach jeder Runde wird umverteilt; oder: feste Steuerbeträge ab einem bestimmten Guthaben …). Information über die Lösung durch die Armensteuer im Islam (Art. »Abgabe« im Islam-Lexikon; → Literatur!) ▪ Fasten (türkisch Ramazan/arabisch Ramadan), Fastenbrechen und Zuckerfest: Was ist mir so wichtig, dass ich nicht darauf verzichten könnte? Worauf könnte ich eine Zeitlang verzichten? (Unterrichtsideen 7/2, 99)

Die Schülerinnen und Schüler können den Alltag von gläubigen Muslimen beschreiben	▪ Lebensfeste: Befragung muslimischer Mitschüler(innen); Video (Kursbuch Religion Elementar 7/8, 190f.) ▪ Festkalender im Islam (Internetrecherche) mit dem Kirchenjahr vergleichen (Kursbuch Religion Elementar 5/6, 176f.) ▪ Essen (Rezepte suchen, auswählen): Einzelnes gemeinsam zubereiten und ausprobieren ▪ Einzel- oder Partnerarbeit mit dem Islam-Lexikon bzw. Die Weltreligionen. Zentrale Themen im Vergleich (vgl. Literatur)
Die Schülerinnen und Schüler können Moschee und Kirche vergleichen	▪ Vor dem Hintergrund des eigenen Kirchengebäudes die Besonderheiten einer Moschee beschreiben (Bilder, Grundrisse) (Kursbuch Religion Elementar 7/8, 186f.). Gemeinsamkeiten und Unterschiede feststellen. ▪ Wie verhalten wir uns in der Kirche? Was tun wir dort? (Erfahrungen und Vermutungen der Schülerinnen und Schüler notieren) ▪ Wie verhalten sich Muslime in der Moschee? Befragung von muslimischen Mitschüler(inne)n
Christentum und Islam: Die Schülerinnen und Schüler können Gemeinsamkeiten entdecken	▪ Abraham ist der gemeinsame Stammvater: Was erzählt die Bibel über Abraham und Sara, Hagar und Ismael? Arbeit an Gen 12–23 in Auszügen, bes. Gen 12;15; 16; 17): Welche Bedeutung hat Abraham für den Glauben von Christen? Lehrerinformation: Art. »Abraham« im Islam-Lexikon ▪ Christen und Muslime: Verantwortung für Frieden – Gerechtigkeit – Bewahrung der Schöpfung übernehmen (vgl. entsprechende Art. in: Die Weltreligionen) ▪ Wir leben im selben Land – in derselben Stadt – in derselben Schule – in derselben Schulklasse: Aufteilung der Religionen als Diagramm darstellen (z.B. als »Torte«) ▪ Lehrererzählung: die Ringparabel Lessings (→ M 2). – Theologisieren: Alle Schülerinnen und Schüler erhalten ein Blatt Papier, auf dessen einer Seite ein Fragezeichen, auf der anderen ein Ausrufezeichen abgebildet ist. Aufgabe: Jeder/jede notiert auf die Seite mit dem Ausrufezeichen mit einem selbst formulierten Satz eine Entdeckung, eine Einsicht aus der Lehrererzählung und auf die Seite mit dem Fragezeichen eine Frage an die Geschichte oder an die Gruppe. Diese Fragen und Entdeckungen werden vorgetragen und gemeinsam reflektiert. ▪ Ein Festkalender der Religionen: Im Internet den jeweils aktuellen islamischen Festkalender recherchieren (www.islam.de) und in eine Jahresübersicht eintragen. Dazu die christlichen Feste im selben Zeitraum
Die Schülerinnen und Schüler können darstellen, was neu gelernt wurde	▪ In Partnerarbeit: Islam-Bingo (→ M 3). In der Gesamtgruppe: Austausch zu Fragen der Metakognition: Habe ich mich schwer oder leicht getan beim Lernen? Was hat mir geholfen, was hat es mir schwerer gemacht? Habe ich verstanden, was ich weiß? (Unterscheidung: Wissen – Verstehen) … ▪ Gegenstände aus dem Medienkoffer Islam erklären können ▪ Gemeinsam ein Islamquiz erstellen und lösen ▪ Mit Muslimen zusammen einen Artikel über muslimische Schüler an der Schule für die Schülerzeitung schreiben (Tagesablauf, Freizeitbeschäftigung, Koranschule, Fasten im Ramadan …) ▪ (Foto-)Reportage über einen Muslim/eine Muslima in Deutschland: Wie lebt er/sie seinen/ihren Glauben in Deutschland? ▪ Gemeinsamer Moscheebesuch, z.B. anlässlich des Fastenbrechens; anschließend: Verfassen eines Berichts für die (gedachten) nachfolgenden Mitschüler/innen: was muss man wissen, beachten, einhalten …?

Literatur

Unterrichtspraktisches Material
Friederun Rupp-Holmes, Lernstraße Islam. 15 Stationen für den Unterricht in der Se-
    kundarstufe I, Stuttgart 2003
Unterrichtsideen Religion 7, 2. Halbband, Stuttgart 1998

Ganzschrift
Cathérine Clement, Theos Reise. Roman über die Religionen der Welt, München 2001

Schulbücher
Kursbuch Religion Elementar 5/6, Stuttgart/Braunschweig 2003
Kursbuch Religion 2000 7/8, Stuttgart/Frankfurt 1998
Das Kursbuch Religion 1, Stuttgart/Braunschweig 2005
SpurenLesen 1, Stuttgart/Braunschweig 2007

Fachliteratur
Peter Kliemann, Das Haus mit den vielen Wohnungen. Eine Einführung in die Religio-
    nen der Welt, Stuttgart 2004
Hans-Christoph Goßmann, Kleines ABC des Islam, Stuttgart 1999
Weltatlas der Religionen, Bonn 1994
Islam-Lexikon A–Z, Freiburg i.Br., Neuausgabe 2006
Burkhard Scherer (Hg.), Die Weltreligionen. Zentrale Themen im Vergleich, Gütersloh
    2005
VELKD (Hg.), Was jeder vom Islam wissen muss, Gütersloh [7]1990

Sonstige Hinweise
Medienkoffer zum Islam (z.B. über Schuldekanate auszuleihen)
www.islam.de

M 1a Spielidee zur Armensteuer (Zakat)

Vorbereitung
Spielgeld in ausreichender Menge (ca. Zahl der Schülerinnen und Schüler mal 50; vgl. → M 1d Spielgeld)

Karten mit Rollen (eine Rolle pro Schüler/in)
ca. je 1/5 Vermieter/in, Lebensmittelhändler/in, Automechaniker/in, Lehrer/in, Gastronom/in

Alle Schülerinnen und Schüler würfeln nacheinander mit zwei Würfeln und erhalten entsprechend der Augenzahl (100,– pro Auge) einen Geldbetrag als Startguthaben. Gespielt wird zunächst in mehreren gleich verlaufenden Runden: L nennt bestimmte Geldausgaben, die die Schülerinnen und Schüler zu tätigen haben (→ M 1b) und in ein »Haushaltsbuch« (→ M 1c) eintragen, dazwischen wird gewürfelt, um das Guthaben aufzubessern. Nach einigen Runden sind die ersten Schülerinnen und Schüler zahlungsunfähig.

Frage an die Gruppe
Wie könnten wir dafür sorgen, dass das Spiel weitergeht?

Ideen sammeln und umsetzen (ab einer bestimmten Grenze bezahlen die »Reichen« den »Armen« eine bestimmte Geldsumme; ein Fonds wird angelegt, aus dem Schulden beglichen werden; Schulden werden erlassen; …)

Reflexionsaufgabe
Welche Maßnahme ist wirksam (aber schmerzhaft)? Müssen die Maßnahmen korrigiert werden?

M 1b Spielrunden

Runde 1	• Alle würfeln • Fällige Zahlungen: Wohnungsmiete (200,–) und Autoreparatur (100,–) [die Vermieter bezahlen keine Miete, sondern nehmen sie zu etwa gleichen Teilen in Empfang, die Mechaniker/innen entsprechend!]
Runde 2	• Alle würfeln • Fällige Zahlungen: Wohnungsmiete (200,–); Lebensmittel (200,–); Essen gehen (100,–)
Runde 3	• Alle würfeln • Fällige Zahlungen: Wohnungsmiete erhöht (300,–); Lebensmittel (200,–); Autoreparatur (500,–)
Runde 4	• Niemand würfelt • Fällige Zahlungen wie Runde 2
Runde 5	ggf. fällige Zahlungen korrigieren

M 1c Haushaltsbuch

Spielrunde	Guthaben in Euro	Ausgaben	Neues Guthaben
1			
2			
3			
4			
5			
6			

M 1d Spielgeld

M 2 Gotthold Ephraim Lessing (1729–1781): Die Ringparabel

Vor grauen Jahren lebt' ein Mann im Osten,
Der einen Ring von unschätzbarem Wert
Aus lieber Hand besaß. Der Stein war ein
Opal, der hundert schöne Farben spielte,
Und hatte die geheime Kraft, vor Gott
Und Menschen angenehm zu machen, wer
In dieser Zuversicht ihn trug. Was Wunder,
Dass ihn der Mann in Osten darum nie
Vom Finger ließ; und die Verfügung traf,
Auf ewig ihn bei seinem Hause zu erhalten?
Nämlich so. Er ließ den Ring
Von seinen Söhnen dem geliebtesten;
Und setzte fest, dass dieser wiederum
Den Ring von seinen Söhnen dem vermache,
Der ihm der liebste sei; und stets der liebste,
Ohn' Ansehn der Geburt, in Kraft allein
Des Rings, das Haupt, der Fürst des Hauses
   werde.
So kam nun dieser Ring, von Sohn zu Sohn,
Auf einen Vater endlich von drei Söhnen;
Die alle drei ihm gleich gehorsam waren,
Die alle drei er folglich gleich zu lieben
Sich nicht entbrechen konnte.– Was zu tun?
Er sendet in geheim zu einem Künstler,
Bei dem er, nach dem Muster seines Ringes,
Zwei andere bestellt, und weder Kosten
Noch Mühe sparen heißt, sie jenem gleich,
Vollkommen gleich zu machen. Das gelingt.
Dem Künstler. Da er ihm die Ringe bringt,
kann selbst der Vater seinen Musterring
Nicht unterscheiden. Froh und freudig ruft
Er seine Söhne, jeden insbesondere;
Gibt jedem insbesondere seinen Segen, –
Und seinen Ring, – und stirbt.

Kaum war der Vater tot, so kömmt ein jeder
Mit seinem Ring, und jeder will der Fürst
Des Hauses sein. Man untersucht, man zankt,
Man klagt. Umsonst; der rechte Ring war nicht
Erweislich; – Wie gesagt: die Söhne
Verklagten sich; und jeder schwur dem Richter,
Unmittelbar aus seines Vaters Hand
Den Ring zu haben. – Wie auch wahr! –
Der Richter sprach: Ich höre ja, der rechte Ring
Besitzt die Wunderkraft beliebt zu machen;
Vor Gott und Menschen angenehm. Das muss
Entscheiden! Denn die falschen Ringe werden
Doch das nicht können
Und also, fuhr der Richter fort: Wohlan!
Es eifre jeder seiner unbestochnen
Von Vorurteilen freien Liebe nach!
Es strebe von euch jeder um die Wette,
Die Kraft des Steins in seinem Ring an Tag
Zu legen! komme dieser Kraft mit Sanftmut,
Mit herzlicher Verträglichkeit, mit Wohltun,
Mit innigster Ergebenheit in Gott
Zu Hilf!

M 3 Islam-Bingo

Ein DIN A 4-Blatt wird durch Falten in 16 Felder eingeteilt.

Man erstellt 16 Fragen, deren Lösung jeweils mit einem anderen Anfangsbuchstaben beginnt, z.B.

A	Gott heißt auf arabisch	Allah
...		
G	Darauf knien Muslime beim Beten	Gebetsteppich
H	wird beim Opferfest geschlachtet	Hammel
I	Vorbeter in der Moschee	Imam
J	Heilige Stadt der Christen und des Islam	Jerusalem
K	Heiliges Buch im Islam	Koran
L		
M	Rufer zum Gebet	Muezzin
N		
O	Wie heißt das Fest, das an Abraham erinnert?	Opferfest
P	Fahrt nach Mekka	Pilgerfahrt
Q		
R		
S	Zuckerfest heißt auf Türkisch	Şeker-Bayramı
...		

Den Schülerinnen und Schülern werden die 16 Anfangsbuchstaben genannt, die sie durcheinander in ihren 16 Feldern verteilen. Nun werden die Fragen vorgelesen und die jeweilige Antwort in das Feld mit dem Anfangsbuchstaben des Lösungswortes eingetragen.

BINGO ruft, wer zuerst vier Antworten in einer Reihe hat – waagrecht, senkrecht oder diagonal.

Die Wunder der Schöpfung entdecken und bewahren

Bildungsstandards Hauptschule

Schwerpunktkompetenz und weitere Kompetenzen

Die Schülerinnen und Schüler

- **kennen einen biblischen Schöpfungstext. Sie können Gefährdungen der Natur benennen und kennen Möglichkeiten, zum Erhalt der Schöpfung beizutragen (HS 2.1)**
- wissen, dass sie als Partner/innen Gottes diese Welt mitgestalten können (HS 1.3)
- können die Gleichwertigkeit von Mädchen und Jungen biblisch begründen und Konsequenzen daraus benennen (HS 1.1)
- können ihre Alltagserfahrungen und Fragen in die kreative Bearbeitung von biblischen Geschichten einbringen (HS 3.3)

Zur Lebensbedeutsamkeit

Die Schülerinnen und Schüler lernen die Schöpfung als ein Geschenk zu begreifen, das der Mensch empfängt, für das er jedoch gleichzeitig Verantwortung zu übernehmen hat. Die Wertschätzung der Natur als Gottes Werk, die Beauftragung des Menschen zur Teilnahme am göttlichen Erhaltungswerk sowie das Grundvertrauen der Schülerinnen und Schüler in Schöpfung und Schöpfer werden bewusst gemacht und gestärkt. Vor dem Hintergrund der Stellung des Menschen zwischen Gott und Welt entwickeln die Schülerinnen und Schüler ein wachsendes Bewusstsein dafür, dass die Natur nicht beliebig ausgebeutet werden kann, sondern vom Menschen erhalten, gehegt und gepflegt werden muss. In den beiden Schöpfungserzählungen lernen sie zwei verschiedene Modelle zur Bestimmung des Verhältnisses von Mensch und Natur kennen. Unterschiedliche Erklärungsmodelle zur Weltentstehung können nebeneinander gestellt und die Frage nach dem Verhältnis von schöpfungstheologischer und naturwissenschaftlicher Welterklärung reflektiert werden. So kann sich das Denken der Schülerinnen und Schüler von einer alternativistischen zu einer eher komplementären Sichtweise weiterentwickeln. Die Gefährdung der Schöpfung durch den Menschen, die Sorge um den Bestand der Schöpfung sowie die persönliche und kollektive Verantwortlichkeit für die Schöpfung werden thematisiert und ein verantwortungsvolles Handeln gegenüber der Schöpfung bedacht und eingeübt.

Elementare Fragen

Woher kommt die Welt? Warum gibt es die Welt? Wie hat alles angefangen? Ist alles Zufall oder Plan? Warum hat Gott die Welt geschaffen? Was war vor Gott? Warum gibt es Mann und Frau? Warum ist der siebte Tag frei von Arbeit? Wie geht es mit der Welt weiter? Hat Gott die Welt noch im Griff? Müssen wir Angst haben oder dürfen wir getrost weiterleben?

Ein Blick auf katholische Bildungsstandards	Die Schülerinnen und Schüler - erkennen an, dass sie gleichwertig als Mädchen oder Jungen geschaffen sind (1.2) - sehen einige ihrer Fähigkeiten und Möglichkeiten, ihrer Stärken und Schwächen und wissen, dass sie ohne Gegenleistung, so wie sie sind, von Gott geliebt und in diese Welt als Partnerin und Partner Gottes hineingestellt sind (1.3) - wissen, dass der Glaube an die Geschöpflichkeit und Gottebenbildlichkeit eine Grundlage für Selbstwertgefühl, Ich-Stärke sowie den respektvollen Umgang mit anderen ist (1.5) - wissen um die Würde aller Lebewesen, um ihr gegenseitiges Angewiesensein und um ihr gemeinsames Lebensrecht als Geschöpf Gottes (2.1) - wissen um Gefährdungen der Natur und kennen Möglichkeiten zum Erhalt der Schöpfung beizutragen (2.2) - kennen das biblische Verständnis, dass sie als Geschöpfe Gottes unverwechselbar und einzigartig geschaffen sind (1.1) - wissen um die Sicht der Welt als »Eine Welt« und um das Bemühen um Frieden, Gerechtigkeit und Bewahrung der Schöpfung (2.5)
Leitmedien	- Koffer mit Naturmaterialien - Geschichten vom Anfang der Welt: Biblische Schöpfungstexte und andere Weltentstehungsgeschichten (Indianer, Ägypter, …) - Schöpfungslieder (Laudato si, Gott gab uns Atem u.a.), Gebete, … - Ein zu gestaltendes siebenteiliges Schöpfungsfenster (7-Tage-Schema) - Schöpfungsausstellung/Collage: Bilder einer guten/bedrohten Schöpfung - Ein zu gestaltendes Schöpfungsbüchlein - Film: Söhne der Erde und Rede des Häuptlings Seattle
Die Schülerinnen und Schüler können zeigen, was sie schon können und kennen	- Das eigene Wissen von der Entstehung der Welt einbringen und darstellen - Die verschiedenen Vorstellungen/naturwissenschaftlichen Theorien von der Entstehung der Welt (Urknall, Evolution, Schöpfung …) nennen, beschreiben, vergleichen und diskutieren können - Einen eigenen Standpunkt formulieren können: Ich stelle mir das so vor …. bzw. ein (Welt-)Bild malen, wie ich mir die Welt/das gesamte Universum vorstelle - Schöpfungstage-Memory - Geschichten, Bilder, Lieder und Gebete zum Thema Schöpfung zusammentragen
Die Schülerinnen und Schüler wissen, welche Kompetenzen es zu erwerben gilt und können ihren Lernweg mitgestalten	Gemeinsame Sichtung möglicher Einzelthemen und Unterrichtsbausteine sowie gemeinsame Absprachen über deren Bearbeitung: Mindmap, Stationenarbeit, …
Die Schülerinnen und Schüler können mit allen Sinnen die Schönheit und Vielfalt der Schöpfung entdecken und ihre Wahrnehmungen beschreiben → **HS 2.1**	- Naturerkundung: Die Natur (Erlebnispfad: Garten, Wiese, Bach, …) mit allen Sinnen entdecken - Meditativer Waldspaziergang u.a. siehe auch Anregungen im Waldpädagogischen Leitfaden (Forstliche Bildungsarbeit – Ein Leitfaden nicht nur für Förster; Hg.: Bay. Staatsministerium für Landwirtschaft und Forst, München 2001) bzw. Besuch im Haus des Waldes in Stuttgart - Naturmaterialien sammeln, gestalten und einen Riech- bzw. Hörparcours gestalten - Gemeinsames Projekt mit MSG: Landart gestalten – die Welt mit ihren Perspektiven ganzheitlich und ästhetisch wahrnehmen - Meditatives Schauen, Hören und Malen: Großaufnahmen von Wassertropfen,

Schneekristallen, Insekten, Hörbeispiele von Haydn: Schöpfung, Vivaldi: Vier Jahreszeiten, …

- Mein schönstes Naturerlebnis – Wahrnehmungs-/Bewunderungstexte zum Erlebten verfassen
- Metapherübung: Schöpfung ist für mich …
- Ein Plakat, eine Fotoausstellung, eine Präsentation (PowerPoint), eine Internetseite, ein Schöpfungsmobile zum Thema »Faszination Schöpfung« erstellen

Die Schülerinnen und Schüler können biblische Schöpfungsaussagen wiedergeben und auf ihre Welt beziehen → HS 2.1	• Die biblischen Schöpfungserzählungen (Gen 1 und 2) kennen lernen und anhand von Kategorien Gemeinsamkeiten und Unterschiede erarbeiten (Urzustand, Rolle und Handeln Gottes, Erschaffung der Menschen, Auftrag an die Menschen …) • Pflanzen, Tiere, Menschen der biblischen Schöpfungstexte aus verschiedenen Materialien oder aus Ton bzw. Knetmasse gestalten • Die einzelnen Schöpfungswerke als Tastbilder gestalten • Die Kernaussagen der biblischen Schöpfungstexte über die Beziehung von Gott und Welt, von Gott und Menschen verstehen und auf einem Plakat darstellen • Gottes Wochenplan der Schöpfung (7-Tage-Schema, Schöpfungspyramide) und seine Schöpfungswerke als Bild, Bildergeschichte, Dia, Collage, Mandala, Schöpfungsfenster, Schöpfungsgarten, Schöpfungsleporello … gestalten • Eine Begründung für die Sabbatruhe und den Sonntag formulieren: Du wirst …, weil … • Die Gestalt des altorientalischen Weltbildes (→ M 1) als Modell nachbauen und darstellen, wie Naturphänomene mit diesem Modell erklärt werden (Sintflut, Abend und Morgen, Regen, Quellen …) • Naturwissenschaftliche Weltbilder beschreiben, erklären und miteinander vergleichen (→ M 1) • Anhand eines Schöpfungspsalms (Ps 8, Ps 19, Ps 104, Ps 148) Lob und Dank Gottes für die Schöpfung kennen lernen und selbst Ausdruck für Lob und Dank finden • Freude an der Schöpfung: Ein Dankgebet/einen Dankpsalm für jeden Tag der Woche schreiben • Ein eigenes Loblied/Gedicht auf Gottes Schöpfung schreiben und mit Orff-Instrumenten gestalten • Ein Schöpfungsfest feiern bzw. einen Stationen-Gottesdienst zu den Schöpfungstagen gestalten
Die Schülerinnen und Schüler können darstellen, dass Menschen von Gott einmalig geschaffen und mit Würde ausgestattet sind → HS 2.1; HS 3.3	• Die Wunder der Schöpfung anhand von Bildern ungeborener Kinder im Mutterleib entdecken und formulieren • Entwicklungsstufen: Vom Säugling bis zum Teenager – den Zugewinn an Fähigkeiten und Persönlichkeitsentwicklung als Lebenslauf/Collage gestalten und beschriften • Die Schöpfungsgeschichte des Kindes (→ M 2) mit dem biblischen Schöpfungstext (1. Mose 1, 1–31) vergleichen, Gemeinsamkeiten und Unterschiede in den Kernaussagen entdecken und in einer Tabelle darstellen • Ich bin so wunderbar gemacht: Ein Selbstportrait, Steckbrief, Fingerabdruck, Ich-Puzzle, Sonne (Ich) mit Sonnenstrahlen (Eigenschaft, Fähigkeit), Outfitcollage, Stärken-Schwächen-Profil zum Thema: »Das bin ich« gestalten • UG: Warum es manchmal leichter scheint, sich selbst schlecht zu machen, als gut von sich zu denken • Andere in ihrer Einzigartigkeit entdecken (Pantomime, Fingerabdruck, Gesichtszüge, Begabungen) und ein Klassenbild entwerfen • Merkposter anfertigen: Jeder von uns ist einzigartig, auch mit Fehlern und Schwächen • Über Situationen sprechen, in denen Menschen ganz gemein behandelt werden, und mögliche Gründe hierfür benennen • Aufeinander angewiesen sein, einander helfen, füreinander da sein, fair mit miteinander umgehen: Rollenspiele, Gesprächsregeln, Streitschlichter, Umgang mit Klein-

Konflikten, praktische Erfahrungen (Teamerfahrung) durch Kooperationsspiele sammeln und reflektieren

- Klassenprojekt »Grünes Licht für einen fairen Umgang«: Das nehmen wir uns in unserer Gruppe für die nächsten drei, vier Wochen vor und werten es anschließend aus

Die Schülerinnen und Schüler können sich als Mädchen/ Jungen wahrnehmen → HS 1.1	• Von Gott gleichwertig geschaffen als Mädchen und Junge – 1. Mose 1,27f. bebildern • In geschlechtsspezifischen Kleingruppen herausfinden, was Mädchen und Jungen gemeinsam haben, was sie trennt, worin sie sich ergänzen • Typisch Mädchen! / Typisch Jungs! Geschlechterstereotypen analysieren und geschlechtergerechte Kommunikation üben und anwenden • Eine Freundschafts- und/oder Partnerschaftsanzeige entwerfen, die Eigenschaften und Fähigkeiten eines Wunsch-Freundes/Wunsch-Partners beschreibt und entdecken, dass die Wunschvorstellungen vom Partner die Erwartungen ausdrücken, wie man selbst behandelt werden möchte • Freundschaft/Partnerschaft erfahren und in Gesten oder Standbildern (Jungen u. Mädchen getrennt) zum Ausdruck bringen. Jungs- und Mädchentypisches der Bilder von Freundschaft/Partnerschaft entdecken und reflektieren • Wertschätzung und Anerkennung der Fähigkeiten und Stärken des anderen Geschlechts zum Ausdruck bringen: An Jungs/Mädchen finde ich toll … • Freundschaftsbänder gestalten und sich gegenseitig schenken
Die Schülerinnen und Schüler können ihre eigenen Fähigkeiten und Fertigkeiten entdecken und benennen → HS 2.1	• Gott wünscht sich uns als Partner und traut uns als seine Partner etwas zu – daraus wächst Verantwortung: Ich habe Stärken und Schwächen, einen Fähigkeitenkatalog erstellen, ein Bild zur Überschrift »Das kann i c h besonders gut« zeichnen, ein »Portfolio« zu einer selbstgeförderten Fähigkeit erstellen und präsentieren • Das Gleichnis von den anvertrauten Talenten, Mt 25,14–30; Lk 19,12–27 mithilfe bibliodramatischer Elemente wie z.B. Standbild, Rollenspiel und Interview-Fragegespräch erarbeiten • Den eigenen besonderen Gaben und Fähigkeiten nachspüren und Möglichkeiten entdecken, diese für sich selbst und andere einzusetzen • Gott braucht alle Menschen, 1. Mose 1,28–31, In einem Gebet auf den Auftrag Gottes antworten
Die Schülerinnen und Schüler können Gefährdungen der Schöpfung wahrnehmen, beschreiben, einschätzen, sich in die bedrohte Schöpfung (bedrohte Pflanzen, Tiere, …) einfühlen und die Auswirkungen menschlichen Handelns auf die Schöpfung bewerten → HS 2.1	• Experimentieren mit einem Schöpfungsmobile: Von der Harmonie zur Bedrohung des Gleichgewichts • Den Film »Söhne der Erde« bzw. die Rede des Häuplings Seattle (→ M 3) auswerten, die Arten des Umgangs des weißen und des roten Mannes mit der »Mutter Erde« gegenüberstellen und die Auswirkungen der beiden Modelle Herrschaft und Verwandtschaft auf die Schöpfung beschreiben • Gefährdung/Schutz der Natur im Umfeld der Schülerinnen und Schüler – eine Bildserie zu Gefährdungen der Schöpfung betrachten, erörtern und Möglichkeiten zur Veränderung und Abhilfe überlegen • Gefährdungen der Schöpfung auf dem eigenen Schulweg fotografieren und dokumentieren • Texte und Bilder aus Zeitungen und Zeitschriften zum Thema bedrohte Schöpfung sammeln, dokumentieren und den »Umweltskandal der Woche/des Monats« bestimmen • UG: Wehrt sich die Natur im Hinblick auf die Eingriffe in den Naturhaushalt, z.B. Erdbeben, Klimaextreme usw.? • Wenn die bedrohte Schöpfung sprechen könnte – ein Interview mit Frau Schöpfung vorbereiten, durchführen und auswerten • Demoplakate bedrohter Tiere und Pflanzen erstellen und als Demo-Wand gestalten

- Ein Fürbittengebet für die bedrohte Schöpfung schreiben
- Theologisieren: Warum zerstören Menschen immer wieder die Natur?
- Plakate, Collagen zu »Gefährdungen der Schöpfung« gestalten und mit den Arbeiten aus der Bildmappe: Alle Jahre wieder saust der Presslufthammer nieder (Sauerländer Verlag) vergleichen

Die Schülerinnen und Schüler können eigene Handlungsmöglichkeiten im Sinne des Schöpfungsauftrages benennen und begründen sowie Chancen und Möglichkeiten bewahrenden Handelns in ihrem Leben entdecken und gestalten → **HS 1.3**	• In der Schöpfung verantwortlich leben und handeln: Gesucht wird … eine Stellenbeschreibung für den »Menschen als Partner Gottes in der Schöpfung« formulieren • Gottes Schöpfung bewahren: Bilder und Situationen beschreiben, in denen Menschen mit der Schöpfung fürsorglich umgehen • »Expertenteams« entdecken und dokumentieren mögliche »Umwelt-Sünden« der Schule: Umgang mit Müll, Energie, Schulmaterialien, mit dem Schulgelände und -gebäude • Den Lebensraum Schule bewahren – Als Projekt die Aktion umweltfreundliche Schule initiieren – Umweltaktionen planen und durchführen: einen Schulgarten, ein Pflanzenbeet anlegen: Pflanzen säen, setzen und pflegen, einen Klassenbaum pflanzen und einen Pflegeplan erstellen • Ein Plakat zur Würde des Tieres (Tiere als Mitgeschöpfe) gestalten und 10 Gebote für den Umgang mit (Haus-)Tieren formulieren • »Best Practice« Beispiele für einen gelingenden Landschaftsschutz, Naturschutz, Tierschutz, Umweltschutz, Umgang mit Energie und Rohstoffen recherchieren (Infomaterial div. Umweltorganisationen), präsentieren, diskutieren und bewerten • Schreibwerkstatt: Appellative Texte verfassen (Song, Gedicht, Resolution, Flugblatt, Werbetext, Leserbrief), die zur Bewahrung der Schöpfung auffordern • Zeitlich befristete »Patenschaften« für (bedrohte) Tiere, Pflanzen, Biotop, Bachbett … übernehmen – Dokumentation der Arbeit anhand von Bildern und Kurzberichten
Die Schülerinnen und Schüler können entdecken und darstellen, was sie neu gelernt haben	• Ein Weltbild mithilfe zentraler Begriffe beschreiben • Einen der beiden biblischen Schöpfungstexte und einen Schöpfungspsalm anhand von Leitworten oder einer Gliederung inhaltlich angemessen wiedergeben • Wissen und erklären, dass die biblischen Schöpfungserzählungen Antworten auf die Frage nach dem Woher und Wozu der Welt geben • Wissen, was partnerschaftlicher Umgang zwischen Jungen und Mädchen bedeutet • Wissen, dass der biblische Schöpfungsglaube das Bekenntnis »Die Welt ist Gottes Schöpfung und das Lob des Schöpfergottes« beinhaltet, aber auch das Wissen um die Bedrohtheit, die Verheißung von Bewahrung und die Aufgabe von Gewaltreduktion • Drei der elementaren Fragen beantworten (Antwortbriefe schreiben) • Einen Waldlerngang mit Expertengespräch dokumentieren • Die Schülerinnen und Schüler kennen den Schöpfungsauftrag und wissen aufgrund ihrer Projekt- bzw. Patenschaftserfahrungen, dass sie »aktiv« zur Erhaltung der Schöpfung beitragen können
Literatur	*Unterrichtspraktisches Material* Unterrichtsideen Religion 5, Stuttgart 1996, 7ff. und 28ff. Bildmappe: Alle Jahre wieder saust der Presslufthammer nieder, Sauerländer Verlag Forstliche Bildungsarbeit – Ein Leitfaden nicht nur für Förster; Hg.: Bay. Staatsministerium für Landwirtschaft und Forst, München 2001 *Schulbücher* Kursbuch Religion Elementar 5/6, Stuttgart/Braunschweig 2003, 8ff. und 78ff. *Fachliteratur* Walter Simonis, Über Gott und die Welt. Gottes- und Schöpfungslehre, Düsseldorf 2004 Alexander von Stein: Creatio. Biblische Schöpfungslehre, Retzow 2005

M 1 Weltbilder im Wandel

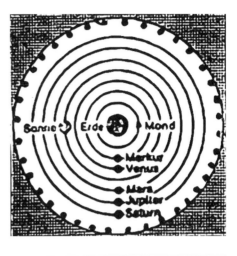

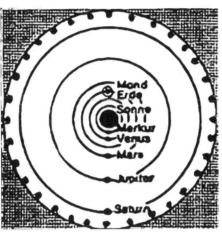

Aufgabe

Ordne die Namen der Weltbilder den Abbildungen richtig zu und erkläre die einzelnen Weltbilder mithilfe des Textes, der leider etwas durcheinander geraten ist. Schneide die Textstreifen aus und klebe sie in der richtigen Reihenfolge in dein Heft.

- Das ptolemäische Weltbild (um 140 n.Chr.)
- Das heutige Weltbild
- Das Weltbild Babylons (um 2000 v.Chr.)
- Das kopernikanische Weltbild (um 1600 n.Chr.)

Außer unserer Milchstraße gibt es viele Milliarden anderer »Weiteninseln«, die als Galaxien bezeichnet werden. Die uns nächstgelegene Galaxis in etwa 150 Millionen Lichtjahren Entfernung ist der Andromeda-Nebel.

1513 entdeckte der Domherr Nikolaus **Kopernikus**, dass nicht die Erde, sondern die Sonne im Mittelpunkt unseres Planetensystems steht. Diese Auffassung wurde durch die Entdeckung der Planetenbewegung durch **Kepler** (1571–1630) und durch Beobachtungen von **Galilei** (1564–1642) und **Newton** (1643–1727) bestätigt.

In **Babylon** stellte man sich die Erde als flache Scheibe vor, die auf Säulen im Weltmeer steht und vom Himmel überwölbt ist.

Diese Vorstellung klingt auch in den biblischen Schriften an, besonders in den Texten über die Schöpfung.

Nach unserem **heutigen** Weltbild ist die Erde einer von mehreren Planeten, die sich in elliptischen Bahnen um die Sonne bewegen.

Dieses **heliozentrische Weltbild** (griech.: helios = Sonne) wurde zunächst heftig angefochten, da es mit der zentralen Stellung, die der christliche Glaube der Erde und dem Menschen zuwies, nicht vereinbar zu sein schien.

Ptolemäus (70–147 n.Chr.), der berühmteste Astronom des Altertums, stellte in den Mittelpunkt seines Weltsystems die Erdkugel, um die der Mond, die Sonne und die Planeten kreisen.

Die Sonne ihrerseits bildet zusammen mit etwa 100 Milliarden anderen Sonnen unser Milchstraßensystem. Dieses hat einen Durchmesser von rd. 100.000 Lichtjahren.

Dieses **geozentrische Weltbild** (griech.: ge = Erde) wurde vom Mittelalter übernommen und mit der Philosophie des Aristoteles verbunden. Das gläubige Denken dieser Zeit sah den Menschen und die von ihm bewohnte Erde als selbstverständlichen Mittelpunkt der Schöpfung an.

Durchbrechung des mittelalterlichen Weltbildes
Dieses bekannte Bild hält man fälschlicherweise oft für einen volkstümlichen Stich aus dem 16. Jahrhundert. Es erschien aber erst 1880 in Flammarions Werk »L'Astronomie populaire«. Es veranschaulicht den Erkenntnisdrang des Menschen an der Wende zum kopernikanischen Weltbild. Der Mensch stellt die Frage, was denn hinter der nach **Ptolemäus** vorgestellten Himmels-Halbkugel über der Erdscheibe sei.

M 2 Die Schöpfungsgeschichte des Kindes

Am Anfang schuf die Mutter den Himmel und die Erde des Kindes. Und die Welt des Kindes war wüst und öde, Tohuwabohu herrschte, da war keine Ordnung, kein Zusammenhang, keine Geborgenheit. Finsternis lag über der Welt. Aber das Gesicht der Mutter erschien über dem Chaos. Und die Mutter sprach: Es werde Licht! Und es ward Licht. Und immer, wenn sie sich dem Kinde zuwandte, tauchte sie die Welt in Licht. Wandte sie sich ab, kehrte die Finsternis zurück. So schied sie das Licht von der Finsternis. Das Kind aber nannte das Licht Vertrauen und die Finsternis Angst: Da ward Abend und Morgen: **ein erster Tag**.	Und die Mutter sprach: Es werde Freude! Und es geschah also. Und sie legte ihre Hand unter den Kopf des Kindes und ihre Wange an seine Wange. Sie streichelte seine Brust und blies in seine Hände, sie rieb seinen Rücken, tätschelte seinen Po und streichelte seinen Kopf. Und das Kind fühlte die Hand der Mutter und ihre Zärtlichkeit und fürchtete sich vor der alles verschlingenden Einsamkeit. Und es nannte die Zärtlichkeit seine Freude. Da ward Abend und Morgen: **ein vierter Tag**.
Und die Mutter sprach: Es werde Nahrung! Und es geschah also. Und sie legte das Kind an die Brust und stillte es und schied Hunger und Zufriedenheit, Lust und Schmerz. Das Kind aber träumte an der Brust der Mutter und nannte die Brüste sein Glück und den Hunger Unglück. Da ward Abend und Morgen: **ein zweiter Tag**.	Und die Mutter sprach: Es werde Sprache! Und es geschah also. Und die Mutter sprach Laute und redete Worte, hörte auf die Laute des Kindes und verstand seine Sprache. Und sie fragte und erzählte, und Zärtlichkeit lag in ihrer Stimme. Und das Kind hörte die Stimme der Mutter gern und fürchtete ihr Verstummen. Und es nannte die Stimme seine Hoffnung. Da ward Abend und Morgen: **ein fünfter Tag**.
Und die Mutter sprach: Es werde warm! Und es geschah also. Und sie nahm das nackte, hilflose Kind, legte es auf ihren nackten Leib, schloss es in die Arme und wiegte es. Und das Kind fühlte die Wärme und fürchtete die Kälte, die es empfand, sobald sich die Mutter zurückzog. Und nannte die Wärme seiner Mutter seine Zuflucht und schlief ein in Zuversicht. Da ward Abend und Morgen: **ein dritter Tag**.	Und die Mutter sprach: Es werde Vertrauen! Und es geschah also. Und sie hörte auf den Ruf des Kindes, schützte es vor dem Fall von der Treppe, behütete seine ersten Schritte, gab ihm zu essen, wenn es schrie, war wach, wenn es rief. Und das Kind spürte die Treue und glaubte an sie. Und panischer Schrecken ergriff es, wenn es sich verlassen glaubte. Und es nannte die Treue sein Vertrauen. Da ward Abend und Morgen: **ein sechster Tag**.

Und die Mutter sah ihr Kind an und segnete es und sprach: Geh, und mach dir die Erde untertan. Und herrsche über sie. Suche dir einen Partner, den du lieben kannst. Und liebe deine Kinder, wie ich dich liebe.
Und das Kind sah an das Chaos der Welt und fühlte seine Angst.
Aber im Angesicht aller Ängste blickte es auf seine Mutter und nannte sie:
Grund meines Glaubens, meiner Hoffnung, meiner Liebe.

Aufgabe

Ordne die folgenden Stichworte **Vertrauen, Treue, Freude, Wärme, Sprache, Zuversicht, Hoffnung, Nahrung, Licht, Zufriedenheit** den einzelnen Schöpfungstagen zu und beschreibe, was die Mutter ihrem Kind schenkt und was diese Geschenke für das Leben des Kindes und seine Entwicklung bedeuten.

Schöpfungstage	Geschenk(e) der Mutter	Bedeutung für das Kind
1.Tag		
2.Tag		
3.Tag		
4.Tag		
5.Tag		
6.Tag		

Beschreibe den »Lebens-Auftrag«, den das Kind von seiner Mutter erhält.

Foto: epd-Bild

Vergleiche den Schöpfungsbericht des Kindes mit dem biblischen Schöpfungsbericht (1. Mose 1, 1–31) und trag die Gemeinsamkeiten und Unterschiede der beiden Berichte in die Tabelle ein.

	Gemeinsamkeiten	Unterschiede
Schöpfungserzählung der Bibel – Schöpfungs-Geschenke Gottes an uns Menschen Schöpfungsgeschichte des Kindes – Schöpfungs-Geschenke der Mutter an ihr Kind		

**M 3 Wir sind ein
Teil der Erde**

Für den »**roten Mann**« gilt …
Die Vorstellung, den Himmel zu kaufen oder zu verkaufen – oder die Wärme der Erde –, ist uns fremd.
Jeder Teil dieser Erde ist meinem Volk heilig, jede glitzernde Tannennadel, jeder sandige Strand, jeder Nebel in den dunklen Wäldern, jede Lichtung, jedes summende Insekt ist heilig in den Gedanken und Erfahrungen meines Volkes.
Wir sind ein Teil der Erde und sie ist ein Teil von uns. Die duftenden Blumen sind unsere Schwestern, die Rehe, das Pferd, der große Adler sind unsere Brüder.
Die Luft ist kostbar für den roten Mann, denn alle Dinge teilen denselben Atem – das Tier, der Baum, der Mensch – sie alle teilen denselben Atem.
Die Flüsse sind unsere Brüder – sie stillen unseren Durst. Die Flüsse tragen unsere Kanus und nähren unsere Kinder.
Wir behandeln die Tiere des Landes wie unsere Brüder. Was ist der Mensch ohne die Tiere? Wären alle Tiere fort, so stürbe der Mensch an großer Einsamkeit des Geistes. Was immer den Tieren geschieht – geschieht bald auch den Menschen.
Die Erde ist unsere Mutter.
Die Erde gehört nicht den Menschen – der Mensch gehört der Erde. Der Mensch schuf nicht das Gewebe des Lebens, er ist darin nur eine Faser. Was immer ihr dem Gewebe antut, das tut ihr euch selber an.

Für den »**weißen Mann**« gilt …
Er ist ein Fremder, der kommt in der Nacht und nimmt von der Erde, was immer er braucht.
Die Erde ist sein Bruder nicht, sondern sein Feind, und wenn er sie erobert hat, schreitet er weiter. Er stiehlt die Erde von seinen Kindern – und kümmert sich nicht. Er behandelt seine Mutter, die Erde, und seinen Bruder, den Himmel, wie Dinge zum Kaufen und Plündern, zum Verkaufen wie Schafe oder glänzende Perlen. Sein Hunger wird die Erde verschlingen und nichts zurücklassen als eine Wüste.
Es gibt keine Stille in den Städten der Weißen. Der weiße Mann scheint die Luft, die er atmet, nicht zu bemerken. Wie ein Mann, der seit vielen Tagen stirbt, ist er abgestumpft gegen den Gestank.
Alle Dinge sind miteinander verbunden. Was die Erde befällt, befällt auch die Söhne der Erde.
Wenn Menschen auf die Erde spucken, bespeien sie sich selbst.
Könnt ihr denn mit der Erde tun, was ihr wollt …?
Die Erde ist Gott heilig und sie zu verletzen heißt, ihren Schöpfer zu verachten.
Verseucht der weiße Mann weiter sein Bett, wird er eines Nachts im eigenen Abfall ersticken.

Nach einer Rede des Häuptlings Seattle, 1855

»Kein Indianer kann oder will wie die weißen Amerikaner leben. Wir Indianer haben immer mit der Natur gelebt und niemals Raubbau an ihr getrieben. Das ist der Hauptunterschied: Wir haben eine Art Verwandtschaftsverhältnis zu allen natürlichen Dingen; wir lernen von der Natur. Die Weißen halten sich für vernunftbegabt und deshalb allen anderen Lebensformen gegenüber automatisch überlegen. Das gibt ihnen in ihren Augen das Recht, den Rest der Welt zu beherrschen und nach Kräften auszubeuten.«
Russel Means

Aufgabe

1. Stellt in einer Tabelle und in Stichworten die Vorstellungen über den Umgang mit der Schöpfung des »roten« und des »weißen« Mannes gegenüber.
2. Formuliert in einem Ergebnissatz, worin sich die Vorstellungen des roten und weißen Mannes unterscheiden.

Die Welt als Gottes Schöpfung begreifen

Bildungsstandards Realschule

Schwerpunktkompetenz und weitere Kompetenzen

> Die Schülerinnen und Schüler
>
> - kennen Geschichten, die zum Ausdruck bringen, dass Körper und Seele verletzbar sind sowie einen sensiblen und verantwortlichen Umgang benötigen (RS 1.3)
> - **wissen um die Würde aller Lebewesen, um ihre gegenseitige Angewiesenheit und um ihr gemeinsames Lebensrecht als Geschöpfe Gottes (RS 2.1)**
> - können über ausgewählte Texte der Bibel Auskunft geben (RS 3.2)
> - können über Gefährdungen der Natur und Möglichkeiten zur Bewahrung der Schöpfung Auskunft geben (RS 2.2)
> - sind in der Lage, biblische Geschichten kreativ zu bearbeiten (RS 3.5)

Zur Lebensbedeutsamkeit

Naturwissenschaftlich-technische, ökonomische und politische Gesetzmäßigkeiten erheben den Anspruch, die gesamte Wirklichkeit zu bestimmen. Diese »Grundtatsache« des Lebens haben auch Kinder in zunehmendem Maße verinnerlicht – wenngleich sie auch mit Eintritt in die weiterführenden Schulen noch die Fähigkeit besitzen, über Naturphänomene zu staunen. Gleichzeitig wächst das Bewusstsein von der Bedrohung allen Lebens. Dennoch kennen die meisten Schülerinnen und Schüler das Gefühl, behütet zu sein trotz der Bedrohung der Schöpfung. Welche Bedeutung hat es, in diesem Zusammenhang theologisch statt von Natur von »Schöpfung« zu reden?

Die Kinder bringen aus der Grundschule das Wissen mit, dass Menschen für die Schöpfung Verantwortung tragen und sie wissen, wie man sich »eigentlich« gegenüber der Mitwelt verhalten sollte. Sie bringen aber immer mehr zum Ausdruck, dass man »ohnehin nichts ändern« könne. Achtung vor dem Leben, Ehrfurcht vor der Schöpfung und die Fähigkeit, zu staunen und zu feiern, gelten in diesem Alter zunehmend als naiv.

Der biblische Schöpfungsglaube stellt eine Deutung der natürlichen und der kulturellen Umwelt dar, die für das Bewusstsein der Jugendlichen wieder neu erschlossen werden muss. Dabei muss der Schöpfungsglaube die Auseinandersetzung mit den Naturwissenschaften nicht scheuen.

Elementare Fragen

Wo kommt alles her? Kann die Welt untergehen? Hat Gott die ganze Welt in seiner Hand? Muss man die biblische Schöpfungsgeschichte glauben? Ist jedes Tier für etwas gut?

Leitmedien

- Ein selbst zu gestaltendes Altarbild von der Bedrohung und der Bewahrung der Schöpfung
- Durchgängiges Lied: Laudato si (vgl. den entsprechenden Unterrichtsbaustein)
- Wandbild: Die Entstehung und Deutung der Welt

Ein Blick auf katholische Bildungsstandards	Die Schülerinnen und Schüler
	• wissen, dass sie als Junge oder Mädchen unverwechselbar und einzigartig sind (RS 1.2)
	• wissen um die Würde aller Lebewesen, um ihre gegenseitige Angewiesenheit und um ihr gemeinsames Lebensrecht als Geschöpfe Gottes (RS 2.2)
	• wissen, dass wir als Ebenbilder Gottes Mitverantwortung für die Welt tragen (RS 2.1)
	• kennen den Glauben, dass Gott der Schöpfer der Welt ist und alle Geschöpfe liebt (RS 4.1)
	• sind in der Lage, die Botschaft der Bibel kreativ auszudrücken (RS 3.6)

Die Schülerinnen und Schüler können zeigen, was sie schon können und kennen

- Tafelanschrieb: »Gott hält die ganze Welt in seiner Hand«. Tabelle in drei Spalten: »Das kann ich glauben«/»Ich frage mich aber …«/»Das weiß ich«. Die Schülerinnen und Schüler schreiben einzeln Sätze auf Konzept, danach an die Tafel, und ordnen sie einer der drei Spalten zu (Variante: jeder schreibt je einen Satz für jede Spalte) → Heftaufschrieb: »Was wir von der Schöpfung wissen«
- Plakat: »Verantwortung für die Schöpfung«. Schülerinnen und Schüler stellen Umgangsregeln mit der Schöpfung auf. Welche Bereiche werden bedacht, welche Bereiche fehlen? (Energieressourcen, Luft, Wasser, Boden, Pflanzen, Tiere, Lärm, …)
- »Schöpfungs-Quiz«
- »Wir beschreiben unser Weltbild« (Unterrichtsideen 6, 10)

Die Schülerinnen und Schüler kennen Geschichten von der Verletzlichkeit des Lebens und vom verantwortlichen Umgang mit einander

- »Brudermord im Altwasser« (in: Georg Britting, Die kleine Welt am Strom): Schülerinnen und Schüler ordnen Textzitaten die Begriffe »Gefahr« – »Verantwortung« – »Geheimnis« – »Schuld« zu.
- Biblischer Impuls: Jona. Schülerinnen und Schüler lesen kursorisch das Jona-Buch und schreiben eigene Texte (mögliche Überschrift: »Jona in Gefahr – Jona wird behütet«)
- Ps 23: Schülerinnen und Schüler gestalten Plakate zu biblischen Bildern (»im finsteren Tal«; »grüne Aue, frisches Wasser«; …)
- Ps 139: wie Gott auf mich achtet (kreatives Schreiben)
- Unterrichtsgespräch: Worte können verletzen, Worte können töten
- Gedicht »Unaufhaltsam« von Hilde Domin »verdoppeln« (→ M 1)
- Schülerinnen und Schüler können sich ihre Verletzlichkeit/Grenzen mitteilen: alle erhalten eine Umrissskizze eines menschlichen Körpers und markieren mit Farben: wo ich mich stark fühle (grün) – wo ich mich verletzlich fühle (rot). Die Ergebnisse werden vorgestellt (geschützte Räume beachten!)
- Unterrichtsgespräch: Was ich schlecht aushalten kann/Was mir gut tut

Die Schülerinnen und Schüler wissen um die Würde aller Lebewesen als Geschöpfe Gottes

- »Auch Tiere leiden« (Das Kursbuch Religion 1, 61)
- »Nutztiere« – »Schädlinge« (oder: »Nutzpflanzen« – »Unkraut«): Schülerinnen und Schüler erfinden ein besonders nützliches (Fantasie-)Tier, fertigen dazu ein Plakat an (»Eier legende Wollmilchsau«) und vergleichen ihr Phantasiegeschöpf mit einem realen Lebewesen (Hauskatze, Schaf), dem Sprechblasen hinzugefügt werden: »Ich kann zwar keine Milch geben, aber ich kann …«)
- Bildbetrachtung: »Die Erschaffung der Tiere« (Das Kursbuch Religion 1, 58)
- Schülerinnen und Schüler schreiben als Tagebuch (Reizwortgeschichte) »Ein Tag im Leben einer Stechmücke« (Begriffe: Sonnenaufgang, Bett, Frühstück, Fliegenklatsche, nackter Hals, Spray, Blut, …) und erteilen ein »Zeugnis« für ihre Stechmücke
- »Die Schatztruhe der Natur« (Das Kursbuch Religion 1, 55): Schülerinnen und Schüler gestalten eine Mitte im Klassenzimmer aus »wertlosen« Schätzen der Natur
- »Ich bin ein Geschöpf Gottes«: Schülerinnen und Schüler formen aus Ton einen Kopf und erstellen eine Ausstellung mit dem Titel: »Wir sind Geschöpfe Gottes«
- Arbeitsblatt »Gott liebt mich, wie ich bin«: Auf einem Fotokarton klebt eine Spiegelfolie; Schülerinnen und Schüler schreiben auf die linke Hälfte ihre Stärken (»Meine

schnellen Beine«, »Meine Rechenkünste«, …) und auf die rechte Hälfte neben der Spiegelfolie ihre Schwächen (»meine dicke Nase«, »meine zu kurzen Arme«, …)
- Theologisieren: »Ist jedes Tier zu etwas nutze?« – »Wie viel ist ein Mensch wert?«

Die Schülerinnen und Schüler wissen, wie die Bibel von der Erschaffung der Welt erzählt	• Schülerinnen und Schüler notieren über einem Zeitstrahl ihr Wissen von der Enstehung der Welt; sie lesen Gen 1,1–24a und notieren ihre Beobachtungen unter dem Zeitstrahl (ggf. mit Satzanfängen, in denen die Tätigkeit Gottes genannt wird: Gott spricht, … Gott trennt …). – Alternative (zur Vorbereitung): Schülerinnen und Schüler erhalten eine Tabelle mit sieben Spalten und Beobachtungsaufgaben: Wie handelt Gott; was wird geschaffen? • Lied: »Laudato si«: Schülerinnen und Schüler vergleichen die Liedstrophen mit Gen 1f. und erfinden eigene Liedstrophen nach biblischen Motiven • Das Schöpfungshandeln Gottes in der Bibel: Schülerinnen und Schüler erhalten biblische Textauszüge zum Schöpfungslob (z.B. Ps 8,4–10; Ps 19,1–7; Ps 104,10–18; Ps 136,1.4–9; Ps 145,15–18) und vervollständigen einen Satzanfang (Vorschlag: »Die Bibel sagt, dass Gott …«) auf einem Plakat
Die Schülerinnen und Schüler können über Gefährdungen der Natur und Möglichkeiten zur Bewahrung der Schöpfung Auskunft geben	• Recherche in Tageszeitungen: Wo und wie wird die Schöpfung zum Thema? Positive und negative Beispiele sammeln und präsentieren • Plakat: Ein leerer Altar. Thema: Erntedank. Verschiedene Themen zur Gestaltung: »Wovon wir leben« – »Was das Leben gefährdet«; »Wie unsere Lebensmittel zu uns kommen«. Schülerinnen und Schüler erstellen eine Collage oder gestalten ein Gruppen Plakate zu unterschiedlichen Themen • »Geteilter Tisch«: Ein leerer Tisch steht vor der Klasse, in der Mitte ist er durch einen gut sichtbaren Papierstreifen geteilt. Schülerinnen und Schüler decken die Tischhälften unterschiedlich: Wovon wir leben/was unsere Lebensmittel gefährdet • Spaziergang durch die Schöpfung: Mein Schulweg. Schülerinnen und Schüler erstellen eine Fotodokumentation (Müll, Verkehr, abgestorbener Baum …) • Ein Fürbittgebet für die bedrohte Schöpfung aufschreiben: Schülerinnen und Schüler sammeln auf DIN A 5-Blättern kurze Satz-Aussagen, die die Bedrohung der Schöpfung illustrieren. Auf die Rückseite der Zettel wird jeweils eine Bitte an Gott geschrieben • Liturgische Elemente für eine Erntedankfeier im Klassenverband (Gestaltete Mitte, Lieder aussuchen, Gebete formulieren, rhythmische Gestaltung …
Die Schülerinnen und Schüler wissen, dass sie als Junge oder Mädchen unverwechselbar und einzigartig sind	• Typisch Junge, typisch Mädchen: Auf einem Arbeitsblatt sind zwei Jugendliche (ein Junge und ein Mädchen) mit je einer leeren Sprechblase und einer leeren »Gedankenblase« abgebildet. Die Schülerinnen und Schüler tragen ein, (a) was Jungen und Mädchen einander sagen (mögliche Präzisierung: was sie an einander schätzen) und (b) welche Gedanken sie dabei haben (mögliche Präzisierung: etwas Positives und ein Vorurteil). Gespräch: Wie schätze ich mich selbst als Junge/als Mädchen (ein)? • Anja und Martin (Spiel zur Überprüfung von Vorurteilen, → vgl. M 2 nach H. Gudjons, Spielbuch Interaktionserziehung, 66)

Die Schülerinnen und Schüler entdecken und sichern, was sie neu gelernt haben	▪ Schülerinnen und Schüler beschreiben ein Weltbild und benutzen bestimmte Begriffe (Schöpfung, Bedrohung, Segen, Verantwortung, Pause, …) Material: Unterrichtsideen 6, 17f. ▪ Schöpfungs-Quiz (→ Lernkarten) ▪ Schülerinnen und Schüler vergleichen anhand einer Zeitleiste die naturwissenschaftliche Sicht der Weltentstehung mit der Reihenfolge der sieben Tage in Gen 1,1f.
Literatur	*Unterrichtspraktisches Material* Georg Britting, Die kleine Welt am Strom, Ditzingen 1980 Herbert Gudjons, Spielbuch Interaktionserziehung, Bad Heilbrunn, [6]1995 Unterrichtsideen Religion 6, Stuttgart 1997, 10 *Schulbücher* Das Kursbuch Religion 1, Stuttgart/Braunschweig 2005, 52ff. Kursbuch Religion Elementar 5/6, Stuttgart/Braunschweig 2003, 70ff.

**M 1 Textvorlage:
Unaufhaltsam
(Hilde Domin)**

Das eigene Wort, wer holt es zurück,	1	Das Wort ist schneller, das schwarze Wort.	8
das lebendige eben noch unausgesprochene Wort?	2	Es kommt immer an, es hört nicht auf, an- zukommen.	9
Wo das Wort vorbeifliegt verdorren die Gräser,	3	Besser ein Messer als ein Wort.	10
werden die Blätter gelb, fällt Schnee.	4	Ein Messer kann stumpf sein.	11
Ein Vogel käme dir wieder. Nicht dein Wort, das eben noch ungesagte, in deinem Mund.	5	Ein Messer trifft oft am Herzen vorbei.	12
Du schickst andere Worte hintendrein,	6	Nicht das Wort. Am Ende ist das Wort	13
Worte mit bunten, weichen Federn.	7	immer am Ende das Wort.	14

zu M 1

Das Gedicht wurde in kleine Sequenzen aufgeteilt.

Die Vorgehensweise ist folgende:
1. Das Gedicht als Ganzes wird mehrmals laut gelesen (mindestens zweimal).
2. Die Schülerinnen und Schüler formulieren erste Assoziationen, ggf. unterstützt durch vorgeschlagene Satzanfänge (»Ich höre vor allem …«; »Ich spüre …«; »Ich verstehe …«)
3. Das Gedicht wird auf Fotokarton kopiert und in die einzelnen Abschnitte zerschnitten. Die Abschnitte werden in der Klasse so verteilt, dass jeder und jede mindestens einen Textabschnitt erhält.
4. Die Aufgabe lautet: »Lies deinen Textabschnitt zweimal leise für dich durch. Drehe dann die Karte um und schreibe einen Einfall, eine Idee, eine Umschreibung auf! Gebrauche dafür einen kurzen Satz, eine Frage oder auch nur ein Wort.«
5. Mithilfe der Ziffern auf jeder Textkarte lässt sich die ursprüngliche Reihenfolge leicht wieder herstellen.
6. Für die Darbietung sind mehrere Möglichkeiten denkbar:
   – Aus einem Plakat steht das Gedicht in der ursprünglichen Form. Die Schülerinnen und Schüler versammeln sich um das Plakat und stellen sich in der Reihenfolge ihrer Textbausteine auf.
   – Jeder liest der Reihenfolge nach zuerst den Originaltext, sodann seine Assoziation.
   – Der Text wird mit verteilten Rollen gelesen.
   – Der Text wird als Ganzer einmal im Original, das andere Mal mit den Formulierungen der Schülerinnen und Schüler vorgelesen.

zu M 1

M 2a Peter und Anja

Fotos epd-Bild

Das ist Peter.
Seine besonderen Eigenschaften: Er ist
- neidisch
- leicht beleidigt
- wenig zuverlässig
- geschwätzig
- sportlich
- flink
- intelligent

Das ist Anja.
Ihre besonderen Eigenschaften: Sie ist
- intelligent
- flink
- sportlich
- geschwätzig
- wenig zuverlässig
- leicht beleidigt
- neidisch

Wolltest du

☐ ihn gerne einmal kennen lernen?
☐ ihn gerne zum Nebensitzer haben?
☐ ihn gerne zum Freund haben?
☐ mit ihm im Sport in einer Mannschaft sein?

Entscheide dich für eine der vier Möglichkeiten!

Wolltest du

☐ sie gerne einmal kennen lernen?
☐ sie gerne zur Nebensitzerin haben?
☐ sie gerne zur Freundin haben?
☐ mit ihr im Sport in einer Mannschaft sein?

Entscheide dich für eine der vier Möglichkeiten!

M 2b Anja und Tanja

Das ist Anja.
Ihre besonderen Eigenschaften: Sie ist
- neidisch
- leicht beleidigt
- wenig zuverlässig
- geschwätzig
- sportlich
- flink
- intelligent

Das ist Tanja.
Ihre besonderen Eigenschaften: Sie ist
- intelligent
- flink
- sportlich
- geschwätzig
- wenig zuverlässig
- leicht beleidigt
- neidisch

Wolltest du

☐ sie gerne einmal kennen lernen?
☐ sie gerne zur Nebensitzerin haben?
☐ sie gerne zur Freundin haben?
☐ mit ihr im Sport in einer Mannschaft sein?

Entscheide dich für eine der vier Möglichkeiten!

Wolltest du

☐ sie gerne einmal kennen lernen?
☐ sie gerne zur Nebensitzerin haben?
☐ sie gerne zur Freundin haben?
☐ mit ihr im Sport in einer Mannschaft sein?

Entscheide dich für eine der vier Möglichkeiten!

Gemeinschaft gestalten

Bildungsstandards Hauptschule

Schwerpunktkompetenzen und weitere Kompetenzen

> Die Schülerinnen und Schüler
>
> - **können sich in ihrer Verschiedenheit wahrnehmen, achten einander und können fair miteinander umgehen (HS 2.2)**
> - können sich zu ihren Fähigkeiten und Möglichkeiten, ihren Stärken und Schwächen äußern (HS 1.2)
> - kennen biblische Weisungen für das Handeln der Menschen (z.B. Zehn Gebote, Gleichnis vom barmherzigen Samariter) und kennen Möglichkeiten, ihre Konflikte friedlich zu lösen (HS 2.3)
> - wissen, dass sie als Partner/innen Gottes diese Welt mitgestalten können (HS 1.3)

Zur Lebensbedeutsamkeit

Neu in der Hauptschule angekommen, empfinden viele Schülerinnen und Schüler sich als »Restschüler«, die in erster Linie aufgrund ihrer Schwächen dieser Schulart zugeteilt wurden. In dieser Situation sind sie mit der Frage nach ihrer Identität, zugleich aber auch nach ihrer Rolle an der neuen Schule sowie in der neuen Lerngruppe konfrontiert. In der neuen Schule gilt es, unter neuen Mitschülerinnen und Mitschülern einen Platz zu finden, sich zu behaupten und eine verlässliche Lern- und Arbeitsumgebung aufzubauen.

In einer Gesellschaft, die Hauptschülerinnen und Hauptschülern immer weniger Ausbildungs- und Arbeitsplätze und damit auch gesellschaftliche Teilhabe ermöglicht, ist es wichtig, sich der eigenen Fähigkeiten und Möglichkeiten bewusst zu werden, sowie die Stärken von Gemeinschaft in Teamarbeit und Projektarbeit auch im Hinblick auf die Berufsfindung zu erkennen.

Das Zusammenleben in Gemeinschaftstreue, Schutz und Verlässlichkeit gehört zu den Grundthemen der Bibel und des Glaubens. Das biblische Bild von der Gemeinde als Leib Christi thematisiert ausdrücklich unterschiedliche ›Gaben‹, um sie alle mit derselben Wertschätzung zu qualifizieren. Die Lerngruppe Religion ist keine Gemeinde, doch können im evangelischen Religionsunterricht die Frage nach gelingender Gemeinschaft, die man gestalten kann und muss, immer mit Bildern von Gemeinschaft im Namen Christi konfrontiert und inspiriert werden. Die evangelische Unterscheidung zwischen der Person, der unverlierbare Würde zukommt, und den persönlichen Leistungen, die Irrtümer oder Fehlverhalten einschließen, ist von elementarer Bedeutung für alle Menschen, umso mehr für Kinder und Jugendliche, denen die schulische Bildung helfen soll, ein gelingendes Leben zu gestalten.

Elementare Fragen

Wer bin ich und was kann aus mir werden?
Was kann ich? Welches sind meine Stärken? Wie gehe ich mit Schwächen und Unvermögen um?
Wie gehe ich mit anderen um und wie andere mit mir?

Ein Blick auf katholische Bildungsstandards	Die Schülerinnen und Schüler

- **nehmen sich in ihrer Verschiedenheit wahr, achten einander und kennen biblische Zeugnisse für den Umgang mit Fremden (2.3)**
- sehen einige ihrer Fähigkeiten und Möglichkeiten, ihre Stärken und Schwächen und wissen, dass sie ohne Gegenleistung, so wie sie sind, von Gott geliebt und in diese Welt als Partnerin und Partner Gottes hineingestellt sind (1.3)
- erkennen in sich selbst die Gabe, sich weiterzuentwickeln, und gewinnen Selbstwertgefühl und Ich-Stärke (1.4)
- wissen, dass der Glaube an die Geschöpflichkeit und Gottebenbildlichkeit eine Grundlage für Selbstwertgefühl, Ich-Stärke sowie den respektvollen Umgang mit anderen ist (1.5)

Leitmedien

- Gemeinschaftsritual (Anfangsritual mit Kerze, Lied, Gebetbuch, Kreis)
- Klassengalerie (Bilder, Umrisse der Köpfe, Steckbriefe)
- Gemeinschaftsfördernde Spiele (Netzknüpfen, Kennenlernbrief, Partnerinterview)
- Regeln für die Religionsgruppe, die im Lauf der Einheit ergänzt werden

Die Schülerinnen und Schüler können zeigen, was sie schon können und kennen

- Wie beginnen wir gemeinsam den Religionsunterricht? Schülerinnen und Schüler notieren sich auf Fragebögen, welche Rituale sie im Religionsunterricht der Grundschule kennen gelernt haben, und artikulieren eigene Wünsche und Vorstellungen, um vertraute Formen ggf. zu modifizieren (Wir sind jetzt nicht mehr in der Grundschule. Wie können wir ausdrücken, dass wir zusammen kommen und zusammen gehören?)
- Schülerinnen und Schüler entwerfen ein Buch, Plakat, Heft, das das Zusammenleben in der Schule, in ihrer Klasse und in der Religionsgruppe regelt
- Stärken-Analyse: Schülerinnen und Schüler erstellen eine ›Lebenslinie‹: Auf einem größeren Bogen Papier (mindestens A 3) im Querformat wird eine Zeitleiste aufgezeichnet (1.–11. Lebensjahr); vorgegebene Abschnitte können hilfreich sein: bis zum Kindergarten – 1., 2., 3. und 4. Schuljahr, Übergang zur Hauptschule). Welche besonderen Ereignisse haben stattgefunden (Taufe, Geburt eines Geschwisterkindes, Tod eines Familienangehörigen, Umzug usw.)? Über diese Linie zeichnet jedes Kind eine Kurve. Die Kurve schwankt, je nach dem wie ›leicht‹ oder ›schwer‹ (unkompliziert/anstrengend/traurig) die entsprechende Lebenszeit empfunden wurde. Die Wendepunkte werden entsprechend beschriftet. Im zweiten Durchgang werden die Kinder gefragt: Was musste ich damals können, was habe ich hingekriegt? (Z.B. nach dem Umzug: Mir neue Freunde suchen; meinen Schulweg herausfinden; mich mit drei Geschwistern vertragen, auf jüngere Geschwister aufpassen; im Haus mithelfen; …)
- Im dritten Schritt erhalten die Schülerinnen und Schüler einen Bogen Papier mit der Überschrift: Was ich alles kann. Die bestandenen Herausforderungen werden von der Lebenslinie übertragen. In freie Zeilen können weitere Stärken eingetragen werden (Skateboard fahren, Streit schlichten …). Ziel: Entdecken lassen, dass wir die unterschiedlichsten Dinge können, und alle sind dabei
- Wir sind ein Haus, ein Boot, eine Theatergruppe, eine Spielfilmbesetzung. Z.B.: Wen braucht man in einem Boot? Sammeln, dann wählt jedes Kind für sich eine Rolle (u.U. gibt es 20 Kapitäne oder Steuerleute). Entsprechend: Wer spielt alles mit in unserem Film? Alle sind wichtig. Aber wir brauchen auch Regeln

Die Schülerinnen und Schüler wissen, welche Kompetenzen es zu erwerben gilt, und können ihren Lernweg mitgestalten	▪ Unterrichtsgespräch: Was kann eine Gemeinschaft alles machen? Was ist gefährlich für eine Gemeinschaft, was brauchen wir, damit es uns gut geht? Wie kann man eine Gemeinschaft verbessern: was kann jeder einzelne tun, was gelingt nur gemeinsam? Ideen tabellarisch erfassen (Tafelanschrieb)
	▪ »Wenn ich an das ganze Schuljahr denke, dann wünsche ich mir (für mich allein, für unsere Gruppe, für unsere Schule) …«
	▪ Tafelanschrieb-Spiel. Auf der linken Tafelrückseite steht: Mein größter Wunsch, auf der rechten: Meine größte Angst. (Alle!) Kinder kommen in kleinen Gruppen nach vorne und schreiben blitzlichtartig (u.U. am Platz auf einem Zettel vorbereitet) ihr Wort bzw. ihren Satz auf die Tafelseiten. Noch nicht lesen; erst am Ende wird aufgeklappt. Frage: Was müssen wir tun, was müssen wir noch lernen? Was nehmen wir uns vor?
	▪ Jesus segnet die Kinder: Auf einem Plakat findet sich eine Darstellung des segnenden Christus von Rio de Janeiro (zahlreiche Fundstellen im Internet unter Google/Bilder!). Unter den segnenden Armen werden entweder (Pass-)Bilder von den Kindern aus der Lerngruppe angebracht oder wenigstens alle Namen aufgeschrieben. Anschließend: Bildmeditation. Wie verändert sich das Bild von Jesus dadurch, dass wir alle unter seinen Armen Platz haben? Wie verändert sich unsere Gruppe? Frage: Warum haben wir dieses Plakat so gestaltet? Wer kennt dazu eine Geschichte? Was müssen wir über Jesus wissen, was interessiert uns heute?
	▪ Brief an mich selbst: Schülerinnen und Schüler schreiben sich selbst einen Brief (Anrede: Lieber/Liebe …! Heute beginnt Deine zweite Schulwoche (o.ä.) in der neuen Schule. Ich will Dir jetzt schreiben, was mir heute alles durch den Kopf geht … Ich will Dir wünschen, dass … Ich will Dich in ein paar Wochen noch einmal fragen, was …). Briefe werden adressiert und im Briefumschlag versiegelt. Nach einer bestimmten Zeit (z.B. Schulhalbjahr) erhalten alle ihren Brief zurück
Die Schülerinnen und Schüler können sich selbst und andere wahrnehmen und solche Wahrnehmungen reflektieren → HS 1.3	▪ Wie ich mich fühle: Sammeln von Gefühlen und Gefühlausdrücken, die wir an uns selber kennen (Wut, Trauer, Freude …). Karten werden mit diesen Begriffen beschriftet und gesammelt, bis die Zahl der Schüler erreicht ist (Doppelnennungen möglich). Variante: vorbereitete Karten werden von der Lehrkraft mitgebracht
	▪ Weiterarbeit: Man kann solche Gefühle in Farben übersetzen. Welche Farbe hat der Zorn, die Trauer usw.? Alternativen zulassen! Trauer muss nicht schwarz sein. Gleiche Farben können unterschiedliche Gefühle repräsentieren. Kinder begründen ihre Farbwahl mit einem Satz
	▪ Kinder ziehen Gefühls-Karten und schildern sich gegenseitig kleine Situationen, in denen sie dieses Gefühl hatten
	▪ Kann man erkennen, in welcher Gefühlslage ein anderer Mensch ist? Szenisch oder gestisch ausprobieren: Wie sehe ich aus, wenn ich zornig bin? Klasse rät, welches Gefühl dargestellt wird
	▪ Biblischer Impuls: ›Kinderevangelium‹ Mk 10,13–16 (par. Mt 19,13–15; Lk 18,15–17) lesen oder erzählen (Lehrkraft). Welche Gefühle tauchen in dieser Geschichte auf? Standbild zur Geschichte. Wie stellen wir den Unwillen der Jünger, den Wunsch der Mütter, den Zorn Jesu dar?
	▪ Austausch über die eigene Erfahrung beim Darstellen fremder Gefühle (Ich war gar nicht zornig, aber ich musste jemand Zorniges darstellen. Oder: Ich habe Dir gar nicht angesehen, dass Du zornig warst). Evtl. Kommunikationsregeln für eine Feedbackrunde erstellen (Feedback geben und annehmen)

Die Schülerinnen und Schüler können sich auf biblische Gebote einlassen und einzelne Gebote als richtungweisend für ihr eigenes Verhalten (z.B. Verantwortungsübernahme) erkennen → HS 2.3

- Zehn Gebote: Erzählimpuls ›Das Volk Israel in der Wüste‹ (zurückliegende Sklaverei in Ägypten, Durchzug durchs Schilfmeer und Vernichtung der Streitmacht des Pharao, alle Brücken abgebrochen, Ungewissheit: Was liegt vor uns?) – Da bittet Gott den Mose zu sich auf den Berg Sinai. Das Volk Israel wartet am Fuß des Berges, Gott spricht zu Mose. – Frage: Was wird Gott zu Mose sagen? – Variante: Wenn ihr Gott wärt: Was würdet ihr zu Mose sagen?
- Das erste Gebot als Auslegung der Befreiungsgeschichte (Exodus): Gemeinsam erarbeiten, welcher Teil der Befreiungsgeschichte im ersten Gebot enthalten ist (worauf verweist: »Ich bin der Herr, dein Gott?« Was heißt: »aus Ägypten?« Knechtschaft? Andere Götter? …)
- Zehn Gebote vorstellen, z.B. in der Übersetzung von Karel Eykman und Bert Bouman, Die Bibel erzählt, S. 121–124. Was hört ihr? Was wird den Israeliten gesagt, was wird verboten, was wird eingeschränkt? Was wäre, wenn sich alle daran hielten?
- Welches ist das wichtigste Gebot? Ranking herstellen. Situationen aus dem Alltag ausdenken, die anders verlaufen wären, wenn Menschen sich an das betreffende Gebot gehalten hätten. Warum lässt Gott uns nicht selbst entscheiden, was wir tun und lassen wollen?
- Verfremdung: Die zehn Gebote als zehn Angebote. Darbietung der zehn Gebote einmal in der Form der Lutherbibel (»Du sollst [nicht] …«), einmal, indem der Imperativ durch das Präsens im Indikativ ersetzt wird (»Du hast keine anderen Götter neben mir …« usw.), die dritte Version bietet das Verb im Futur I (»Du wirst nicht töten!«). Je ein Drittel erhält ohne Kommentar die jeweilige Version zum Lesen. Was wird da beschrieben? (»Lauter Forderungen!« – »So, als würden wir uns alle schon daran halten!« – »Das, was wir vielleicht irgendwann einmal einhalten!«). Warum verletzen wir sinnvolle Weisungen? Argumente für Gebotsverletzungen prüfen
- Recherche im Grundgesetz (Grundrechte Art. 1–19): Was von den zehn Geboten taucht auch heute noch bei uns in Gesetzbüchern auf?
- Schreibgespräch: Warum brauchen Gemeinschaften Gebote?
- Ich träume mir ein Land … Wie sähe die Welt aus, wenn alle sich an Gottes Vorschläge für das Zusammenleben halten würden?
- Wir geben uns selbst Gebote. Schneeballsystem: Alle schreiben je für sich 1 bis 3 ›Gebote‹ auf, an die sie sich selbst halten können und von denen sie wünschen, dass alle sie einhalten. In Partnerarbeit bzw. Kleingruppenarbeit entsteht schließlich eine Liste von Geboten, die die ganze Klasse akzeptiert
- Vergleich der von der Klasse selbst gefundenen Gebote mit den biblischen Geboten: Was ist gleich, was weicht ab?
- Gleichnis vom barmherzigen Samariter: Text zur Kenntnis nehmen und Beweggründe der beteiligten Personen herausarbeiten: Warum hilft jemand seinem Nächsten – warum nicht? Wodurch wird man jemandes Nächste(r)?
- Das Gleichnis umarbeiten: Können wir diejenigen, die sich nicht als Nächste verstehen, umstimmen, überzeugen? – Methode: ›Doppeln‹. Gleichnis wird erzählt bis zum Auftreten des Samaritaners (Lk 10,25–29.30–32). Vor der Tafel stehen drei Stühle. Eine Schülerin/ein Schüler setzt sich auf den mittleren Stuhl. An der Tafel steht: Ich bin ein Priester. Soll ich dem Verletzten helfen? Auf dem einen Stuhl haben Begründungen für eine positive Antwort (»Ja, ich werde ihm helfen!«) Platz, auf dem anderen für die Ablehnung (»Nein, ich helfe ihm besser nicht!«). Kinder aus der Klasse kommen nach vorne und bieten Begründungen an (»Wenn jemand verletzt ist, muss man immer helfen!« – »Das könnte ja auch eine Falle sein« usw.). Nach gewisser Zeit entscheidet sich der Schüler/die Schülerin für eine Antwort und formuliert, welche Begründung(en) ihn/sie überzeugt haben
- Gleichnis vom Weltgericht (Mt 25): Methodische Umsetzung wie beim barmherzigen Samariter (s.o.)
- Gemeinsam theologisieren über das Gebot der Selbst-, Nächsten-, Feindes-, und Gottesliebe. Impulsvorschlag (Tafelanschrieb): Will Gott, dass wir alle Menschen lieben? Zur Unterstützung: Mindmap. Was heißt ›alle Menschen‹? Welche ›Liebe‹ ist gemeint? Was könnte Gott von uns ›wollen‹?
- Die goldene Regel in den verschiedenen Religionen kennen und für das Zusammenleben der Klasse bedenken (vgl. Unterrichtseinheit Ich – Du – Wir, Realschule!)
- Konflikte friedlich lösen: Weiterschreiben von Geschichten, Dilemmageschichten

Die Schülerinnen und Schüler können Gemeinschaft gestalten	<ul><li>Rituale für den Unterricht gestalten, z.B. Gebetbuch, Raum der Stille</li><li>Klassenregeln entwerfen und den Austausch darüber organisieren (z.B. Klassenrat)</li><li>Formen des demokratischen Miteinanders kennen (Abstimmung, Gesprächsregeln, Veränderung und Ergänzung von Regeln)</li><li>Regeln auch bei verschiedenen Arbeitsformen beachten können (Einzelarbeit, Gruppenarbeit, sich gegenseitig weiterhelfen, auf Fragen hören usw.)</li><li>Eine Andacht organisieren (Gebet, Lieder, eine Anspielszene aus einer bereits behandelten biblischen Geschichte)</li></ul>
Die Schülerinnen und Schüler können entdecken und darstellen, was sie neu gelernt haben	<ul><li>Regelmäßiger Austausch über das Klassenklima, von unterschiedlichen Schülern moderiert</li><li>Schülerinnen und Schüler gestalten ein Buch über Klassenrituale und Klassenregeln (Was hat sich verändert?)</li><li>Schülerinnen und Schüler bearbeiten eine Dilemmageschichte und erläutern den darin enthaltenen inneren (Entscheidungs-)Konflikt</li><li>Schülerinnen und Schüler können die erarbeiteten Klassenregeln auf konkrete (Konflikt)situationen in der Klasse anwenden bzw. solche Situationen passend zuordnen</li><li>Schülerinnen und Schüler können im Unterricht behandelte biblische Weisungen anhand von eigenen Beispielgeschichten bzw. aus dem eigenen Lebensumfeld erläutern</li></ul>
Literatur	*Unterrichtspraktisches Material* Karel Eykman und Bert Bouman, Die Bibel erzählt. Altes Testament, Gütersloh 1997, S. 121–124 *Schulbücher* Kursbuch Religion Elementar 5/6, Stuttgart/Braunschweig 2003, 6ff.

Ich – Du – Wir: Einander als Gemeinschaft wahrnehmen

Bildungsstandards Realschule

Schwerpunktkompetenz und weitere Kompetenzen	Die Schülerinnen und Schüler • **kennen das christliche Verständnis, dass sie als Geschöpfe Gottes einzigartig geschaffen sind und ohne Gegenleistung von Gott geliebt werden (1.1)** • können über ihre Fähigkeiten und Möglichkeiten, Stärken und Schwächen sprechen (1.2) • wissen um die Würde aller Lebewesen, um ihre gegenseitige Angewiesenheit und um ihr gemeinsames Lebensrecht als Geschöpfe Gottes (2.1) • sind in der Lage, durch ihr Verhalten den Umgang in ihrer Lerngruppe zu fördern (2.4)
Zur Lebensbedeutsamkeit	Die Zuweisung zur weiterführenden Schule erfolgt aufgrund von leistungsbezogener Selektion. Besonders Kinder mit einer Grundschulempfehlung für die Realschule erleben, dass es Kinder gibt, die leistungsstärker sind, aber auch solche, die schwächer sind als sie selbst. Damit sind Grundfragen der eigenen Identität angesprochen: Wer bin ich? Was kann ich? Aber auch: welche Schwächen habe ich und wie finde ich mich mit Kindern zurecht, die sich dieselben Fragen stellen? Mit anderen Worten: die Frage an den Wert der eigenen Person muss sich öffnen für die Entdeckung: Auch andere stellen sich meine Frage – wir sind eine Gemeinschaft. Solche Gemeinschaft gilt es nicht nur zu entdecken, sondern zu gestalten. Man könnte auch fragen: Wie bin ich geworden und was wird aus uns werden? Die religiöse Dimension solcher Fragen darf um der Kinder willen nicht ausgeklammert werden, weil an existentiellen Fragen der Glaube entweder reifen – oder zerbrechen kann. In dieser besonderen Situation – an der Schwelle zu einem neuen Abschnitt der Bildungsbiografie, in einer neuen Lerngruppe, mit differenziertem Fachunterricht – hat der Religionsunterricht eine besondere lebensbegleitende Funktion. Anders ausgedrückt: Die Grundfragen nach Identität und Gemeinschaft werden nicht ein für allemal beantwortet werden können, sondern haben eine lebensgeschichtliche Bedeutung. Die schwindende religiöse Sozialisation und ein immer geringeres konfessionelles Bewusstsein können durch die Schule nicht kompensiert, aber korrigiert werden. In der Schullaufbahn gewinnt die Frage nach der Leistung ein immer stärkeres Gewicht. Die Kinder haben ein Recht zu erfahren und vor allem auch zu erleben, dass der Wert und die Würde ihrer Person nicht in ihren Leistungen begründet ist. Nach der christlichen Botschaft gründet diese Gewissheit in der bedingungslosen Liebe Gottes.
Elementare Fragen	Wer bin ich, wer bin ich in der Gruppe – und wie können wir miteinander klar kommen? Habe ich überhaupt besondere Stärken und wie gehe ich mit meinen Schwächen um? Wie spricht man über Schwächen?

Ein Blick auf katholische Bildungsstandards	Die Schülerinnen und Schüler ■ wissen, dass Angenommensein über die Familie hinaus in der Klasse und bei Freunden wichtig ist (1.1) ■ wissen, dass sie als Junge und Mädchen unverwechselbar und einzigartig sind (1.2) ■ können über eigene Stärken und Schwächen sprechen (1.4) ■ sind in der Lage, Dienste für die Klassengemeinschaft zu übernehmen (1.6) ■ kennen die Zehn Gebote, das Hauptgebot der Liebe und die Goldene Regel (2.3) ■ kennen biblische Weisungen, die dazu auffordern, alle Menschen als gleichwertig zu erachten (2.4)
Leitmedien	■ »Wir sitzen alle im selben Boot«: Gemeinsames Wandbild ■ Kindermutmachlied (Liederbuch für die Jugend 624); »Jeder knüpft am eignen Netz« (Liederbuch für die Jugend 574)
Die Schülerinnen und Schüler können zeigen, was sie schon können und kennen	■ Schülerinnen und Schüler können sich selbst darstellen mit verschiedenen gestalterischen Mitteln: Plakat (»So bin ich«); Bilderkartei (aus Zeitungen, Zeitschriften, privaten Archiven): »Ich bin im Bild«. Schülerinnen und Schüler wählen ein Bild aus einer Bilderkartei (leicht zu erstellen beispielsweise aus dem Zeitschriften-Abfall von Lesezirkeln), mit dessen Hilfe sie sich der Gruppe vorstellen ■ Gesprächsformen: Partnergespräch mit vorgegebenen Interviewfragen; Fragen selbst entwickeln: Was interessiert mich an dir? Vorgegebenes Formular (→ M 1 »Poesiealbum«; »Kugellager« ■ »Mein Weg in der Kirche«: Zwei Seile am Boden markieren jeweils einen Weg. Kinder recherchieren: Bin ich getauft? War ich im kirchlichen Kindergarten? Kinderkirche, Jungschar, KU 3/8 …? Kinder legen ihren Weg mit Erinnerungsstücken und vergleichen ■ Zeichen der Liebe Gottes: Schülerinnen und Schüler erzählen eine freie Geschichte, in der die Zuwendung Gottes im Alltag zum Ausdruck kommt
Die Schülerinnen und Schüler wissen, welche Kompetenzen es zu erwerben gilt, und können ihren Lernweg mitgestalten	■ Erstellen einer Mindmap: In der Mitte des Blattes findet sich die Umrissfigur eines Menschen. Vom Kopf, vom Herzen, von den Armen/Händen, Beinen usw. gehen Linien aus, die in »Blasen« münden. Die Überschrift der Skizze lautet: »Wer ich bin und was ich können will«. Schülerinnen und Schüler beschriften die Blasen und vergleichen ihre Ergebnisse. – Variante: Umrisse einer Einzelperson und einer Gruppe. Überschrift: »Wer ich bin und was ich von den anderen wissen/mit den anderen schaffen … will« ■ »Was ich schon immer über die anderen wissen wollte …« – »Was mich neugierig macht« (Sammeln, strukturieren) ■ Schülerinnen und Schüler erhalten eine Übersicht der von L. ausgewählten Kompetenzen und vergleichen mit ihren eigenen Lernintentionen – oder: ■ Arbeit an ausgewählten Kompetenzen des Bildungsplans (»Kompetenzexegese«: Wie verstehen wir die ausgewählten Standards – was können wir, wenn wir das können? – »Expertengruppen« formulieren ihr eigenes Verständnis und notieren es auf Plakaten)
Die Schülerinnen und Schüler können über eigene Fähigkeiten und Stärken sprechen	■ Schülerinnen und Schüler erstellen für sich eine Liste mit zwei Spalten/Kategorien: Was ich gut kann/was ich für andere tun kann. Variante: Je S. zwei Zettel in zwei verschiedenen Farben

- »Wir sind ein Haus«: Schülerinnen und Schüler erstellen für sich zwei Listen: Was ich gut kann/was ich für andere tun kann: Je S. mehrere Zettel in zwei verschiedenen Farben. Zettel werden zusammengetragen und auf ein Plakat mit dem Umriss eines Hauses geklebt
- Schülerinnen und Schüler erstellen (mithilfe der Zettel oder mit freien Aufschrieben) ein gemeinsames Schiff (Bodenbild, Wandbild), das sie mit ihren Fähigkeiten und Stärken sowie mit ihren Angeboten für andere füllen. Dabei erklären sie jeweils mit einem Satz ihre Texte.
- »Wir sitzen alle im selben Boot« (Das Kursbuch Religion 1, 15): Schülerinnen und Schüler erstellen ein Netzwerk der gegenseitigen Unterstützung: Wandbild (Holzbrett) mit kreisförmig angeordneten Nägeln in der Zahl der Schülerinnen und Schüler. An den Nägeln werden die Zettel angebracht, kreuz und quer gespannte Fäden symbolisieren das Netzwerk. Schülerinnen und Schüler kommentieren das Wandbild und formulieren nach vorgeschlagenen Sprachmustern: »Ich kann anderen anbieten, …«; »Ich freue mich, wenn mir jemand …« – Gespräch: Sitzen wir wirklich im selben Boot? (begehrtere und unbeliebtere Plätze, Positionierung im Boot – vgl. Unterrichtseinheit »Gemeinschaft gestalten«, HS).

Die Schülerinnen und Schüler können über eigene Schwächen und Grenzen sprechen	<ul><li>Schülerinnen und Schüler schreiben einen Brief mit vorgegebenen Satzanfängen: »Wenn ich an meine neue Schule denke, dann freue ich mich auf …«; »…, dann sorge ich mich, ob …«; »…, dann hoffe ich vor allem, dass …«. Die Briefe werden verschlossen und ggf. für einen späteren Zeitpunkt aufbewahrt (oder zu einem verabredeten Zeitpunkt an die Verfasser/innen abgeschickt)</li><li>Schülerinnen und Schüler erhalten auf einem Blatt Papier einen Umriss eines Menschen und beschriften die passenden Körperteile mit eigenen Stärken und Schwächen. Die Bilder werden in Kleingruppen vorgestellt (→ Gesprächsregeln). Selbstbeobachtung und Reflexion: Worüber man leichter spricht, worüber man nicht so gerne spricht. Gibt es gemeinsame Erfahrungen?</li></ul>
Die Aussagen eines biblischen Schöpfungstextes als Zuspruch Gottes deuten können	<ul><li>Ps 139,1–18: Schülerinnen und Schüler lesen den Psalmtext und markieren mit dem Symbol eines roten Herzens diejenigen Stellen, in denen Gottes Zusage zum Ausdruck kommt; Tafelanschrieb: »Gott hat mich geschaffen und liebt mich. Er …« (Aussagen aus Ps 139).</li><li>Theologisieren: Wo tritt Gott mir (in Ps 139) zu nahe? Wo fühle ich mich kontrolliert, wo fühle ich mich entlastet/behütet?</li><li>Schreibgespräch zu Ps 8,4–7 in Kleingruppen: Einzelne Verse werden auf Blättern ausgeteilt. In Partnerarbeit versehen die Schülerinnen und Schüler die Verse mit ihren Kommentaren</li><li>Kreative Gestaltung von Gen 8,22 (Maltext: Großformatig kopierte Textvorlage wird mit Farben, Symbolen, Motiven ausgestaltet, nachgeschrieben, angeeignet, interpretiert. Alternative: Text-Puzzle zusammensetzen)</li></ul>
Die Schülerinnen und Schüler können Verhaltensregeln für die Lerngruppe entwickeln und umsetzen	<ul><li>»Wir sitzen alle im selben Boot«: Schülerinnen und Schüler formulieren nach unterschiedlichen Methoden sinnvolle Regeln für das Zusammenleben in der Klasse: Schreibgitter (→ M 2); auf einem Plakat werden die Gesprächsergebnisse dokumentiert</li><li>Schneeballsystem: Zuerst alle Schülerinnen und Schüler für sich, dann zu zweit, dann zu viert … bis zum Plenum. Kugellager (Innenkreis-Außenkreis-Methode): Partnergespräche bzw. -interviews: Was ist dir am wichtigsten: Woran sollte sich alle Kinder in der Klasse unbedingt halten? (Evtl. eine positiv formulierte und eine negativ formulierte Regel)</li><li>Rechte und Pflichten: Schülerinnen und Schüler erstellen einen Pflichtenkatalog:</li></ul>

Was unbedingt gemacht werden muss (»TOP 10« der wichtigsten Gemeinschafts-
aufgaben) (→ Schreibgitter, M 2)

- Meine Grenzen – deine Grenzen (Was ist mir heilig – was ist tabu?)
- Typisch Junge – typisch Mädchen: Arbeit mit Bildern, »typischen«, aber auch aus-
tauschbaren Eigenschaften
- Eine Vorlage von frei erfundenen »historischen« Verhaltensregeln (→ M 3) wird zur
Diskussion gestellt und umformuliert
- Anschlussfragen: Wozu sind Regeln gut? Wem dienen Regeln auf welche unter-
schiedliche Weise? (Beispiele: das Recht auf ungestörten Unterricht; das Recht, un-
gestört zu lernen; …)
- Regeln, die uns mit Menschen anderer Kulturen und Religionen verbinden: Die Gol-
dene Regel (→ M 4) und verwandte Formulierungen: Gemeinsamkeiten und Unterschiede feststellen; entdecken, dass die Goldene Regel (Mt 7) nicht darauf basiert,
Konflikte zu vermindern, sondern Wohltaten zu mehren

Die Schülerinnen und Schüler können darstellen, dass sie in vielfältigen Beziehungen stehen, auch über Familie und Klasse hinaus	• Schülerinnen und Schüler ordnen auf einer Zielscheibe Personen, Lieblingstiere u.ä. – aber auch Gott! – in ihrer jeweiligen Nähe zu ihrer eigenen Person zu (→ M 5) Hinweis: je nach Vertrauen müssen u.U. diskrete Bereiche (Kuscheltiere, nächste Verwandte) ausgelassen werden • Schülerinnen und Schüler erhalten eine Tabelle, in deren linker Spalte Personen aus ihrem Lebensumfeld stehen, und formulieren jeweils ein passendes Verb und ein Adjektiv/Adverb, das die Beziehung charakterisiert. Recht auf Intimität muss beachtet werden: Schülerinnen und Schüler entscheiden, ob und in welchen Teilen sie ihre Bearbeitung der Klasse vorstellen
Die Schülerinnen und Schüler können anhand von (biblischen) Vorlagen eigene liturgische Bausteine erarbeiten	• Eine Bitte, einen Dank formulieren, der sich auf die Situation in der Lerngruppe und deren Lebensumfeld bezieht (→ M 6) • Liedauswahl: Morgenlied, Begrüßungslied, Kindermutmachlied, Abschiedslied • Zu einer ausgewählten biblischen Geschichte ein Anspiel (Rollenspiel) entwickeln (z.B. Kindersegnung; Streit unter den Jüngern Jesu, wer der Größte unter ihnen ist; verlorenes Schaf) und auf einen bestimmten Anlass beziehen (Schulanfangsgottes-dienst, Schuljahresschluss o.ä.)
Die Schülerinnen und Schüler können entdecken und darstellen, was sie neu gelernt haben	• Schülerinnen und Schüler malen ein Zoobild, auf dem sie sich und drei wichtige Personen aus ihrem Lebensumfeld bzw. Mitschüler/innen als Tiere darstellen; sie schreiben einen Text, in dem jede dargestellte Person vorkommt • Schülerinnen und Schüler erstellen eine Collage zu einem biblischen Schöpfungstext, indem sie Beziehungen zwischen Elementen der Schöpfungserzählung und einem aktuellen Kontext herstellen (Meereslebewesen und Ölpest, die Trennung zwischen Land und Wasser und die Tsunamikatastrophe usw.) • Schülerinnen und Schüler bearbeiten eine Dilemmageschichte, in der zwei Klassen-regeln in Konflikt geraten (z.B. Ehrlichkeit und Vertraulichkeit) • Schülerinnen und Schüler schreiben eine Reizwortgeschichte zum Thema: Wir sitzen in einem Boot (Beispiel für Reizworte: Blinder Passagier, Wer ist der Boss?, Steuer-mann, Kapitän, Das Boot ist voll. Das Boot ist leck) • In Gruppenarbeit fünf Pflichten innerhalb der Klassengemeinschaft zusammenstel-len, die begründbar und akzeptabel sind. Formulieren, warum diese Pflichten gültig sein sollen und was passiert, wenn die Pflichten nicht eingehalten werden. • Biblisches Menschenbild: Umrisse von Menschen (Kindern) mit drei leeren Sprech-blasen, die von außen den Menschen ansprechen. Frage: Was spricht Gott uns Menschen zu? (Z.B. Ich habe dich geschaffen; ich habe dich beauftragt; du bist mir unendlich viel wert; ich will dich segnen und behüten)

M 1 Poesiealbum

So stelle ich mich vor

Name _____ Geburtstag _____

Lieblingsbeschäftigung _____

Mein liebstes Fach in der Schule _____

Was ich besonders gut kann _____

_____

Wovor ich Angst habe _____

_____

Wo ich mich am wohlsten fühle _____

_____

In Religion bin ich am meisten gespannt auf _____

_____

An Religion hat mir bisher am besten gefallen _____

_____

An Gott denke ich, wenn _____

_____

Was mir zu Religion sonst noch einfällt _____

_____

_____

_____

**M 2 »Schreibgitter«:
Die wichtigsten
Klassenregeln**

2. Schritt: Schreibe in die vier äußeren Felder die Gedanken von vier Mitschülerinnen oder Mitschülern ab, sodass jeder alle Vorschläge auf seinem Blatt hat.

1. Schritt: Schreibe deinen Vorschlag in dieses Feld.

3. Schritt: Einigt euch in der Gruppe auf gemeinsame Vorschläge und schreibt diese auf die Rückseite. Bestimmt eine(n) Sprecher(in), der/die das Gruppenergebnis der Klasse vorträgt.

M 3 »Historische« Klassenregeln

	Was uns daran auffällt	Was wir davon über-nehmen wollen
1. Pünktlichkeit ist die wichtigste Regel!		
2. Wenn der Lehrer das Klassenzimmer betritt, stehen alle Schüler auf!		
3. Kein Schüler spricht, ohne dass er gefragt ist!		
4. Jeden Montag werden die Hände, die Fingernägel und ein sauberes Taschentuch vorgezeigt!		
5. Die Schultasche ist in Ordnung zu halten!		
6. Wer anderen Schülern Grobheiten sagt oder wer Gewalt ausübt, wird vom Unterricht ausgeschlossen!		
7. Alle Schüler verpflichten sich zur Ehrlichkeit!		
8. Wer beim Abschreiben ertappt wird, erhält die Note »mangelhaft« und muss die Schularbeit wiederholen!		
9. Diebstähle werden nicht geduldet!		
10. Höflichkeit gegenüber Erwachsenen ist eine Zier!		
11. Wir beschmutzen den Pausenhof nicht mit Unrat!		
12. Den Aufforderungen des Lehrers ist unbedingt zu gehorchen!		

M 4 »Goldene Regeln«

- Die Goldene Regel: »Alles nun, was ihr wollt dass euch die Leute tun sollen, das tut ihnen auch. Das ist das (ganze) Gesetz und die Propheten.«
  (Die Bibel, Matthäus 7,12; Lukas 6,31)

- »Du sollst deinen Nächsten lieben wie dich selbst; ich bin der HERR.«
  (3. Mose 19,18)

- »Was immer du deinem Nächsten verübelst, das tue ihm nicht selbst.«
  (Pittakos von Mytilene, einer der griechischen Sieben Weisen, etwa 600 v.Chr.)

- »Verletze nicht andere auf Wegen, die dir selbst als verletzend erschienen.«
  (Buddhismus, ca. 500 v.Chr.)

- »Tue anderen nicht, was du nicht möchtest, dass sie dir tun.«
  (Konfuzius, ca. 500 v.Chr.)

- »Füge anderen nicht Leid durch Taten zu, die dir selber Leid zufügten.«
  (Buddha, ca. 500 v.Chr.)

- »Tue anderen nicht an, was dich ärgern würde, wenn andere es dir täten.«
  (Sokrates, griechischer Philosoph)

- »Soll ich mich andern gegenüber nicht so verhalten, wie ich möchte, dass sie sich mir gegenüber verhalten?«
  (Platon, griechischer Philosoph)

- »Man soll sich nicht auf eine Weise gegen andere betragen, die einem selbst zuwider ist. Dies ist der Kern aller Moral. Alles andere entspringt selbstsüchtiger Begierde.«
  (Hinduismus)

- »Was du nicht leiden magst, das tue niemandem an.«
  (Buch Tobit)

- »Was du selbst zu erleiden vermeidest, suche nicht anderen anzutun.«
  (Epiktet, griech. Philosoph, ca. 100 n.Chr.)

- »Was dir selbst verhasst ist, das tue nicht deinem Nächsten an. Dies ist das Gesetz, alles andere ist Kommentar.«
  (Talmud, Shabbat 31a, Judentum)

- »Was du nicht willst, dass man dir tu, das füg auch keinem andern zu.«
  (Die Goldene Regel wird Teil der Allgemeinen Erklärung der Menschenpflichten, Artikel 4, 1997)

- »Wir fordern jeden dazu auf, sich anderen gegenüber so zu verhalten, wie er von ihnen behandelt werden möchte.«
  (Verhaltenscodex des Internet-Auktionshauses Ebay, 2000)

M 5 Zielscheibe

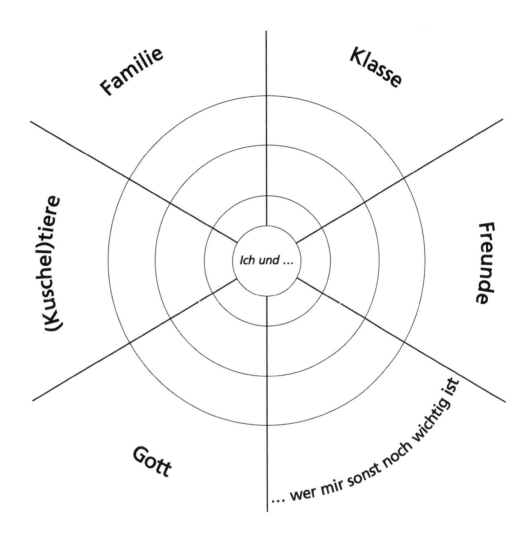

M 6

Lieber Gott!

Ich habe lange nachgedacht, und dann ist mir eingefallen,
was mich dankbar macht.

_____

_____

_____

_____

Lieber Gott!

In unserer Klasse erlebe ich manchmal …

_____

_____

_____

_____

Darum will ich dich bitten, dass …

_____

_____

_____

_____

_____

_____

Sich und andere mögen: Ich – Du – Wir

Bildungsstandards Gymnasium

Vorbemerkung: Eine Einheit wie hier vorgeschlagen ist im evangelischen Bildungsplan nicht verpflichtend. Sie kann aber zu Beginn der weiterführenden Schule und insbesondere beim Finden eines guten Platzes in den neuen Religionsklassen sehr sinnvoll sein. Übergreifende Kompetenzen – insbesondere die personale, soziale und kommunikative – werden gezielt gefördert. Wird konfessionell-kooperativ unterrichtet, ist eine solche Einheit wegen der katholischen Profilstandards obligatorisch.

Kompetenz	Die Schülerinnen und Schüler können an Beispielen zeigen, wie sich Menschen in Worten der Klage, des Dankes und des Lobes an Gott wenden (GY 4.1)
Zur Lebensbedeutsamkeit	In Schule, Beruf und Privatleben soll Selbstvertrauen, Selbstannahme und persönliche Stabilität gezeigt werden. Die Gefahr besteht, dass dies als eine weitere Forderung im modernen Leben erlebt wird, der man – irgendwie aus sich selbst heraus – gerecht werden soll. Der Glaube, von Gott gewollt und erschaffen zu sein, entlastet von Selbstbegründungs- und Selbstrechtfertigungsansprüchen. Er ermöglicht Selbstvertrauen, das auch dann nicht grundsätzlich in Frage gestellt wird, wenn Scheitern erlebt und eingestanden wird. Eine solche Selbstannahme ist eine gute Voraussetzung dafür, sich konstruktiv in die neu entstehende Klassengemeinschaft einzubringen. Vor diesem Hintergrund können die Impulse Jesu zur Gestaltung des Zusammenlebens verstanden werden als umsetzbare Anregungen und nicht als kaum erfüllbare Über-Ich-Anforderungen.
Elementare Fragen	Was kann ich besonderes gut? Warum fühle ich mich manchmal mies? Und wie kann ich da wieder rauskommen? Wann bin ich »in Ordnung« und woher weiß ich das? Warum können manche sich selbst gut leiden und andere nicht? Warum sind manche beliebt und andere nicht? Kann man zusammenleben ohne Hack- und Rangordnung? Hilft es mir und was hat Gott davon, wenn ich klage oder ihn lobe?
Ein Blick auf katholische Bildungsstandards	Die Schülerinnen und Schüler ▪ wissen, dass im christlichen Verständnis der Mensch von Gott geschaffen, angesprochen und zur verantwortlichen Mitgestaltung der Schöpfung berufen ist (1.1) ▪ können über das Verhalten in Gruppen sprechen, unterschiedliche Verhaltensweisen reflektieren und bei Konflikten nach Lösungsansätzen suchen (1.3) ▪ können Vorteile und Gefahren der Zugehörigkeit zu einer Gruppe nennen und beurteilen (1.4) ▪ können die Goldene Regel, die Zehn Gebote, das Gebot der Nächsten- und Feindesliebe wiedergeben und exemplarisch aufzeigen, welche Konsequenzen sich daraus für menschliches Handeln ergeben (2.5) ▪ können an einem Beispiel erklären, dass Jesus für Menschen heute ein Vorbild für den Umgang mit anderen ist (5.5)

Leitmedien	- Grundeinstellungspiktogramme M 1 a + b - M 2 als Hefteintrag
Die Schülerinnen und Schüler können zeigen, was sie schon können und kennen	- Schülerinnen und Schüler, die zusammen aus einer Grundschulklasse kommen, stellen mit Moderationskarten den anderen die Besonderheiten ihrer bisherigen Religionsklasse vor (Rituale; Morgenkreis; Lieder; Tänze; Gebete; Gesprächsformen; Gesprächsregeln; Was geholfen hat, gut miteinander auszukommen …). Gleiche Karten werden geclustert, sodass sichtbar wird, was viele und was nur wenige kennen - Es wird mit Punkten versehen, was in der neuen Religionsklasse davon praktiziert werden soll.
Die Schülerinnen und Schüler wissen, welche Kompetenzen es zu erwerben gilt, und können ihren Lernweg mitgestalten	- Die angestrebten Kompetenzen werden in kindgerechter Sprache der Klasse vorgestellt. Planung wird ggf. modifiziert, je nach Vorwissen, Ideen und Interessen der Kinder
Die Schülerinnen und Schüler können Sätze der Selbstannahme formulieren und zeigen, dass sie mit dem Glauben begründet werden können, von Gott gewollt und erschaffen zu sein → GY 4.1	- Tafelanschrieb: »Ich bin wunderbar.« Wie sind Menschen, die das von sich sagen? - Ergänzender Tafelanschrieb oder Veränderung des ersten Satzes in: »Gott ich danke dir, dass ich wunderbar gemacht bin« (Ps 139,14a). Wie sind Menschen, die diesen Satz sagen? In welchen Situationen sagen sie das? - Schülerinnen und Schüler schreiben für sich (Schutz!) auf unter der Überschrift von Ps 139,14a: »Ich kann gut …«; »An mir ist gut, dass …« - Rundgespräch: Wie geht es einem, wenn man aufschreibt, was man bei sich gut findet und gut kann? Woher kommt es, dass viele lieber über das sprechen, was sie nicht gut können und an sich nicht gut finden? Wie unterscheidet sich ein angemessenes Sich-Mögen von Angeberei? (evtl. Tabelle) - Eine Geschichte schreiben: An was Gott alles dachte, als er mich schuf! (z.B. mein Lachen, meine Grübchen, meine Haare …) Hat Gott auch erschaffen, was ich an mir nicht mag? Evtl. dazu eine (An-)Klage oder Fragen formulieren. Verändert sich etwas beim Aufschreiben? Unter die eigene Geschichte den Text schreiben von Ps 139,13–15a oder die Erklärung zum 1. Glaubensartikel aus Luthers Kleinem Katechismus, z.B. in: EG (Evang. Gesangbuch) 883.2.1 - Lied: Jürgen Werth »Vergiss es nie, dass du lebst, war keine eigene Idee« in: Rendle u.a.: Ganzheitliche Methoden im RU, 93 → Das Kursbuch Religion 1, 12f.; Talenttaler: 70
Die Schülerinnen und Schüler können die vier Grundeinstellungen der Transaktionsanalyse erläutern und Ideen formulieren, was helfen kann, in einer positiven Grundeinstellung zu leben	- Zu den vier Grundeinstellungspiktogrammen (→ M 1) werden Alltagssituationen gesucht, in denen man entsprechend denkt, fühlt und handelt. L nennt zu Beginn ggf. Beispiele. Es wird deutlich: Die Formulierung »(nicht) okay.« ist eine abkürzende Zusammenfassung für eine (oft un- oder halbbewusste) Grundeinstellung, die sich zeigen kann im Denken, Phantasieren, Verhalten und Reden - L erklärt: Viele haben eine bevorzugte Grundeinstellung, kennen aber auch die anderen drei. Schülerinnen und Schüler überlegen, was helfen könnte, von einer negativen Grundeinstellung zu der doppelt positiven zu gelangen. Dazu zeichnen sie an den linken Rand eines großen Blattes eines der drei negativen Grundeinstellungspiktogramme und an den rechten Rand das doppelt positive. Sie notieren unter beide Piktogramme entsprechende Alltagssituationen. Dazwischen malen und schreiben sie, was helfen kann, zur positiven Grundeinstellung zu gelangen. Auf diese Weise können sie selbst herausfinden und formulieren, was unterschiedlichen Typen und letztlich ihnen (in Gruppen) gut tut - L fragt ggf. nach, ob Schülerinnen und Schüler mit ihren Vorschlägen wirklich gute

Erfahrungen gemacht haben (Personen mit negativem Selbstbild nehmen positive Impulse oft nicht auf, denn sie können mit Angst reagieren, wenn das vertraute negative Selbstbild »in Gefahr« ist)

- Anwenden und Einüben: Zachäus (Lk 19,1–10): In welcher Grundeinstellung war er vermutlich vorher, in welcher ist er hinterher? Was hat ihm geholfen, zu einer neuen Grundeinstellung zu finden? Ähnliche Fragen möglich z.B. bei »Josef und seinen Brüdern«; Hans Christian Andersen: Das hässliche Entlein (www.maerchenkristall.de/Andersen/Entlein.htm). L oder Schülerinnen und Schüler erfinden, erzählen und analysieren weitere (Alltags-)Geschichten

- Rundgespräch: Wie können wir miteinander umgehen, damit jede und jeder sich wohl fühlt und einen guten Platz in der Klasse findet? Beachten: Schülerinnen und Schüler mit unterschiedlichen negativen Grundeinstellungen benötigen nicht nur unterschiedliche, sondern gegensätzliche Impulse. Wer ein negatives Selbstbild hat, verschließt sich evtl. bei Kritik und Anforderungen. Wohingegen jemand, der von sich positiv und den anderen negativ denkt, klare Signale benötigt, um zu verstehen, an welchen Punkten er etwas verändern sollte. Sonst denkt er, diese Impulse seien nur für die anderen gedacht

- Zuwendungsdusche: Eine Schülerin/ein Schüler steht oder sitzt in der Mitte und bekommt von allen etwas Positives gesagt. Danach darf der oder die »Geduschte« sagen, wie es ihm/ihr dabei erging. Auch Unbehaglichkeiten mit einer so ungewohnten Situation sollen ausgesprochen werden können. (»So viel Gutes über mich zu hören, war für mich Stress!«) – Variante, wenn sich die Schülerinnen und Schüler der Klasse gut kennen: Jede/r schreibt auf einem Blatt über jeden etwas auf, was er oder sie an ihr oder ihm mag, auch über sich selbst, damit es anonym bleibt. L stellt für jeden ein Blatt zusammen, mit allen positiven Äußerungen

- Besprechen der Zuwendungsregeln und Beispiele suchen

- Jede/r für sich allein (Schutz!) in einem Balkendiagramm darstellen: Welche Zuwendungsregeln lasse ich für mich bis jetzt gelten und welche nicht? Was will ich ändern?

- Vorhergehenden Baustein mit diesem verbinden: M 1b projizieren oder anzeichnen. Warum findet man durch den Glauben, dass Gott einen erschaffen hat, leichter zu einer doppelt positiven Grundeinstellung?

- Lied: »Wenn einer sagt: »Ich mag dich …«

Die Grundeinstellungen und die hilfreichen Impulse/Zuwendungen (»strokes«) werden u.a. in der Theorie der Transaktionsanalyse thematisiert. Weiteres Hintergrundwissen in der entsprechenden Literatur, z.B. in Stewart, Transaktionsanalyse, 177ff. und 116ff.

Die Schülerinnen und Schüler können an einem Beispiel erklären, dass Jesus für Menschen heute ein Vorbild für den Umgang mit anderen ist	- Wer ist der Größte? Rangordnung von verschiedenen Schüler/innen-Typen erstellen (Kursbuch Religion Elementar 5/6, 12) - Wer ist bei Jesus der Größte? Mk 9,33–37, freie Übertragung in Kursbuch Religion Elementar 5/6, 13). Zuvor erstellte Rangliste neu sortieren: Beispiele sammeln, wie sich jemand verhält, der nach Jesu Maßstäben »groß« ist - Nachdenken, aus welchen Motiven man helfen kann: sich einschmeicheln; gelobt werden wollen; sich auf diese Weise selbst helfen; einfach helfen, weil man meint, es sei nötig … (Bezug auf die Grundeinstellungen im letzten Baustein möglich) - Fußwaschung Joh 13,4–15: Lesen in verteilten Rollen, oder: Erzählen und anschließende Bildbetrachtung (Unterrichtsideen 7/1, 17: Otto Pankok), oder: Leseszene Unterrichtsideen 7/1, 19, ohne die Einleitung Warum fällt es Petrus schwer, sich die Füße waschen zu lassen? Warum und in welchen Situationen fällt es uns schwer, uns helfen zu lassen? - Neuen Schluss der Geschichte erfinden. Jesus geht auf den Wunsch des Petrus ein und begründet das im Jüngerkreis. – Darüber sprechen

Die Schülerinnen und Schüler können Vorteile und Gefahren der Zugehörigkeit zu einer Gruppe nennen und beurteilen	• Warum können Gruppen prima, aber auch schrecklich sein? (Schülerinnen und Schüler sammeln in einer Tabelle) • Was kann geschehen, wenn in einer Klasse die beiden unterschiedlichen, teilweise negativen Grundeinstellungstypen oft miteinander in Kontakt sind? L zeichnet die entsprechenden Grundeinstellungspiktogramme an die Tafel und notiert auf Zuruf, was sie zueinander sagen und übereinander denken könnten. Ergebnis: Sie können sich gegenseitig in ihrer Grundhaltung bestärken und gerade deswegen kaum Neues lernen. Falls vorher zu Erfahrungen in Gruppen eine Tabelle angelegt wurde (s.o.), überprüfen, ob manche »Problempunkte« auf das Zusammentreffen gegensätzlicher negativer Grundeinstellungen zurückgeführt werden können. • Hat Jesus durch die Fußwaschung zu einem besseren Umgang in der Jünger-Gruppe beigetragen? Falls vorher zu Erfahrungen in Gruppen eine Tabelle angelegt wurde (s.o.): Bei welchen dort genannten »Problempunkten« könnte das der Fall sein?

Die Schülerinnen und Schüler können das Doppelgebot der Liebe auswendig und können zeigen, wie Gottes-, Selbst- und Nächstenliebe sich gegenseitig tragen	• Tafelbild entwickeln nach dem Vorschlag von M 2, Hefteintrag
	• Die Schülerinnen und Schüler entdecken und beschreiben das Beziehungsgeflecht, indem sie Sätze ergänzen, z.B.
	  – Wer von Gott geliebt wird, kann sich selbst lieben, weil …
	  – Wer sich selbst liebt, kann andere lieben, weil …
	  – Man kann Gott lieben, indem man …
	  – Lieben Männer und Frauen bzw. Mädchen und Jungs Gott unterschiedlich?
	• Die Schülerinnen und Schüler lernen das »Höchste Gebot« auswendig
	• L bringt ein Dreieck mit, das auf dem Mittelpunkt balanciert, und bezeichnet die drei Ecken mit »GOTT«, »ANDERE« und »ICH« (evtl. Nutzen des Spieles »Bamboleo – ein Spiel zum Abheben«, Informationen auch im Internet). Klassengespräch:
	  – Was kann aus dem Gleichgewicht geraten, wenn ich andere zu viel oder zu wenig liebe?
	  – Wenn ich Gott liebe, geht das auf Kosten anderer oder meiner selbst?
	  – Was könnte fehlen, wenn ich Gott nicht liebe?

Die Schülerinnen und Schüler können im Hinblick auf sich selbst, andere und die Klassengemeinschaft Gott gegenüber Klagen, Dank und Lob formulieren → GY 4.1	• Schreiben eines Klagegebetes: Was ich an mir, anderen (aus der Klasse) oder der Klasse nicht mag und worunter ich leide! (Mögliche Hilfe: Kapitel »Klagen, anklagen – danken, loben: die Psalmen«, M 2 »Phasen eines Klagepsalms«)
	• Analysieren der eigenen Klage:
	  – Worüber klage ich?
	  – Welche Gefühle drücke ich in der Klage aus?
	  – Welche Grundeinstellung (Baustein zu den vier Grundeinstellungen der Transaktionsanalyse) liegt meiner Klage zugrunde?
	  – Möchte ich nach diesen Überlegungen meine Klage anders formulieren?
	  – Wem gegenüber – außer Gott – klage ich? Was möchte ich sonst mit meinen Klagen erreichen?
	  – Worin besteht der Unterschied, wenn ich einfach so klage oder es Gott gegenüber tue, ihn auch direkt für etwas anklage?
	  – Ändert sich durch meine Klage etwas? Veranlasst meine Klage Gott, andere oder mich, etwas zu ändern?
	  – Wenn ich sonst bete, klage ich dann auch?
	  – Soll man Gott mit seinen Klagen belästigen?
	• Schreiben eines Dank- und Lobgebetes über mich, andere (in der Klasse) oder die Klasse
	• Analysieren des eigenen Dank- und Lobgebetes:
	  – Für wen und was danke ich?
	  – Wie geht es mir, wenn ich ein danke oder lobe?
	  – Haben mein Klage und mein Lobgebet etwas miteinander zu tun?
	  – Welche Reihenfolge bevorzuge ich: Erst die Klage oder erst das Lob?

– Wie drücke ich sonst Lob und Dank aus?
– Warum soll man Gott loben? Braucht er unser Lob?

Die Schülerinnen und Schüler können darstellen, was neu gelernt wurde	• Ein Wortbild zu: »Gott ich danke dir, dass ich wunderbar gemacht wurde!« (Ps 139,14a) gestalten (Religionsbuch 5/6, 7) • Grundeinstellungsveränderungen bei Jesusgeschichten darstellen, z.B. Mk 3, 1–6 – Heilung des Mannes mit einer verdorrten Hand; Lk 13,10–17 – Heilung der verkrümmten Frau • Weitere Jesusgeschichten suchen, in denen er ein Vorbild für den Umgang mit anderen Menschen ist (Falls nichts einfällt, Wiederaufnahmen nach einer Jesuseinheit) • Wenn viele in der Klasse das Doppelgebot der Liebe beherzigen, haben es dann die, die andere ärgern und unangenehm sind, leichter oder schwerer? • Wie helfen einem die Zuwendungsregeln, sich zu schützen, wenn andere einen hänseln, ärgern oder in Verlegenheit bringen wollen • In Dreiergruppen eine elementare Frage versuchen zu beantworten – in neu zusammen gesetzten Dreiergruppen sich gegenseitig über die Erkenntnisse in der ersten Gruppe berichten
Literatur	*Unterrichtspraktisches Material* Elisabeth Buck, Religion in Bewegung, Göttingen 2005, Sich einfinden im Religionsunterricht, 21–33 Unterrichtsideen Religion 5, Stuttgart 1996, Von Gott geschaffen mit Leib und Seele: 7–27; Ich – Du – Wir: Wir brauchen einander, 132–156 *Schulbücher* Das Kursbuch Religion 1, Stuttgart/Braunschweig 2005, 10–19 Das Kursbuch Religion, Lehrermaterialien, Stuttgart/Braunschweig 2006, 18–32 Kursbuch Religion Elementar 5/6, Stuttgart/Braunschweig 2003, Ich und die anderen: 6–15, dazu: Lehrermaterialien, Stuttgart/Braunschweig 2006, 6–19 Kursbuch Religion Elementar 7/8, Stuttgart/Braunschweig 2004, Wer bin ich? – Sehen was in mir steckt: 10–21 Religionsbuch 5/6, Berlin 2001 SpurenLesen 5/6, Stuttgart 1997, 6–13, dazu: Werkbuch, Stuttgart 1997, 24–36 SpurenLesen 1, Stuttgart/Braunschweig 2007 *Fachliteratur zur Vertiefung* Ian Stewart, Die Transaktionsanalyse, Freiburg i.Br. 1990

**M 1a Grundeinstellungs-
piktogramme**

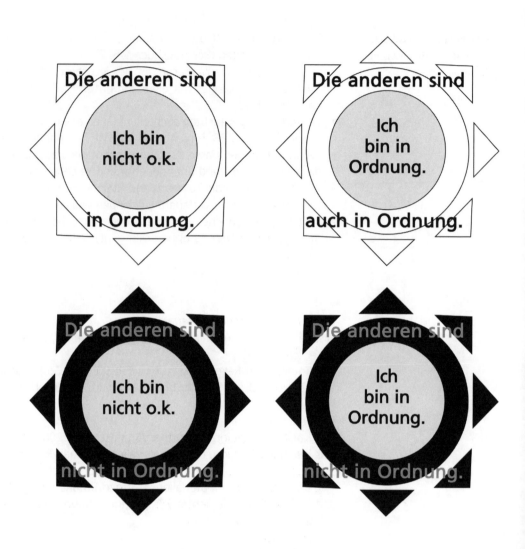

M 1b Grundeinstellungs-piktogramm aus christlicher Sicht

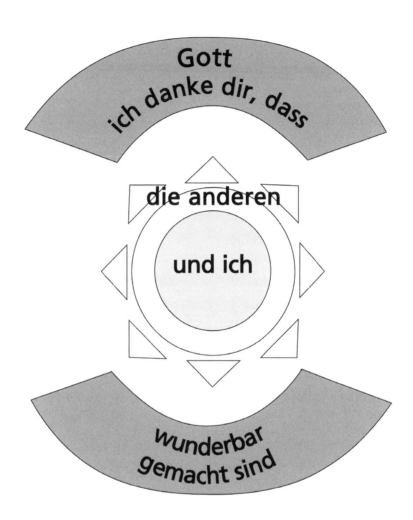

M 2 Das höchste Gebot

Und es trat zu ihm einer der Schriftgelehrten, die zugehört hatten, wie sie miteinander stritten. Und da er merkte, dass er ihnen gut geantwortet hatte, fragte er ihn:

Welches ist das höchste Gebot von allen ?

Jesus aber antwortete ihm: Das höchste Gebot ist das:

»Höre Israel, der Herr, unser Gott, ist der Herr allein, und du sollst …

… und deinen Nächsten …

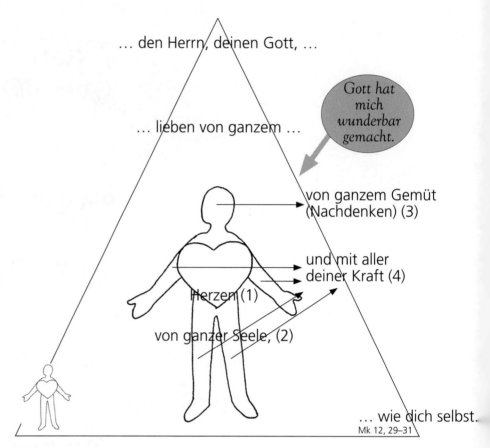

… den Herrn, deinen Gott, …

Gott hat mich wunderbar gemacht.

… lieben von ganzem …

von ganzem Gemüt (Nachdenken) (3)

und mit aller deiner Kraft (4)

Herzen (1)

von ganzer Seele, (2)

… wie dich selbst.

Mk 12, 29–31

Von Kindern hier und anderswo erzählen

Bildungsstandards Realschule

Schwerpunktkompetenz und weitere Kompetenzen	Die Schülerinnen und Schüler - **kennen das christliche Verständnis, dass sie als Geschöpfe Gottes einzigartig geschaffen sind und ohne Gegenleistung von Gott geliebt werden (RS 1.1)** - kennen Geschichten von Kindern aus der ganzen Welt, die zeigen, dass Kinder verletzbar und auf solidarische Hilfe angewiesen sind (RS 2.3)

Zur Lebensbedeutsamkeit	Kinder erfahren in ihrem Alltag häufig hohe Wertschätzung, viel Anerkennung und Liebe. Sie erfahren aber auch Enttäuschung, Herabsetzung und Beschämung. Manche Kinder werden sich selbst überlassen, ausgenutzt oder gar missbraucht. Kinder verstehen sich selbst häufig als Träger selbstverständlicher Rechte, seltener als Mitverantwortliche, zu denen auch Pflichten gehören. Andere werden jedoch mit hohen bis überhöhten Erwartungen konfrontiert, die das Recht auf ein fröhliches Leben als Kind verdecken. Gesellschaftlich gesehen werden Kinder als wichtige Ressource für das Überleben und die Wettbewerbsfähigkeit angesehen. Angesichts unveräußerlicher Rechte und herangetragener bestehender und gemeinsamer Pflichten bedarf das Selbstkonzept als Kind der klärenden Auseinandersetzung. Zu einem stabilen Selbstkonzept gehört das Wissen um das unbedingte Angenommensein durch Gott und um das Recht auf Liebe. Zu einem stabilen Selbstkonzept gehört aber auch das Wissen um grundlegende Kinderrechte und damit in Beziehung stehenden Kinderpflichten, die als eine spezifische Ausformung der Menschenrechte und Menschenpflichten verstanden werden können. Der Blick in die Lebensgeschichten von Kindern in anderen gesellschaftlichen und kulturellen Zusammenhängen fördert die Einsicht in die Vielfalt des Kinderlebens, dann aber auch Empathiefähigkeit und die Einsicht, dass das eigene Leben nicht selbstverständlich ist und Kinderrechte immer wieder neu errungen werden müssen.

Elementare Fragen	Wer bin ich? Wer bin ich nicht? Worauf habe ich einen Anspruch? Was darf ich? Was darf ich nicht? Was muss ich? Was muss ich nicht? Was ist ein Kind?

Ein Blick auf katholische Bildungsstandards	Schülerinnen und Schüler - kennen Lebenssituationen von Kindern aus der ganzen Welt, die zeigen, dass Kinder verletzbar und auf solidarische Hilfe angewiesen sind (RS 1.3) - können Mitschülern aus anderen Ländern, Kulturen und Religionen respektvoll begegnen (RS 2.6)

Leitmedien	- Lied: Alle Kinder dieser Erde (→ M 1) - Bild: Annegert Fuchshuber, Jesus und die Kinder (→ M 2) - Erzählungen von Janusz Korczak, u.a. König Hänschen (Auszüge in: Unterrichtsideen 5, 186–196)

Die Schülerinnen und Schüler können zeigen, was sie schon können und kennen	• Theologisieren/Philosophieren mit Kindern mithilfe der o.g. Fragen: Satzanfänge ergänzen, z.B.: Wer bin ich … / Wer bin ich nicht … • Kinderbilder (→ M 3) auf einer Weltkarte (→ M 4) verteilen und überlegen, wo und wie die Kinder leben
Die Schülerinnen und Schüler wissen, welche Kompetenzen es zu erwerben gilt, und können ihren Lernweg mitgestalten	• L zeichnet eine Lernlandkarte im Sinne eines Parks oder einer Landschaft mit Tälern und Höhen an die Tafel und bezeichnet darin die Felder »Kinder in Deutschland«, »Kinder in aller Welt«, »Kinder im Krieg«, »Kinder, die jeden Tag arbeiten müssen«, »Kranke Kinder«, »Kinder, die etwas ganz Besonderes können«, »Kinderrechte und Kinderpflichten«, »Jesus und die Kinder«. Schülerinnen und Schüler entwerfen eine Lernreise durch diese Landschaft und formulieren, was sie kennen lernen möchten
Die Schülerinnen und Schüler können beschreiben, was sie besonders gut können	• Jeder ist ein Superstar: Kinder finden in Partnergesprächen heraus, was der/die andere besonders gut kann, und stellt in der Klasse die Person als Superstar in … vor. • Alternativ: Zukunftsbilder: Was ich am besten kann und was ich später einmal sein möchte • Gespräch: Ist jeder von uns ein Superstar? Wie sieht das Gott?
Die Schülerinnen und Schüler können beschreiben, wie es Kindern zumute ist, die glücklich, traurig, begabt oder krank sind → RS 2.3	• Bilder malen zu den Themen: Ich bin krank und liege im Krankenhaus; Ich habe den ersten Preis in Jugend musiziert gewonnen; Papa ist ausgezogen; Ich habe beim alles entscheidenden Fußballspiel das Siegtor geschossen. Ggf. weitere Themen finden (Das Kursbuch Religion 1, 18f. 106) • Vorstellen der Bilder. Herausfinden, wie es von außen und von innen aussieht. Formulieren, was die Kinder am meisten brauchen und ein Gebet dazu schreiben »Du Gott, ich bin …, ich fühle mich wie … ich bitte dich …«
Die Schülerinnen und Schüler kennen Lebensgeschichten von Kindern »anderswo« und können diese einander vorstellen → RS 2.3	• Lied: Alle Kinder dieser Erde (→ M 1) • Kinder aus der Schule in die Klasse einladen, die aus anderen Ländern kommen. Diese erzählen von ihrer Heimat, bringen Lieder und Spiele mit. Gestalten einer Kinderweltkarte. Spiele finden sich in »Spiele rund um die Welt« • Filme betrachten über das Leben von Kindern in anderen Erdteilen z.B. »Punki und Ganshyam« (25 Min.) Kinder in Südindien, »Die Straße gehört uns« (15 Min.) Kinder aus einem westafrikanischen Dorf • Kinderbücher über Kinder in aller Welt lesen und einander vorstellen (www.globales-lernen.de) • Im Internet Kinderporträts recherchieren: www.tdh.de (Terre des Hommes) oder www.unicef.de/kids • Vorlesen von Kindergeschichten aus aller Welt z.B. aus: Barnabas Kindersley, Anabel Kindersley, Kinder aus aller Welt oder Marcella Heine, Wir sind Kinder dieser Welt • Vergleich von zwei exemplarischen Lebensgeschichten: Das Kursbuch Religion 1, 20f. oder Kursbuch Religion Elementar 5/6, 42–43, 44–45; entwurf 3/94, 47f. vgl. auch Unterrichtsideen 5, 181f. • Aus der Perspektive eines Kindes einen Brief an Kinder in Deutschland schreiben • Formulieren und begründen, was an der Lebenssituation dieser Kinder »gut« oder »schlecht« ist • Überlegen, wie man Kindern in anderen Ländern helfen könnte

Die Schülerinnen und Schüler kennen Kinderrechte und können diese kritisch auf eigene Erfahrungen und Erfahrungen anderer Kindern beziehen → RS 2.3	▪ Lied: Kinder haben recht (Menschenskinderliederbuch II, 68) ▪ Die UNO gibt der Klasse den Auftrag, zehn Kinderrechte zu formulieren. »Jedes Kind hat das Recht …« Gruppenarbeit; anschließend Formulieren eines gemeinsamen Katalogs ▪ Vergleich der Ergebnisse mit der Kinderrechtskonvention der UNO, z.B. www.unicef.de; www.unicef.at; www.kindersache.de, vgl. Das Kursbuch Religion 1, 22f.; Kursbuch Religion Elementar, 48, 49 und Unterrichtsideen 5, 183 ▪ Die Kinderrechte der UNO in eigene Sprache umformulieren, ggf. durch eigene Beispiele konkretisieren und in eine eigene Reihenfolge bringen ▪ Zu den wichtigsten Kinderrechten einen Comic entwerfen, der in der Schule aufgehängt werden kann vgl. www.kindersache.de ▪ Zu den Kinderrechten einen Rap schreiben ▪ Die Kinderrechte auf die Lebensgeschichten von Kindern hier und anderswo beziehen und überprüfen, wo Kinderrechte verletzt oder eingehalten worden sind ▪ Eine Schule entwerfen, in der alle Kinderrechte gelten
Die Schülerinnen und Schüler können Kinderrechte begründen → RS 2.3; 1.1	▪ Eine Präambel für die umformulierten Kinderrechte formulieren ▪ Einen Aufsatz schreiben, warum alle Erwachsenen die Kinderrechte beachten sollen ▪ Überlegen, wie Gen 1,26f. und Kinderrechte zusammenpassen. Evtl. Rede formulieren, wie Gott den Menschen die Kinderrechte verkündigt. ▪ Mk 10,13–16 lesen und mit Bildern, Jesus und die Kinder (→ M 2 und M 3) vergleichen. Um das Bild herum jene Kinderrechte schreiben, die Jesus bestimmt zugefügt hätte. Evtl. Rede formulieren, wie Jesus den Menschen die Kinderrechte verkündigt ▪ Ergänzend: Phantasiereise: Jesus reist in andere Länder (Unterrichtsideen 5, 185) ▪ Zu dem Lied »Alle Kinder dieser Erde« (alternativ: Himmel und Erde tanzen in uns; Menschenskinderliederbuch II, 51) sowie den Kinderrechten ein Poster entwerfen, anschließend Vernissage
Die Schülerinnen und Schüler können Kinderpflichten bestimmen und begründen	▪ Lied: Schnurpsenklage (Menschenskinderliederbuch II, 116) ▪ Zusammenstellen, was von einem Kind jeden Tag erwartet wird. Was ist begründet? Was ist unbegründet? Was widerspricht den Kinderrechten? ▪ Vergleich mit § 1619 BGB »Das Kind ist, solange es dem elterlichen Hausstand angehört und von den Eltern erzogen oder unterhalten wird, verpflichtet, in einer seinen Kräften und seiner Lebensstellung entsprechenden Weise den Eltern in ihrem Hauswesen und Geschäfte Dienste zu leisten« ▪ In Gruppenarbeit jeweils fünf Pflichten zusammenstellen, die begründbar und für alle akzeptabel sind ▪ Überlegen, welche Grundverpflichtungen aus einzelnen Kinderrechten erwachsen und wie dies konkret werden kann. Anlage eines Tafelbildes:

Kinderrecht	Grundverpflichtung	Konkretisierung
Jedes Kind hat das Recht auf freie Meinungsäußerung in eigenen Belangen.	Jeder hat die Pflicht, mit anderen dafür Sorge zu tragen, dass jeder seine Meinung in eigenen Angelegenheiten sagen kann.	Gesprächsregeln in der Klasse

- Vergleich mit Grönemeyers Lied »Kinder an die Macht«
- Daraus in der Klasse einen 10er-Katalog erstellen
- In der Klasse formulieren, warum diese Pflichten gültig sein sollen

Die Schülerinnen und Schüler können darstellen, was sie gelernt haben

- Gestaltung von zwei Tafeln von Kinderrechten und Kinderpflichten
- Gespräch der Kinder mit ihren Eltern über Kinderrechte und Kinderpflichten und Bericht über dieses Gespräch in der Klasse
- Einer anderen Klasse die Rechte und Pflichten von Kindern vorstellen und begründen
- Einen Schulgottesdienst zu »Alle Kinder dieser Erde« gestalten
- Lernkarten einsetzen und weitere Lernkarten entwickeln können. Was ist noch wichtig und muss unbedingt auf eine Lernkarte?
- Arbeit mit Lernkarten und Entwurf eigener weiterer Lernkarten. Was müssen wir uns noch unbedingt merken?

Literatur

Unterrichtspraktisches Material
Unterrichtsideen Religion 5, Stuttgart 1996, 177–200 »Kinder hier und anderswo«
Barnabas Kindersley, Anabel Kindersley, Kinder aus aller Welt. Lebensalltag von 37 Kindern aus aller Welt, Bindlach ³1997
Marcella Heine, Wir sind Kinder dieser Welt, Stuttgart 1994
entwurf 3/94, 47f.
»Spiele rund um die Welt«, Köln 1994
Diakonisches Werk der EKD: Kinder haben Rechte. Zu bestellen bei »Brot für die Welt«
Michael Klemm u.a. (Hg.), Tränen im Regenbogen. Phantastisches und Wirkliches – aufgeschrieben von Mädchen und Jungen der Kinderklinik Tübingen, Tübingen ¹⁰2003
Menschenskinderliederbuch I und II. Beratungsstelle für Gestaltung von Gottesdiensten und anderen Gemeindeveranstaltungen, Eschersheimer Landstraße 565, Frankfurt a.M.

Internet-Adressen
www.unicef.de
www.unicef.at
www.kindersache.de
www.tdh.de
www.unicef.de/kids
www.globales-lernen.de

AV-Medien
Punki und Ganshyam, 25 Min., Kinder in Südindien
»Die Straße gehört uns«, 15 Min., Kinder aus einem westafrikanischen Dorf

Schulbücher
Das Kursbuch Religion 1, Stuttgart/Braunschweig 2005, 18–23
Kursbuch Religion Elementar 5/6, Stuttgart/Braunschweig 2003, 38–49
SpurenLesen 1, Stuttgart/Braunschweig 2007

**M 1 Alle Kinder
dieser Erde**

Al - le Kin-der die-ser Er - de   sind vor Got-tes An-ge - sicht

ei - ne rie - si - ge Fa - mi - lie, ob sie's wis-sen o - der   nicht.

1. Alle Kinder dieser Erde sind vor Gottes Angesicht eine riesige Familie, ob sie es wissen oder nicht

2. Der Indianerbub im Westen und aus China Li-Wang-Lo, auch der schwarze Afrikaner und der kleine Eskimo

3. Alle sind genauso gerne froh und lustig auf der Welt, freun sich über Mond und Sterne unterm gleichen Himmelszelt

4. Spielen, lernen, singen, lachen, raufen, sich auch mal geschwind. Alle sind sie Gottes Kinder, welcher Farbe sie auch sind

Text: Christel Süßmann, Musik Berndt Schlaudt
Alle Rechte bei den Autoren

M 2 Jesus und die Kinder
Annegert Fuchshuber

Farbige Vorlage siehe Seite 261

M 3 Kinderbilder

M 4 Weltkarte

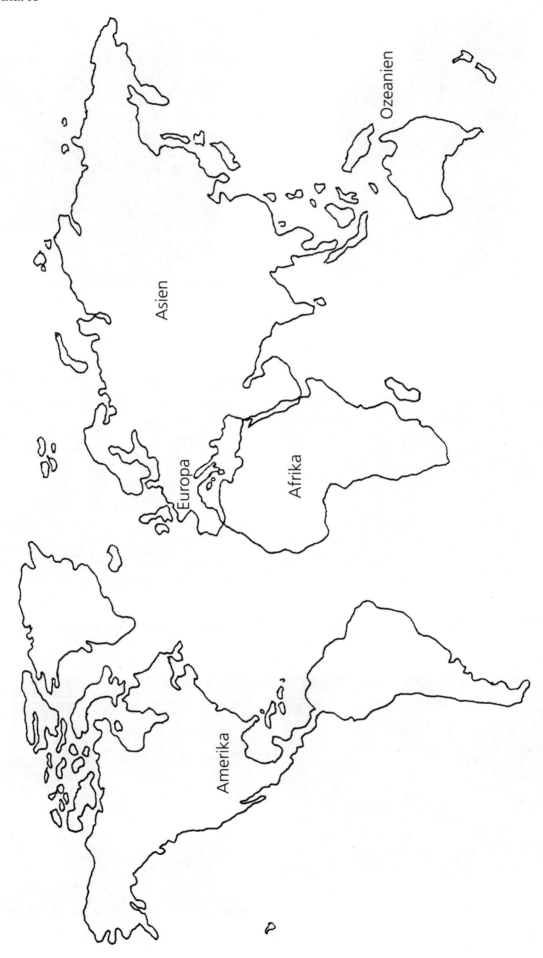

Von Jesus und seiner Heimat erzählen

Bildungsstandards Hauptschule

Schwerpunktkompetenz und weitere Kompetenzen	Die Schülerinnen und Schüler • **kennen die Lebenswelt Jesu in Grundzügen und können an einem Beispiel beschreiben, wie sich Jesus den Menschen, insbesondere den Benachteiligten zugewandt hat (HS 5.2)** • wissen, dass Jesus vorgelebt hat, wie Menschen miteinander umgehen sollen (HS 5.3) • wissen, dass in der Bibel die Evangelien von Jesus Christus erzählen. Sie kennen wichtige Lebensstationen Jesu (HS 5.1) • kennen wesentliche Ausdrucksformen der Glaubenspraxis von Juden (HS 7.2)
Zur Lebensbedeutsamkeit	Fragen Kinder und Jugendliche in ihrem Lebenskontext nach Jesus? Die Begegnung mit dieser Frage im Religionsunterricht ist von zentraler Bedeutung, um die Grundlagen der christlichen Religion und unsere dadurch wesentlich mitgeprägte kulturelle Tradition zu verstehen. Jesus hat vorgelebt, wie Menschen heilsam miteinander umgehen können. In diesen Begegnungsgeschichten liegt die Verbindung zur Lebenswelt der Schülerinnen und Schüler. Wer ist in unserer Klasse »in«, wer steht am Rande? Wie nehmen wir Zuwendung bzw. Ausgrenzung im persönlichen und gesellschaftlichen Kontext wahr und wo finden wir für unser Miteinander Orientierung? Das »setting« der biblischen Texte und Jesus-Geschichten liegt im Land der Bibel. Die Beschäftigung mit den Grundvollzügen des Alltagslebens und der gesellschaftlichen und religiösen Situation in Palästina zur Zeit Jesu hilft den Schülerinnen und Schülern die biblischen Texte zu verstehen. Zu verdeutlichen, dass Jesus in der jüdischen Tradition gelebt hat und die biblischen Texte in der jüdischen Tradition zu lesen und zu deuten sind, ist ein theologisches Grundanliegen dieses Unterrichtsmoduls
Elementare Fragen	Wer war Jesus? Hat Jesus wirklich gelebt? Welche Bilder von Jesus sind mir wichtig? Wie nehme ich Zuwendung bzw. Ausgrenzung wahr?
Ein Blick auf katholische Bildungsstandards	Die Schülerinnen und Schüler • kennen die Lebenswelt Jesu in Grundzügen und wissen aus den Evangelien, wie sich Jesus den Menschen, insbesondere den Benachteiligten, zugewandt hat (HS 5.3) • wissen, dass Jesus vorgelebt hat wie Menschen miteinander umgehen sollen (HS 5.4) • wissen, dass in der Bibel die Evangelien von Jesus erzählen (HS 5.1) • kennen wichtige Lebens- und Wirkstationen Jesu (HS 5.2) • wissen um die Grundaussagen der Reich Gottes Botschaft und kennen dazu ein Gleichnis und eine Heilungsgeschichte (HS 5.6)

Leitmedien	▪ Lernlandkarte: In der Karte Palästinas werden Orte der Jesus-Begegnungen markiert und im Verlauf der UE mit Bildern, Namen, Symbolen etc. ergänzt. (Kursbuch Religion Elementar 5/6, 108, 109 bzw. Interaktive Landkarte auf der CD-ROM: Die interaktive Reise durch das Leben Jesu)
	▪ Bild: Das Mahl mit den Sündern von Sieger Köder, in: Widmann, G. (Hg.): Die Bilder der Bibel von Sieger Köder, 129
	▪ Lied: Wenn das Brot, das wir teilen, Lebenslinien 7, 67
Die Schülerinnen und Schüler können zeigen, was sie schon können und kennen	▪ Bodenbild: Zum Alltagsleben im Land der Bibel wird mit Tüchern, Früchten, Handwerksmaterialien wie Netzen und Tonkrügen ein Bodenbild gelegt. Die Schülerinnen und Schüler bringen dazu Vorwissen, Ideen und Fragen ein, die im Unterrichtsmodul aufgegriffen werden
	▪ Bild: Dorfleben in Galiläa – Die Schülerinnen und Schüler entdecken Bekanntes und Neues in Bezug auf das Alltagsleben zur Zeit Jesu (Kursbuch Religion Elementar 5/6, 106, 107f.)
	▪ Geschichten-Sammlung: Die Schülerinnen und Schüler bringen Bilderbibeln mit und stellen die ihnen bekannten Jesus-Geschichten vor. Dokumentation als mitwachsendes Jesus-Geschichten-Buch
Die Schülerinnen und Schüler wissen, welche Kompetenzen es zu erwerben gilt, und können ihren Lernweg mitgestalten	▪ Lernlandkarte: In der Karte Palästinas werden Orte der Jesus-Begegnungen markiert und im Verlauf der UE mit Bildern, Namen, Symbolen etc. ergänzt. Ggf. werden dabei Inhalte und Methoden konkretisiert. Die Schülerinnen und Schüler bringen dazu Vorwissen, Ideen und Fragen ein und können an der Lernweggestaltung partizipieren
	▪ Arbeitsteilige Gruppenarbeit in Werkstätten/»Ateliers«: Schülerinnen und Schüler wählen entsprechend ihren Interessen Arbeitsschwerpunkte
Die Schülerinnen und Schüler wissen in exemplarischer Weise, wie Menschen zur Zeit Jesu gelebt und gearbeitet haben, und kennen in diese Alltagswelt eingebundene Jesusgeschichten → **HS 5.2**	Arbeit in Ateliers zu den Grundvollzügen des Alltagslebens: wohnen – arbeiten – essen – zusammenleben. Zu diesen Alltagserfahrungen werden Freiarbeitsmaterialien bereitgestellt: Gastaldi/Musatti: Entdecke die Welt der Bibel; Berg/Weber: Freiarbeit Religion: So lebten die Menschen zur Zeit Jesu; CD-ROM: Die interaktive Reise durch das Leben Jesu
	wohnen Grundriss und Einrichtung von Häusern erforschen, zeichnen, nachbauen Bild: Dorfleben in Galiläa (s.o.) Szenisches Spiel: Kafarnaum – Die Heilung eines Gelähmten Mk 2,1–12 (Unterrichtsideen 5, 117, 118 / Kursbuch Religion Elementar 5/6, 114)
	arbeiten Freiarbeitsmaterialien zu Berufsgruppen: Fischer am See Gennesaret / Landwirtschaft – Olivenanbau, Weinbau/Hirten Szenisches Spiel: Berufung von Simon und Andreas, Jakobus und Johannes am See Gennesaret Mk 1, 16–20
	essen Gemeinsames Zubereiten und Essen: Früchte des Landes, Fladenbrot, Humus Dankgebet, Segensspruch »Gelobt seist du, Ewiger, König der Welt, dass du Brot aus der Erde hervorbringst.«
	zusammenleben Freiarbeitsmaterialien zum Leben von Kindern, Frauen und Männern Rollenzuordnungen hinterfragen: L. – Erzählung und Rollenspiel – Maria und Marta Lk 10, 38–42

Die Schülerinnen und Schüler können entdecken und darstellen, was sie neu gelernt haben Evaluationsbaustein I	Die Schülerinnen und Schüler präsentieren die Arbeitsergebnisse aus den Ateliers. Dabei bringen sie die erarbeiteten Ergebnisse zu Alltagserfahrungen zur Zeit Jesu in Zusammenhang mit ihrer heutigen Lebenswelt.
Die Schülerinnen und Schüler wissen, dass Jesus in der jüdischen Tradition gelebt hat und kennen Symbole jüdischen Lebens und Glaubens → HS 5.1; 7.2	• Lebenskreis-Rituale: Die Schülerinnen und Schüler stellen den Lebenskreis mit seinen religiösen Stationen grafisch dar und verwenden dabei Bilder und Texte, → Thierfelder, J. u.a.: Grundkurs Judentum, Material I, 11 Von der Wiege bis zum Grabe Vertiefungsangebot: Bar Mizwa/Bat Mizwa – Der 12-jährige Jesus im Tempel – Lk 2, 41–52 als Textpuzzle. → Erika Wailzer: Jesus Christus. Materialien für Regelunterricht und Freiarbeit, S. 20, 21 bzw. als Szene auf der CD-ROM: Die interaktive Reise durch das Leben Jesu • Die Bedeutung der Tora: Merkzeichen: Tefillin, Mesusa – Dtn. 6, 6–9 als Merksatz, eigene Merkzeichen herstellen Die Bedeutung der Tora, wie sie in einer Synagoge zum Ausdruck kommt verdeutlichen, Toraschrein, Toravorhang, Vorlesepult u.a. zeichnen bzw. basteln, → Thierfelder, J. u.a.: Grundkurs Judentum, Material I.13 – I.15 • Religiöse Gruppen zur Zeit Jesu: Pharisäer und Schriftgelehrte, Sadduzäer und Zeloten – Die Schülerinnen und Schüler ordnen Bilder – Begriffe – Erläuterungen cinander zu, › Erika Wailzer: Jesus Christus. Materialien für Regelunterricht und Freiarbeit, S. 29, 30
Die Schülerinnen und Schüler können anhand von Beispielgeschichten den Konflikt zwischen Römern und Juden darstellen → HS 5.2; 7.2	• »Mit Prügeln fing es an …« in: Berg/Weber: Benjamin und Julius. Geschichten einer Freundschaft zur Zeit Jesu, S. 14–19 – Die Schülerinnen und Schüler lernen die beiden Hauptpersonen Benjamin und Julius anhand der Abbildung S. 7 kennen, erzählen den Konflikt aus beiden Perspektiven nach und schreiben entsprechende Sprechblasen • Berufung des Levi und Mahl mit den Zöllnern, Bildbetrachtung: Das Mahl mit den Sündern, S. Köder; Mk 2,13–17 – Textpuzzle, Klammerkarten, Rollenspiel mit Perspektivenwechsel, → Erika Wailzer: Jesus Christus. Materialien für Regelunterricht und Freiarbeit, 23–28
Die Schülerinnen und Schüler kennen die Grundaussagen der Botschaft Jesu vom Reich Gottes und können ein Gleichnis darstellen → HS 5.1	• Das Reich Gottes ist wie ein Sauerteig – wie ein Senfkorn, Lk 13, 18–21 Misereor-Hungertuch: Biblische Frauengestalten – Wegweiser zum Reich Gottes, L. D'Souza. Hg. vom Bischöflichen Hilfswerk Misereor, Aachen 1990 Bildbetrachtung, Wahrnehmungsübung, Brot backen, Senfkorn einpflanzen, Was das Reich Gottes wachsen lässt … → Kursbuch Religion Elementar, 122, 123 Lied: Weißt du wo der Himmel ist, außen oder innen → Kursbuch Religion Elementar 2000 5/6, 154 • Das Gleichnis vom barmherzigen Samariter, Lk 10, 25–37 Farbholzschnitt: Der Samariter, Th. Zacharias – Bild verklanglichen; Bibel-Comic zeichnen; an einer Geschichte von heute entdecken, was es heißt Samariter zu sein → Unterrichtsideen 6, 134f

Die Schülerinnen und Schüler können Erfahrungen von Zuwendung und Ausgrenzung in Beziehung setzen zu Geschichten, in denen Jesus sich Menschen, insbesondere Außenseitern zuwendet → HS 5.2; 5.3	• Bild: Das Mahl mit den Sündern, S. Köder – Die Schülerinnen und Schüler zeichnen und beschriften die Bildelemente und stellen sie in einem Standbild nach. UG: Welche Erfahrungen machen die Menschen in der Tischgemeinschaft mit Jesus? Welche Erfahrungen habe ich mit Tischgemeinschaft in meiner Familie, welche Bedeutung hat gemeinsames Essen in meiner Clique … • Mk. 2, 13–17 lesen und mit Aussagen des Bildes vergleichen • Schülerinnen und Schüler stellen ihre eigenen Gemeinschaftserfahrungen (Gruppen Gleich- und Ähnlichgesinnter: Verein, Clique …) dar und vergleichen diese mit der Gemeinschaftserfahrung im Standbild • UG: Was bringt es mir, mit unterschiedlich Gesinnten an einem Tisch zu sitzen? (Neues erfahren, eigene Positionen überdenken; Empathie, Toleranz, Engagement …) • Was macht es mir leichter/schwerer, mich auf eine solche neue Gemeinschaft einzulassen? • Schülerinnen und Schüler suchen sich eine Begegnungs- oder Heilungsgeschichte aus und überlegen ihre Position bzw. Rolle in der Geschichte. Methoden: z.B. Körpererfahrung (aufgerichtet werden …), bibliodramatische Elemente Maria und Marta, Lk 10, 38–42 – Heilung des Gelähmten, Mk 2, 1–12 (s.o.) – Heilung der gebeugten Frau Lk 13, 10–13 – Bartimäus Mk 10 – Zachäus Lk 19 • Schülerinnen und Schüler ordnen ihre in den Rollen gemachten Erfahrungen folgenden übergeordneten Kategorien zu, z.B. Jesus nimmt an, richtet auf, heilt, macht Mut, widerspricht, schenkt einen Neuanfang
Die Schülerinnen und Schüler können entdecken und darstellen, was sie neu gelernt haben	• Menschen erzählen von ihrer Begegnung mit Jesus Die Schülerinnen und Schüler erhalten die in der UE erarbeiteten Bibeltexte und die Aufgabe, je einen Text zu lesen und in Ich-Form zu erzählen, was eine der Personen in der Begegnung mit Jesus erlebt und wie sie sich gefühlt hat. Die Schülerinnen und Schüler stellen ihre Person vor, die Mitschüler/innen raten, um wen es sich dabei handelt. → Unterrichtsideen 5, 121 • Auswertung der Lernlandkarte, Reflexion des Lernweges • Jesus: Begegnungen im Land der Bibel – Arbeit mit Lernkarten • Jesus-Wissens-Gruppenspiel → Erika Wailzer: Jesus Christus
Literatur	*Unterrichtspraktisches Material* Horst Klaus Berg/Ulrike Weber: Benjamin und Julius. Geschichten einer Freundschaft zur Zeit Jesu, Stuttgart [8]2008 Horst Klaus Berg/Ulrike Weber: Freiarbeit Religion: Mit Jesus beginnt etwas Neues, Stuttgart/München 1995 Horst Klaus Berg/Ulrike Weber: Freiarbeit Religion: So lebten die Menschen zur Zeit Jesu, Sonderausgabe Stuttgart 2007 S. Gastaldi/C. Musatti: Entdecke die Welt der Bibel, Neukirchen-Vluyn 2000 Unterrichtsideen Religion 5, Stuttgart 1996 Erika Wailzer: Jesus Christus. Materialien für Regelunterricht und Freiarbeit, Sek. I, Donauwörth 2004 *Schulbücher* Kursbuch Religion Elementar 5/6, Stuttgart/Braunschweig 2003 *Video/CD-ROM* Geheimakte Jesus. Ein biblisches Adventure-Game. CD-ROM Die interaktive Reise durch das Leben Jesu. Szenen, Musik, Videos, Spiele. CD-ROM Der Jordan. Bilderreise durch das biblische Land, Video VHS, Stuttgart 1996

Die Lebensverhältnisse Jesu darstellen

Bildungsstandards Realschule

Schwerpunktkompetenzen und weitere Kompetenzen	Die Schülerinnen und Schüler • **wissen über die Lebenswelt Jesu in Grundzügen Bescheid (RS 5.1)** • können den Festen im Kirchenjahr Lebensstationen Jesu zuordnen (RS 5.2) • können Geschichten der Zuwendung Jesu in Zusammenhang mit heutigen Situationen bringen (RS 5.3) • sind in der Lage, vor dem Hintergrund der eigenen christlichen Tradition andere Religionen wahrzunehmen (RS 7.1) • sind in der Lage, biblische Geschichten kreativ zu bearbeiten (RS 3.5)

Zur Lebensbedeutsamkeit	Die Geschichte des Juden Jesus von Nazareth ist Zentrum und Grundlage des christlichen Glaubens. In ihr zeigt sich Gott auf menschliche Weise. Kinder begegnen dieser Geschichte im Kirchenjahr in allgegenwärtigen religiösen Symbolen, wie z.B. dem Kreuz oder der Taube, aber auch in der persönlichen Religiosität. Mit dieser Geschichte sind persönliche Erfahrungen und Lebensthemen verbunden, wie Geburt und Familie, Liebe und Vergebung, Krankheit und Heilung, Leid, Tod und Leben nach dem Tode, Gericht und Verantwortung, aber auch die Hintergründe eigenen Redens und Denkens. Hier findet personale Identität Bezüge, um sich ausbilden zu können. Aus dem äußeren Sachverhalt, dass das Kirchenjahr den Rhythmus des Jahres bestimmt, ist zu entnehmen, dass die Geschichte Jesu auch das gesellschaftliche Leben und vor allem das kollektive Selbstverständnis mitbestimmt. Zentrale Erzählungen aus der Geschichte Jesu sind normativ geworden (Weihnachten, Barmherziger Samariter, Weltgericht). Mündigkeit schließt auch die Fähigkeit ein, kulturelle Grundlagen eigenständig auszulegen. Der Hinweis auf die Geschichte des Juden Jesus macht deutlich, dass das Abendland neben griechischen und römischen (vgl. das Recht) auch christliche und jüdische Wurzeln hat. Kirchliches Leben orientiert sich entscheidend an der Geschichte Jesu, sodass die Kenntnis dieser Geschichte vielfache Teilhabechancen eröffnet.

Elementare Fragen	Wer ist Jesus Christus? Warum feiern wir Weihnachten, Karfreitag, Ostern und Pfingsten? Was prägt unser Denken und Handeln?

Ein Blick auf katholische Bildungsstandards	Schülerinnen und Schüler • kennen aus dem Neuen Testament Erzählungen vom Leben, Sterben und Auferstehen Jesu Christi und die Ursprungsgeschichten zu den christlichen Festen (RS 3.3) • kennen die Botschaft Jesu Christi vom Reich Gottes, ausgedrückt in Heilungsgeschichten und Begegnungserzählungen (RS 6.3)

Leitmedien	• Bilder aus dem Leben Jesu (Haus, Synagoge, Tefillim, Tallit, Taufe, Heilung des Gichtbrüchigen, Zachäus, Einzug in Jerusalem, Letztes Abendmahl, Kreuzigung, Auferstehung, Pfingsten) → M 1 • Kirchenjahreskreis → M 2 • Zeichen des Kirchenjahres → M 3

Die Schülerinnen und Schüler können zeigen, was sie schon können und kennen	▪ Bilder M 1 einzeln und durcheinander anbieten und zu einer Geschichte zusammenfügen ▪ Im Kirchenjahreskreis M 2 zwei Hinweise auf die Geschichte Jesu finden ▪ Ein Weihnachtsbild (→ M 4) deuten und erzählen, wie es weitergeht. ▪ Anfertigen einer Mindmap mit der Mitte »So lebte Jesus« und den Ästen Heimat, Schule, Glaube, Fester, politische Verhältnisse, religiöse Gruppen, Ernährung, Kleidung. Die Mindmap wird im weiteren Gang der Einheit ergänzt und mit symbolischen Zeichen versehen ▪ Klärung einer Schlüsselfrage: Was weiß ich von Jesus, seinem Leben und seiner Zeit? Welche Geschichten kenne ich?
Die Schülerinnen und Schüler wissen, welche Kompetenzen es zu erwerben gilt, und können den Lernweg mitgestalten	▪ Überlegen, was man tun und lernen muss, damit man die Bildkarten M 1 fehlerlos darstellen kann ▪ Die Ausgangskompetenzen (s.o.) in Ich-Form vorstellen, gemeinsam bedenken und während der Einheit präsent halten z.B. durch Hefteintrag, Textkarten an der Tafel ▪ Ein gemeinsames Produkt definieren, wie z.B. ein Jesusheft, ein Jesusbuch, einen Jesuskalender, eine Ausstellung, eine Lernkartei für jeden, Bibelcomic, Kinderbibel ▪ Festlegen, wie man lernen möchte (gemeinsam, in Gruppen, Mädchen und Jungen getrennt, Mädchen und Jungen gemeinsam) ▪ Schülerinnen und Schüler betrachten Bilder zu dem Leben Jesu M 1 und klären, welche Geschichte sie erarbeiten und anderen erzählen wollen ▪ Miteinander klären: Was halte ich von dem Thema? Ist es interessant oder langweilig, wichtig oder unwichtig? Ist es eher ein Buben- oder ein Mädchenthema? Was möchte ich unbedingt lernen? Wie will ich lernen? (allein oder mit anderen; alle gemeinsam oder in Gruppen; mit oder ohne Computer; mit oder ohne Bücher; mit oder ohne Lieder; auswendig oder …)
Die Schülerinnen und Schüler können beschreiben, wie der Alltag von Jesus aussah → RS 5.1	▪ Schülerinnen und Schüler rekonstruieren ihre eigene Biografie anhand der Begriffe Haus, Ernährung, Heimat, Sprache, Taufe, Gottesdienst, Feste, politische Verhältnisse und stellen parallel dazu ihr Wissen von Jesus dar ▪ Das Dorfbild in Das Kursbuch Religion 1, 120f. untersuchen: Tätigkeiten von Männern, Frauen und Kinder, Landschaft, Klima und Vegetation sowie politische Verhältnisse herausfinden. Anschließend zeigen die Schülerinnen und Schüler darin, was man von Jesus erkennen kann ▪ Schülerinnen und Schüler betrachten das Dorfbild und untersuchen dieses auf Wohnform, Tätigkeiten von Frauen, Männern, Kindern, auf Tiere, Pflanzen, Klima, religiöses Leben und politische Verhältnisse. Abschließend suchen sie darin biblische Erzählungen, die sie kennen (z.B. Mt 20,1–16 Arbeiter im Weinberg; Mk 1,16–20 Berufung der ersten Jünger; Mk 1,29–31 Heilung der Schwiegermutter des Petrus; 2,13–17 Berufung des Levi; Mk 2,13–28 Ährenausraufen am Sabbat, Mk 4,35–41 Sturmstillung) ▪ Film »Die Welt der Gleichnisse Jesu« (16 Min.) ▪ Galiläisches Haus basteln (mithilfe von Das Kursbuch Religion 1, Lehrermaterialien, M 63) ▪ Schülerinnen und Schüler bereiten ein Essen wie zur Zeit Jesu (Fladenbrot, Oliven, Gurken, Käse, Butter, Zwiebeln, Lauch, vgl. Das Kursbuch Religion 1, 118) und überlegen, wie das Land aussah, in dem Jesus gelebt hat
Die Schülerinnen und Schüler können die Heimat Jesu beschreiben und in biblischen Texten wieder finden → RS 5.1	▪ Schülerinnen und Schüler betrachten eine Landkarte ihres Bundeslandes und erzählen, was sie davon wissen und kennen. Sie überlegen, wie die Landkarte der Heimat von Jesus aussah. Sie zeichnen mithilfe der Karte in der Lutherbibel oder einer Landkarte der Heimat von Jesus. Sie tragen Gebirge, Flüsse, Städte und Grenzen ein

- In Gleichniserzählungen Hinweise auf das Land Jesu finden (Mk 4,1–9; Mk 3,23–38; Mk 1,16–18; Mt 13,31–33; Mk 2,1–12) und eine Landkarte gestalten (vgl. auch Kursbuch Religion Elementar 108)
- Video »Das Land, aus dem Jesus kam« (60 Min.). Dokumentarfilm zu Orten und Gebieten des heutigen Israel, an denen Jesus wirkte

---

Die Schülerinnen und Schüler können die politischen Verhältnisse zur Zeit Jesu erzählend darstellen
→ RS 5.1

- Die politischen Verhältnisse recherchieren und einander wichtige Entdeckungen mitteilen (Asterix; Was ist Was, Heft 55; Bibel-CD Geheimakte Jesus, Bibelstellen)
- Eine Erzählung kennen lernen (U. Wölfel, Isaak und Claudius, in: Neidhardt/Eggenberger, Erzählbuch zur Bibel 1975, 162–169 oder Werner Laubi, Der Widerstandskämpfer, in: ders. Geschichten zur Bibel 4/1, 1988, 14–19; Berg/Weber, Benjamin und Julius, 1996) und dazu eine Nacherzählung anfertigen oder in eine Bildergeschichte, in einen Aufsatz oder in ein Rollenspiel fassen
- Bearbeitung einer Schulbuchseite: Unser Land ist von Römern besetzt (Kursbuch Religion Elementar, 110f.)
- Rollenspiel »Ärger am Zoll«, (Das Kursbuch Religion 1, 122). Evtl. überlegen, wie von den Beteiligten die Berufung des Levi Mk 2,13–17 erlebt wurde
- Die Meinung der politischen Parteien zu den Römern in Sprechblasen darstellen mithilfe Das Kursbuch Religion 1, 123 oder Kursbuch Religion Elementar 112f.

Die Schülerinnen und Schüler können den Glauben und die Religion Jesu darstellen
→ RS 5.1; 7.1

- Arbeitsteilig herausarbeiten, in welchem Glauben Jesus groß geworden ist, und die Ergebnisse vorstellen sowie ein zusammenfassendes Credo formulieren. Mögliche Themen für die Gruppen:
  1. Die Zeichen des Pessachfestes erläutern und bestimmen, was Jesus jedes Jahr gehört hat. (Das Kursbuch Religion 1, 191, 192f. oder → Kursbuch Religion Elementar, 118f.)
  2. Aus dem Religionskoffer Judentum wichtige Zeichen des jüdischen Glaubens zeigen (Teffilin, Tallit, Menora) und bestimmen, was sie für Jesus vermutlich bedeutet haben müssten (Kursbuch Religion Elementar, 117)
  3. Synagoge mithilfe von Das Kursbuch Religion 1 Lehrermaterialien, M 64 basteln und daran den Unterschied zu einer Kirche verdeutlichen. Überlegen, wie es Jesus in einer solchen Synagoge gegangen ist
  4. Den Glauben Jesu aus Lk 2,41–52; 2,21–40; 4,16–21, 10,25–27, 15,8–10 entnehmen und zu jedem Bibeltext ein Plakat zeichnen und anderen zeigen
  5. Ein Gebetbuch Jesu mit Ps 22, Ps 23, Ps 126, Lk 11,1–4 gestalten, anschließend ein Glaubensbekenntnis von Jesus formulieren
- Schülerinnen und Schüler legen mithilfe von Unterrichtsideen 5, 123f. ein Kinderalbum von Jesus an und beschriften es. Das Kursbuch Religion 1, 118f. bietet Hilfen bei der Erstellung von Kommentartexten
- Arbeitsteilige Bearbeitung eines Kapitels zum Judentum, z.B. Das Kursbuch Religion 1, 191–197. Präsentation der Ergebnisse. Anschließend überlegen, was Jesus schätzte
- Video »Feste und Feiern im Judentum« (Dauer 28 Min.). Dokumentarfilm über Beschneidung, Bar Mizwa und Hochzeit. Überlegen wie Jesus das wohl erlebt hat
- Betrachten des Röntgenbildes einer Synagoge (Das Kursbuch Religion 1, 119). Was ist zu erkennen? Was unterscheidet diese von einer evangelischen oder katholischen Kirche? Synagoge basteln mithilfe von Das Kursbuch Religion Lehrermaterialien, M 64
- Schülerinnen und Schüler erzählen, was sie von heutigen Parteien wissen. Sie schließen an, was sie von Parteien zur Zeit Jesu wissen. Textarbeit (Das Kursbuch Religion 1, 123). Verknüpfen der Parteien mit symbolischen Zeichen (ebd.)
- An Mk 2,13–17 und Mk 12,13–17 herausfinden, was Jesus von den Pharisäern und den Zeloten unterscheidet und das Ergebnis mit Das Kursbuch Religion 1, 123 vergleichen

Die Schülerinnen und Schüler können Bilder aus der Reich-Gottes-Botschaft Jesu beschreiben → RS 3.5	• Überlegen, warum Petrus und Andreas Jesus gefolgt sind (Mk 1,16–18) • Aus Mk 4,30–32; Mk 10,35–45; Lk 4,16–21; Lk 14,15–24; Lk 15,3–7 eine Hoffnungscollage entwickeln und einander zeigen • Eigene Träume träumen mithilfe einer Phantasiereise und mit den Träumen Jesu in Lk 4,16–21 vergleichen
Die Schülerinnen und Schüler können das Besondere von Jesus formulieren → RS 5.3	• Die Predigt von Johannes dem Täufer und von Jesus miteinander vergleichen (Lk 3,1–14 und Lk 15,11–32). Zu jeder Botschaft ein Bild zeichnen und Unterschiede herausstellen • Lk 19,1–10 und Joh 8,1–11 miteinander vergleichen, Unterschiede und Gemeinsamkeiten bestimmen. Die Eigenart Jesu bestimmen und eine Geschichte schreiben, wie Jesus heute handeln würde (Schreibwerkstatt) • Mk 2,1–12 mit dem Bild M 5 vergleichen und herausfinden, worüber sich Schriftgelehrte und Pharisäer aufregen • Schülerinnen und Schüler erhalten Kärtchen mit der Angabe eines Bibeltextes (z.B. Mk 2,13–17 Levi; Mk 2,1–12 Gichtbrüchiger; Mk 3,20–22.31.35 Familie Jesu; Mk 1,16–16 Simon, Andreas, Jakobus, Johannes; Mk 2,23–28 Pharisäer; Mk 6,30–44 Einer der 5000; Mk 3,1–6 Mann mit verdorrter Hand; Mk 10,17–22 Reicher Jüngling; Lk 7,1–10 Hauptmann von Kapernaum; Lk 8,1–3 Frauen). Sie suchen sich eine Erzählfigur aus dem Text und erzählen ihre Geschichte in Ich-Form ohne Namensnennung. Die anderen Schülerinnen und Schüler raten, um wen es sich handelt, und formulieren abschließend einen Steckbrief von Jesus
Die Schülerinnen und Schüler können den Festen des Kirchenjahres Lebensstationen Jesu zuordnen → RS 5.2	• Mit Egli-Figuren die Geschichte Jesu nachspielen: Jeweils eine Gruppe erhält einen Bibeltext (Lk 2,1–20; Mk 11,1–11; 14,12–25; 20–41; 16,1–8; Apg 2) und entwirft dazu eine Spielerzählung. Weitere Erzählungen ergänzen. Anschließend suchen die Schülerinnen und Schüler Zuordnungen zu dem Kirchenjahr • Den Zeichen des Kirchenjahres M 3 Bilder zu dem Leben Jesu M 1 zuordnen • Das Kirchenjahr mithilfe von M 2 rekonstruieren, die Jesusgeschichte zuordnen und dazu Zeichen erfinden
Die Schülerinnen und Schüler können entdecken und darstellen, was sie neu gelernt haben	• Symbolzeichen des Kirchenjahres M 3 deuten • Ausgewählte Bilder zu den Lebensstationen Jesu anderen erläutern • Das Storyboard eines Jesusfilmes entwerfen und vorstellen • Einen Kalender mit den kirchlichen Feiertagen anfertigen • Quiz zu Jesus entwickeln • Schülerinnen und Schüler erhalten in sechs Gruppen: eine Speisekarte von heute, die Landkarte des Bundeslandes, das Innenbild einer evangelischen Kirche, das Bild einer Konfirmation, das Bild einer Wohnung, das Bild einer Stadt. Sie stellen dar, was bei Jesus gleich und vor allem anders war • Schüler-Feedback-Fragen bearbeiten (als Fragebogen anlegen): Was kann ich jetzt besser? Was habe ich für mich dazu gelernt? Was fiel mir leicht? Was fiel mir schwer? Was hat mich gestört? Was möchte ich in meine Lernkartei (Lerntagebuch, Lernjournal) aufnehmen? Was möchte ich noch genauer wissen? Welche Lernmethode hat mir am meisten Spaß gemacht? Was hat der Lehrer/die Lehrerin bei unserem Thema besonders gut gemacht? Welche schwere Frage kenne ich, auf die nur ich eine Antwort weiß?

Literatur

Unterrichtspraktisches Material

Horst Klaus Berg/Ulrike Weber, Benjamin und Julius. Geschichten einer Freundschaft zur Zeit Jesu, Stuttgart [8]2008

Horst Klaus Berg/Ulrike Weber, Freiarbeit Religion: So lebten die Menschen zur Zeit Jesu, Sonderausgabe Stuttgart 2007

Walter Bühlmann, Wie Jesus lebte, Luzern 1994

Peter Conolly, Das Leben zur Zeit des Jesus von Nazareth, Nürnberg 1994

Werner Laubi, Der Widerstandskämpfer, in: ders. Geschichten zur Bibel 4/1, Lahr/Düsseldorf 1988, 14–19

John Rogerson, Das Land der Bibel, 1993

Unterrichtsideen Religion 5, Stuttgart 1996, 113–131

Ursula Wölfel, Isaak und Claudius, in: Neidhardt/Eggenberger, Erzählbuch zur Bibel 1975, 162–169

Wolfgang Zwickel, Die Welt des Alten und des Neuen Testaments. Ein Sach- und Arbeitsbuch, Stuttgart 1997

Schulbücher

Das Kursbuch Religion 1, Stuttgart/Braunschweig 2005, 118–123

Kursbuch Religion Elementar 5/6, Stuttgart/Braunschweig 2003, 106–119

SpurenLesen 1, Stuttgart/Braunschweig 2007

Video/CD-ROM

Geheimakte Jesus (CD zur Bibel)

Film »Die Welt der Gleichnisse Jesu« (16 Min.)

Video »Das Land, aus dem Jesus kam« (60 Min.). Dokumentarfilm zu Orten und Gebieten des heutigen Israel, an denen Jesus wirkte

Video »Feste und Feiern im Judentum« (28 Min.)

M 1 Bilder zum Leben Jesu

M 2 Kirchenjahreskreis

Farbige Vorlage siehe Seite 262

M 3 Zeichen des Kirchenjahres

M 4 Weihnachtsbild

aus: Das Kursbuch Religion 1

M 5 Heilung des Gichtbrüchigen

aus: Das Kursbuch Religion 1

Farbige Vorlage siehe Seite 263

Lebensstationen Jesu wiedergeben

Bildungsstandards Gymnasium

Schwerpunktkompetenzen und weitere Kompetenzen	Die Schülerinnen und Schüler • **können die Geschichte Jesu in Grundzügen wiedergeben, wie sie in der Bibel erzählt wird und sich in den Festen des Kirchenjahres spiegelt (GY 5.1)** • kennen die Grundstruktur des Kirchenjahres mit seinen Hauptfesten und die zugehörigen biblischen Geschichten (GY 1.2) • kennen zu den wichtigsten Festen im Kirchenjahr eine biblische Erzählung (GY 3.4) • kennen Aufbau und Überlieferung der Bibel und können Textstellen nachschlagen (GY 3.1)
Zur Lebensbedeutsamkeit	Der Zeittakt des Schuljahres wie des Jahres insgesamt wird im Wesentlichen durch den christlichen Festkalender bestimmt. »Alle Jahre wieder« begehen wir persönlich, familiär, aber auch gesellschaftlich und selbstverständlich kirchlich die Lebensstationen Jesu und durchschreiten so feiernd die Geschichte Jesu. Die damit verbundenen christlichen Symbole begegnen im Alltag und weisen darauf hin, dass die Geschichte Jesu Christi Zentrum und Grundlage des christlichen Glaubens und prägendes Element der abendländischen Tradition ist. Diese Geschichte stellt grundlegende Deutungen für das persönliche und gesellschaftliche Leben bereit und gibt Gelegenheit über persönliche Erfahrungen und Lebensthemen wie z.B. Geburt und Taufe, Tod und Leben nach dem Tod, aber auch verantwortliches Leben und Lebenshoffnungen nachzudenken.
Elementare Fragen	Wer ist Jesus? Kann ein Mensch zugleich Gott und auch ein Mensch sein? Warum feiern Christen Weihnachten, Karfreitag, Ostern und Pfingsten?
Ein Blick auf katholische Bildungsstandards	Die Schülerinnen und Schüler können an einem Beispiel erklären, dass Jesus für Menschen heute ein Vorbild für den Umgang mit anderen ist (GY 5.5)
Leitmedien	• Bildkarten Lebensstationen Jesu (Kap. Die Lebensverhältnisse Jesu darstellen M 1) • Kirchenjahreskreis mit symbolischen Zeichen der Christusfeste (Kap. Die Lebensverhältnisse Jesu darstellen M 2) • Symbolische Zeichen der Christusfeste im Kirchenjahr: Krippe, Kreuz, leeres Grab, Palmzweige, Kelch und Brot, Dornenkrone (Kap. Die Lebensverhältnisse Jesu darstellen M 3)
Die Schüler und Schülerinnen können zeigen, was sie schon können und kennen → GY 5.1; 1.2	• Symbolische Zeichen in einem Kirchenjahreskreis deuten und dazugehörige Geschichten erzählen • Bilder zu wichtigen Lebensstationen Jesu nach bekannt und unbekannt sortieren und einander die darin dargestellten Erzählungen erzählen • Ein Weihnachtsbild deuten und einander erzählen, wie es mit der Geschichte Jesu weitergegangen ist, dabei fünf Stationen benennen (Das Kursbuch Religion 1, 116f.) • Klärung von Schlüsselfragen: Was weiß ich von Jesus, seinem Leben und seiner Zeit? Welche Geschichten kenne ich? • Das Storyboard für einen Jesusfilm entwerfen. Bestimmen, was unbedingt darin enthalten sein muss

Die Schülerinnen und Schüler wissen welche Kompetenzen es zu erweitern gilt und können ihren Lernweg mitgestalten	• Schülerinnen und Schüler betrachten Lernkarten mit Bildern zu den Lebensstationen Jesu und klären, welche Geschichte sie erarbeiten und anderen erzählen wollen • Miteinander klären: Was halte ich von dem Thema? Ist es interessant oder langweilig, wichtig oder unwichtig? Ist es eher ein Buben- oder ein Mädchenthema? Was möchte ich lernen? Wie will ich lernen? (allein oder mit anderen; alle gemeinsam oder in Gruppen; mit oder ohne Computer; mit oder ohne Bücher; mit oder ohne Lieder; auswendig oder …)
Die Schülerinnen und Schüler können erzählen, wie es zur Taufe Jesu kam, wie es Jesus dabei erging und was die Rede vom Sohn Gottes meint → **GY 5.1; 1.2**	• Drei unterschiedliche Bibeltexte (Mk 1, Lk 3, Joh 1) miteinander vergleichen • Bilder von der Taufe Jesu, Bibeltextnacherzählung (z.B. Laubi) und Szene aus einem Jesus-Film miteinander vergleichen (Das Kursbuch Religion 1, 124) • Eine Nacherzählung z.B. von Werner Laubi durch zwei Schüler/innen vorbereiten und darstellen lassen • Die Taufe Jesu am biblischen Text durch Erzählpantomime nachempfinden. Klasse ist Jesus und nimmt immer wieder die vermutete Haltung Jesu ein • Die eigene Taufe mit der Taufe Jesu vergleichen • Die Taufe Jesu in den Kirchenjahreskreis einordnen (6. Januar) • Die Taube erzählt von der Taufe Jesu (Schüler/innen oder Lehrer/innen-Erzählung)
Die Schülerinnen und Schüler können die Reich-Gottes-Botschaft Jesu in eigenen Worten darstellen und erzählen, wie Jesus Jünger und Jüngerinnen beruft → **GY 5.1; 1.2**	• Zu Mk 1,14f. einen Comic zeichnen und diesen mit einem Jesus-Comic (z.B. Rüdiger Pfeffer) vergleichen. • Die Reich Gottes Botschaft Jesu mit der von Johannes dem Täufer vergleichen (Das Kursbuch Religion 1, 125) • Die Reich-Gottes-Botschaft Jesu in einem Plakat ohne Worte darstellen und miteinander vergleichen (Vernissage) • Die Berufung von Petrus und Andreas (Mk 1,16–20) mit der von Maria von Magdala (Lk 8,1–3) vergleichen und dazu zwei ausführliche Geschichten entwickeln • Die erste Predigt in Nazareth (Lk 4,16–30) sowie die Predigt von Johannes dem Täufer (Lk 3,1–14) pantomimisch (z.B. für Gehörlose) darstellen und miteinander vergleichen • Überlegen, warum die Berufung des reichen Jünglings (Mk 10,17–27) gescheitert ist • Bilder, Bibeltexte und Filmszenen zur Berufung der Jünger vergleichen • Ein Fischernetz erzählt von einer ungewöhnlichen Begebenheit (Schüler/innen oder Lehrer/innen-Erzählung)
Die Schülerinnen und Schüler können an zwei ausgewählten Begegnungsgeschichten zeigen, wie sich Jesus unkonventionell und vorbildhaft verhielt	• Schülerinnen- und Schüler-Aufsatz: Ein Mensch, den ich besonders gut finde • Schülerinnen und Schüler fantasieren: Was ist an Jesus anders als bei anderen? • Schülerinnen und Schüler entwickeln ein Persönlichkeitsprofil für Jesus und begründen ihre Zuordnung • Schülerinnen und Schüler lesen Lk 19,1–9 und überlegen, warum Zachäus die Hälfte von seinem Besitz den Armen gegeben hat. Rollenspiel: Zachäus erzählt seiner Frau oder einem Freund, warum er das gemacht hat • L erzählt Joh 8,1–11 bis Vers 5. Wie geht es weiter? Schülerinnen und Schüler produzieren verschiedenen Lösungen und halten sie schriftlich oder zeichnerisch fest • Ähnliche Situationen wie bei Zachäus oder bei der Ehebrecherin aus dem eigenen Leben sammeln und bestimmen, wie Jesus gehandelt hätte. Arbeitsteilig neue Bibelgeschichte schreiben. Dann nach ganz anderen Situationen suchen • Die eigenen Einsichten mit den Anfangsvorstellungen vergleichen. Was hat sich geändert? Was finde ich an Jesus besonders gut? • Weitere biblische Begegnungen einbeziehen: Lk 7,36–50 (Jesus und die große Sünderin), Mk 10,17–22 (Jesus und der reiche Jüngling). Ändert sich etwas an unserem Bild?

Die Schülerinnen und Schüler können den Einzug in Jerusalem und die Tempelreinigung aus der Perspektive unterschiedlicher Gruppen nacherzählen und darstellen → GY 5.1; 1.2	• Gemeinsam EG 13, Tochter Zion, hören und singen. Überlegen, worüber man sich freuen soll • Mk 11,1–11, 15–19 nachspielen und dabei Pilger, Jünger, Hohepriester und Schriftgelehrten sowie Römer mitwirken lassen • Zu Mk 11,1–11, 15–19 Berichte aus verschiedenen Perspektiven schreiben lassen und vorstellen • Eine bildhafte Darstellung des Einzuges mithilfe Mk 11,1–11, 15–19 rekonstruieren, dazu Kommentare aus verschiedener Perspektive entwerfen und das Bild ergänzen (Das Kursbuch Religion 1, 126) • Ein Palmzweig erzählt seine Geschichte mit Jesus (Schüler/innen- oder Lehrer/innen-Erzählung)
Die Schülerinnen und Schüler können das letzte Abendmahl Jesu mit seinen Jüngern nachstellen und Deutungen der Abendmahlsworte formulieren → GY 5.1; 1.2	• Das Abendmahlsbild von Leonardo da Vinci oder ein anderes Bild nachstellen und mithilfe von Mk 14,12–25 die Szene einordnen, gemeinsam herausfinden, was Jesus mit seinen Worten den Jüngern sagt (Das Kursbuch Religion 1, 127) • Zu Mk 14,12–25 ein Bild zeichnen und mit Abendmahlsdarstellungen aus der Kunst vergleichen • Die Abendmahlsworte Mk 14,22–24 in Dialekt übersetzen • Mk 14,12–25 als Bericht eines Jüngers (nicht Judas) niederschreiben • Die biblische Abendmahlserzählung mit dem Ausschnitt eines Jesusfilmes vergleichen • Theologisieren: Soll Jesus Judas vom letzten Mahl ausschließen? • Weinkrug, Becher und Brotteller erzählen ihre Geschichte
Die Schülerinnen und Schüler können die Kreuzigung Jesu mithilfe der Tageszeiten und beteiligter Personen nacherzählen und vermutliche Gründe für die Verurteilung benennen → GY 5.1; 1.2	• Mk 15,20–41 aus der Perspektive der Frauen sowie von Soldaten, Hohepriestern und Schriftgelehrten sowie dem römischen Hauptmann nacherzählen (Das Kursbuch Religion 1, 128) • Eine Kreuzigungsdarstellung mit Worten versehen und vor anderen inszenieren • Verschiedene Kreuzigungsdarstellungen miteinander und mit Mk 15,20–41 vergleichen • Theologisieren: Warum haben die Leute Jesus ans Kreuz geschlagen? Warum gibt es überhaupt Mord und Totschlag? • Ein Kreuz erzählt von einer schlimmen Geschichte (Schüler/innen- oder Lehrer/innen-Erzählung)
Die Schülerinnen und Schüler können zwei unterschiedliche Begegnungen mit dem Auferstandenen nacherzählen und können formulieren, wie diese Begegnung Menschen verändert hat → GY 5.1; 1.2	• Theologisieren: Was ist mit Jesus am Ostermorgen um 4 Uhr geschehen? • Zu Mk 16,8, Lk 24,36, Lk 24,34, Joh 20,18 in Kleingruppenarbeit Geschichten schreiben, diese mit dem Bibeltext vergleichen • Mk 16,1–8 mit Joh 20,1–18 vergleichen (Das Kursbuch Religion 1, 129) • Ein Auferstehungsbild betrachten und herausfinden, auf welche Bibeltexte es sich bezieht • Zu Begegnungserzählungen von Maria von Magdala und Petrus vorher und nachher Bilder zeichnen (Das Kursbuch Religion 1, 129) • Osterlieder singen und darüber nachdenken, wie es zu diesen gekommen ist • Herausfinden, warum Christen in Katakombengräbern Darstellungen von Daniel in der Löwengrube an die Wände gemalt haben und das darin aufgehobene Glaubensbekenntnis formulieren • Das leere Grab erzählt, was in ihm geschehen ist (Schüler/innen oder Lehrer/innen-Erzählung)

Die Schülerinnen und Schüler können darstellen, was sie gelernt haben	• Lernkarten selber gestalten und in Lernkartei einfügen • Spiel mit Lernkarten • Symbolzeichen des Kirchenjahres ordnen und deuten • Ausgewählte Bilder zu den Lebensstationen Jesu anderen erläutern • Einen Jesusfilmes betachten und mit den biblischen Erzählungen oder aber einem eigenen Storyboard vergleichen • Einen Jesus-Kalender zu den kirchlichen Feiertagen anfertigen • Quiz zu den Lebensstationen Jesu entwickeln und es miteinander spielen • Schüler-Feedback-Fragen bearbeiten (als Fragebogen anlegen): Was kann ich jetzt besser? Was habe ich für mich dazu gelernt? Was fiel mir leicht? Was fiel mir schwer? Was hat mich gestört? Was möchte ich in meine Lernkartei (Lerntagebuch, Lernjournal) aufnehmen? Was möchte ich noch genauer wissen? Welche Lernmethode hat mir am meisten Spaß gemacht? Was hat der Lehrer/die Lehrerin bei unserem Thema besonders gut gemacht? Welche schwere Frage kenne ich, auf die nur ich eine Antwort weiß?

Literatur

Unterrichtspraktisches Material

Ingo Baldermann, Der Himmel ist offen. Jesus aus Nazareth: eine Hoffnung für heute, München 2002

Peter Biehl, Festsymbole. Zum Beispiel: Ostern, Neukirchen-Vluyn 1999

Peter Biehl, Symbole geben zu lernen, Neukirchen-Vluyn [3]2002

Peter Biehl, Symbole geben zu lernen II, Neukirchen-Vluyn 1993

Werner Laubi, Geschichten zur Bibel 4/1, Lahr/Düsseldorf 1988

Schulbücher

Das Kursbuch Religion 1, Stuttgart/Braunschweig 2005, 124–129

SpurenLesen 1, Stuttgart/Braunschweig 2007

Fachliteratur

Fritz Krotz, … für uns gestorben? Zugänge zur Geschichte von der Passion Jesu, Neukirchen-Vluyn 1987

Gerd Theißen/Annette Merz, Der historische Jesus, Göttingen [3]2001

Zeit und Umwelt Jesu darstellen

Bildungsstandards Gymnasium

Schwerpunktkompetenzen und weitere Kompetenzen	Die Schülerinnen und Schüler • **verfügen über Grundkenntnisse zu Zeit und Umwelt Jesu, soweit sie zum Verständnis der ausgewählten Gleichnisse nötig sind (GY 5.2)** • können Feste, Rituale und Symbole jüdischen Glaubens und Lebens beschreiben (GY 7.1) • können erklären, dass die Person Jesus von Nazareth Judentum und Christentum verbindet und trennt (GY 5.4) • kennen Aufbau und Überlieferung der Bibel und können Textstellen nachschlagen (GY 3.1)
Zur Lebensbedeutsamkeit	Kinder verfügen schon über Kenntnisse über die Zeit und Umwelt Jesu sowie über jüdische Feste, Rituale und Symbole. Diese Kenntnisse sind aber zum Teil episodisch und bedürfen der Bündelung und der sachkundlichen Vertiefung. Sie bilden eine wichtige Voraussetzung, um neutestamentliche Texte, insbesondere aus den Evangelien, verstehen zu können sowie die Zugehörigkeit Jesu zum Judentum und die jüdischen Wurzeln des christlichen Glaubens zu erkennen. Die Einsicht, dass Jesus Jude war und im jüdischen Glauben gelebt hat, kann ein Gegenlager zu antijudaistischen Vorurteilen bilden. Gleichzeitig wird deutlich, dass das Denken, Reden und Handeln von Menschen immer von kulturellen, politischen und geographischen Verhältnissen geprägt ist. Die Einheit macht deutlich, dass Christentum und Kirche, letztlich aber auch das europäische Abendland jüdische Wurzeln haben.
Elementare Fragen	Wie lebten die Menschen zur Zeit Jesu? Was ist heute anders als früher? Was war früher anders als heute? Woher kommen unsere Worte, unsere Geschichten, unsere Lieder, unsere Feste, unsere Vorstellungen von Gut und Böse? Was prägt unser Denken, Reden und Handeln?
Blick auf katholische Bildungsstandards	Die Schülerinnen und Schüler • können an einem Beispiel erläutern, dass Jesus im Judentum beheimatet ist (GY 5.3) • kennen wesentliche Elemente der jüdischen Religion und des jüdischen Lebens (GY 7.1)
Leitmedium	Dorfbild aus Galiläa (Das Kursbuch Religion 1, 120f.)

Die Schüler und Schülerinnen können zeigen, was sie schon können und kennen	• Schülerinnen und Schüler rekonstruieren ihre eigene Biografie anhand der Begriffe Haus, Ernährung, Heimat, Sprache, Taufe, Gottesdienst, Feste, politische Verhältnisse und stellen parallel dazu ihr Wissen von Jesus dar • Schülerinnen und Schüler erhalten das Dorfbild und zeigen darin, was man von Jesus erkennen kann (vgl. Das Kursbuch Religion 1, 120f.) • Anfertigen einer Mindmap mit der Mitte »So lebte Jesus« und den Ästen Heimat, Schule, Glaube, Fester, politische Verhältnisse, religiöse Gruppen, Ernährung, Kleidung, vgl. auch Unterrichtsideen 5, 116f.
Die Schülerinnen und Schüler wissen, welche Kompetenzen es zu erwerben gilt, und können ihren Lernweg mitgestalten	• Schülerinnen und Schüler erhalten die Lernkarten sowie das Dorfbild. Sie tragen ihr Wissen zusammen und formulieren offene Fragen • Schülerinnen und Schüler formulieren, was Menschen in 2000 Jahren von ihnen wissen müssten, um zu verstehen, wie sie gelebt haben. Anschließend formulieren sie, was sie von Jesus wissen müssten und was sie schon wissen • Schülerinnen und Schüler tragen zusammen, woher man wohl Informationen über das Leben Jesu (vor 2000 Jahren) erhalten könnte und übernehmen ggfs. eine Rechercheaufgabe
Die Schülerinnen und Schüler können darlegen, wie der Alltag von Jesus aussah → GY 5.2; 3.1	• Vergleich Damals – Heute: Schülerinnen und Schüler erarbeiten arbeitsteilig mithilfe des Anhangs ihrer Bibel eine Synopse Heute und Jesuszeit zu Geld, Maße und Gewichten. Sie vergleichen Längenmaße (km, m, cm), Hohlmaße (l) Gewichte (kg, g) sowie Geldeinheiten (Euro, Cent) mit den entsprechenden Größen aus der Zeit des NT. Sie wenden dann ihr Wissen z.B. auf das Gleichnis von der verlorenen Münze (Lk 15,7–10), vom Schalksknecht (Mt 18,23–24), Arbeiter im Weinberg (Mt 20,1–16) an. Um wie viel Geld geht es jeweils? • Forscherspiel: Schülerinnen und Schüler stellen zusammen, was sie über Arbeit und Gehalt sowie Erbschaft wissen. Sie finden dann in Gruppen heraus, was man an dem Gleichnis von den Arbeitern im Weinberg Mt 20,1–16 und im Gleichnis vom verlorenen Sohn Lk 15,11–32 über die Verhältnisse zur Zeit Jesu herausfinden kann. Sie schreiben kleine Lexikonartikel • Schülerinnen und Schüler notieren, wie sie wohnen, was sie essen, was ihre Eltern von Beruf sind und was sie die Woche über machen. Anschließend ergänzen sie, was sie von Jesus dazu wissen, und fügen Informationen aus Das Kursbuch Religion 1, 118f. ein. Feststellen von Unterschieden und Gemeinsamkeiten • Schülerinnen und Schüler bereiten ein Essen wie zur Zeit Jesu (Fladenbrot, Oliven, Gurken, Käse, Butter, Zwiebeln, Lauch, Gurken, vgl. Das Kursbuch Religion 1, 118) und überlegen, wie das Land aussah, in dem Jesus gelebt hat (Gleichnis vom Feigenbaum, selbstwachsender Saat, Senfkorn, Sauerteig, Sämann) • Schülerinnen und Schüler betrachten das Dorfbild und untersuchen dieses auf Wohnform, Tätigkeiten von Frauen, Männern, Kindern, auf Tiere, Pflanzen, Klima, religiöses Leben und politische Verhältnisse. Anschließend suchen sie darin biblische Erzählungen, die sie kennen (z.B. Mt 20,1–16 Arbeiter im Weinberg; Mk 1,16–20 Berufung der ersten Jünger; Mk 1,29–31 Heilung der Schwiegermutter des Petrus; 2,13–17 Berufung des Levi; Mk 2,13–28 Ährenausraufen am Sabbat, Mk 4,35–41 Sturmstillung) • Film »Die Welt der Gleichnisse Jesu« (16 Min.) • Galiläisches Haus basteln mithilfe von Das Kursbuch Religion 1, Lehrerhandbuch, M 63 (Gleichnis von der verlorenen Münze Lk 15,7–10) • Schülerreferate zu Häusliches Leben (Conolly 52–55; Bühlmann 25–28), Landwirtschaft (Conolly 64f.; Bühlmann 47–51), Berufe (Bühlmann 28f.)

Die Schülerinnen und Schüler können das Heimatland, in dem Jesus gelebt hat, beschreiben → GY 5.2; 3.1	• Forscherspiel: Schülerinnen und Schüler erarbeiten am Gleichnis vom barmherzigen Samariter, was man über Landschaft, Gruppen und Lebensverhältnisse zur Zeit Jesu herausfinden kann. Sie zeichnen eine Landkarte (aus dem Anhang der Bibel oder Conolly 66f.) und fertigen eine Beschreibung der beteiligten Gruppen und Personen (Priester, Levit, Samariter, Räuber, Wirt, überwiegend mithilfe der Sach- und Worterklärungen der Bibel sowie Hinweise in Das Kursbuch Religion 1). Sie überprüfen dann das Bild von Julius Schnorr von Carolsfeld (M 1), ob er die Verhältnisse gut getroffen hat
	• Schülerinnen und Schüler betrachten eine Landkarte ihres Bundeslandes und erzählen, was sie davon wissen und kennen. Sie überlegen, wie die Landkarte der Heimat von Jesus aussah. Sie zeichnen mithilfe der Karte in der Lutherbibel eine Landkarte der Heimat von Jesus. Sie tragen Gebirge, Flüsse, Städte und Grenzen und vor allem den Weg von Jericho nach Jerusalem ein (Barmherziger Samariter Lk 10,25–37)
	• Biblische Sachkunde: Schülerinnen und Schüler erhalten folgende Bibeltexte Mk 1,16–20; 1,21–28; 2,1–12; 4,1–9; 4,15–41; 10,46–52; 11,1–11; 11,15–19; 15, 20–41. Sie arbeiten heraus, was sie über das Heimatland von Jesus erfahren
	• Video »Das Land, aus dem Jesus kam«, Dauer 60 Min. Dokumentarfilm zu Orten und Gebieten des heutigen Israel, an denen Jesus wirkte. Hinweise zum Provinzsystem und für ein Schülerreferat findet man bei Conolly 48f.
Die Schülerinnen und Schüler können die jüdische Religion Jesu darstellen → GY 7.1; 3.1	• Forscherspiel: Schülerinnen und Schüler lesen das Gleichnis vom Pharisäer und Zöllner (Lk 17,9–14) und arbeiten alle sachkundlichen Details heraus. Was muss man wissen, um das Gleichnis zu verstehen? Schülerinnen und Schüler erarbeiten in arbeitsteiligen Gruppen an den Themen Tempel (Conolly 34.35.37), Pharisäer und Zöllner (Conolly 30f.; Das Kursbuch Religion 1) Beten und Fasten.
	• Schülerinnen und Schüler erhalten Bilder des siebenarmigen Leuchters, einer Torarolle, eines Tallit (Gebetsmantels) sowie Tefillin und suchen dazu Bezüge im Leben Jesu (Das Kursbuch Religion 1, anstelle der Bilder können auch die Inhalte des Religionskoffer Judentum herangezogen werden)
	• Schülerinnen und Schüler erhalten Lk 2,41–52; Lk 2,21–40; Lk 4,16–30 und finden in Kleingruppenarbeit heraus, wie Jesus geglaubt hat. Zuordnung der Zeichen und/ oder Textarbeit Das Kursbuch Religion 1, 118f.
	• Arbeitsteilige Bearbeitung eines Kapitels zum Judentum z.B. Das Kursbuch Religion 1, 191–197, Präsentation der Ergebnisse. Anschließend überlegen, was Jesus schätzte
	• Betrachten des Röntgenbildes einer Synagoge (Das Kursbuch Religion 1, 119). Was ist zu erkennen? Was unterscheidet diese von einer evangelischen oder katholischen Kirche?
	• Video »Feste und Feiern im Judentum« (Dauer 28 Min.). Dokumentarfilm über Beschneidung, Bar Mizwa und Hochzeit
	• Schülerinnen und Schüler legen mithilfe von Unterrichtsideen 5, 123f. ein Kinderalbum von Jesus an und beschriften es. Das Kursbuch Religion 1 bietet Hilfen bei der Erstellung von Kommentartexten.
	• Synagoge basteln mit Lehrermaterial Das Kursbuch Religion 1, M 64
Die Schülerinnen und Schüler können den Konflikt zwischen Römern und Juden darstellen → GY 5.2	• Schülerinnen und Schüler informieren einander über das römische Reich, seine Geschichte, seine Kriege, die Ausrüstung von Soldaten (evtl. mit Asterix oder Was ist Was 55, Rom)
	• Erzählung U. Wölfel, Isaak und Claudius, in: Neidhardt/Eggenberger, Erzählbuch zur Bibel 1975, 162–169 oder Erzählung Werner Laubi, Der Widerstandskämpfer, in: ders. Geschichten zur Bibel 4/1, 1988,14–19. Am Gleichnis vom Senfkorn und Sauerteig Mt 13,31–33 herausfinden, wie Jesus sich das Kommen der Gottesherrschaft vorgestellt hat und auf wessen Seite er sich gestellt hat
	• Rollenspiel nach Das Kursbuch Religion 1, 122 »Ärger am Zoll«. Überlegen wie von den Beteiligten die Berufung des Levi Mk 2,13–17 erlebt wurde. Am Gleichnis vom Unkraut im Weizen Mt 13,24–30 herausfinden, wie Jesus gedacht haben könnte

Die Schülerinnen und Schüler können die Besonderheiten, Ziele und Vorgehensweisen der wichtigsten religiösen Parteien zur Zeit Jesu darstellen → GY 5.2	• Schülerinnen und Schüler erzählen, was sie von heutigen Parteien wissen. Sie schließen an, was sie von Parteien zur Zeit Jesu wissen. Textarbeit: Das Kursbuch Religion 1, 123, Kursbuch Religion Elementar 5/6, 112. Verknüpfen der Parteien mit symbolischen Zeichen (ebd.) • Die religiösen Parteien zur Zeit Jesu zur Kenntnis nehmen. Jesus zu den religiösen Parteien in Bezug setzen. Was könnte er mit diesen gemeinsam haben? Überlegen, wie diese die Berufung von Levi Mk 2,13–17 beurteilen müssen • Textarbeit Schriftgelehrte und Pharisäer, SpurenLesen 5/6, 122. Anwenden auf das Gleichnis vom Pharisäer und Zöllner Lk 17,9–14 oder barmherzigen Samariter Lk 10,25–37
Die Schülerinnen und Schüler können darstellen, was sie gelernt haben	• Schülerinnen und Schüler erhalten in Gruppen: eine Speisekarte von heute, die Landkarte des Bundeslandes, das Innenbild einer evangelischen Kirche, das Bild einer Konfirmation, das Bild einer Wohnung, das Bild einer Stadt, Kopien von Euros. Sie stellen dar, was bei Jesus gleich und vor allem anders war • Beschriften der Lernkarten und »Marktplatzspiel«. Alle haben möglichst gleich viele Karten und wandern durch das Klassenzimmer. Eine Karte wird abgegeben, wenn ein anderer Schüler/eine Schülerin die Antwort nicht kennt. Wer alle Antworten kennt- und deshalb keine Karten mehr in der Hand hat, darf aufhören
Literatur	*Unterrichtspraktisches Material* Horst Klaus Berg/Ulrike Weber, Benjamin und Julius. Geschichten einer Freundschaft zur Zeit Jesu, Stuttgart [8]2008 Horst Klaus Berg/Ulrike Weber, Freiarbeit Religion: So lebten die Menschen zur Zeit Jesu, Sonderausgabe Stuttgart 2007 Walter Bühlmann, Wie Jesus lebte, Luzern 1994 Peter Conolly, Das Leben zur Zeit des Jesus von Nazareth, Nürnberg 1994 Werner Laubi, Der Widerstandskämpfer, in: ders. Geschichten zur Bibel 4/1, Lahr/Düsseldorf 1988, 14–19 John Rogerson, Das Land der Bibel, 1993 Unterrichtsideen Religion 5, Stuttgart 1996, 113–131 Ursula Wölfel, Isaak und Claudius, in: Neidhardt/Eggenberger, Erzählbuch zur Bibel 1975, 162–169 Wolfgang Zwickel, Die Welt des Alten und des Neuen Testaments. Ein Sach- und Arbeitsbuch, Stuttgart 1997 *Schulbücher* Das Kursbuch Religion 1, Stuttgart/Braunschweig 2005, 118–123 Kursbuch Religion Elementar 5/6, Stuttgart/Braunschweig 2003, 106–119 SpurenLesen 1, Stuttgart/Braunschweig 2007 *Video/CD-ROM* Geheimakte Jesus (CD zur Bibel) Film »Die Welt der Gleichnisse Jesus« (16 Min.) Video »Das Land, aus dem Jesus kam« (60 Min.). Dokumentarfilm zu Orten und Gebieten des heutigen Israel, an denen Jesus wirkte Video »Feste und Feiern im Judentum« (28 Min.)

**M 1 Julius Schnorr
von Carolsfeld: Der
barmherzige Samariter**

M 2 Jüdische Symbolzeichen

Gleichnisse Jesu nacherzählen

Bildungsstandards Gymnasium

Schwerpunktkompetenz und weitere Kompetenzen	Die Schülerinnen und Schüler • können drei Gleichnisse Jesu nacherzählen (GY 3.5) • können zeigen, wie Jesus in Gleichnissen vom Reich Gottes erzählt (GY 4.3) • können ein Gleichnis aus Lk 15 (Jesu Zuwendung zu den Verlorenen), ein Gleichnis aus Mk 4 (vom Kommen des Reiches Gottes) und ein weiteres Gleichnis nacherzählen, in den historischen Kontext einordnen und der Intention nach verstehen (GY 5.3) • können Geschichten aus der Bibel nacherzählen (z.B. Gleichnisse), in denen Gottes Nähe Menschen verändert … (GY 1.3) • können exemplarisch biblische Texte zu ihren Entstehungssituationen in Beziehung setzen (GY 3.2)

Zur Lebensbedeutsamkeit	Das Gottes- und Weltbild vieler Kinder ist geprägt von einem jenseitigen, überwiegend männlichen Gott, der über den Wolken thront und es mit den Menschen gut meint. Gott ist es, der die Welt im Auge behält und alles väterlich-gütig regiert und erhält. In den Himmel kommt man nach dem Tod. Die Auseinandersetzung mit den Gleichnissen will zum Nachdenken anregen, dass Gott mitten in unserem Leben gegenwärtig sein kann. Es geht um den Aufbau eines differenzierten Wirklichkeitsverständnisses, das negative Erfahrungen aufnehmen kann, ohne den Mut zu verlieren. Die Auseinandersetzung mit den Gleichnissen fordert heraus, eigene Deutungen der Wirklichkeit und die eigenen Bilder von Gott weiter zu entwickeln. Die Gleichnisse Jesu haben sowohl das Bild Gottes im Christentum als auch das christliche Wirklichkeitsverständnis nachhaltig geprägt. Sie haben grundlegende Regeln für das gemeinsame Leben vor Augen gestellt und den Blick für ermutigende Erfahrungen geöffnet, die im Streit um die Wirklichkeit Beachtung beanspruchen. Die Gleichnisse Jesu stellen mit ihrer metaphorischen Erzählung eine Sprachform zur Verfügung, die es erlaubt, von einer Wirklichkeit zu sprechen, von der man eigentlich nicht sprechen kann. Insoweit helfen sie miteinander von jenem Gott zu sprechen, der größer ist als alles, was wir denken und sagen können.

Elementare Fragen	Wie ist es im Himmel? Wann ist es »himmlisch«? Wohnt Gott in der Welt? Gibt es Gott im Leben? Ist Gott nur in der Kirche?

Ein Blick auf katholische Bildungsstandards	Die Schülerinnen und Schüler • können an Beispielen bildhafte Sprache erkennen und deuten • wissen, dass Religionen von Gott in Bildern und Symbolen sprechen, und können ein biblisches Bild für Gott erläutern

Leitmedium	Lernplakat: Rembrandtbild, Jesus mit Sprechblasen (→ M 1)

Die Schüler und Schülerinnen können zeigen, was sie schon können und kennen	• Lernplakat Rembrandtbild (→ M 1) mit Bleistift ausfüllen: Vier verschiedenartige Erzählungen von Jesus aufnotieren • Bildkarten mit der Darstellung von Gleichnisszenen einander vorstellen • Ein Fehlergleichnis (mit Elementen aus verschiedenen Gleichnissen) korrigieren • Mit einer kurzen Vorbereitung (evtl. schriftlich) ein beliebiges Gleichnis erzählen. Streichen. Gemeinsam herausfinden, was gut getroffen wurde und wie die Erzählung »ankam«.
Die Schülerinnen und Schüler wissen welche Kompetenzen es zu erwerben gilt und können ihren Lernweg mitgestalten	L gibt das erwartete Lernergebnis vor (Folie): »Ich kann drei Gleichnisse nacherzählen. Ich kann an einem Gleichnis zeigen, wem Jesus dieses Gleichnis warum erzählt hat. Ich kann an Beispielen erläutern, wie sich Jesus das Himmelreich vorstellt. Ich kann anderen erklären, was ein Gleichnis ist.« Schülerinnen und Schüler bestimmen, was sie schon können und was sie gerne lernen wollen
Die Schülerinnen und Schüler können eigene Bilder vom Himmelreich entwickeln und miteinander vergleichen → GY 4.3	• Metapherübung »Das Himmelreich ist wie …« • Bilder vom Himmelreich malen und einander vorstellen (Vernissage) • Lieder vom Himmelreich singen und interpretieren (z.B. R. Krenzer, Ein Bild von Gottes Welt; L. Edelkötter, Weißt du wo der Himmel ist, P. Janssens, Der Himmel geht über allen auf, P. Janssens, Wir träumen einen Traum) und mit eigenen Bildern vom Himmelreich vergleichen (Das Kursbuch Religion 1, 130) • Begriffsuntersuchung »sky – heaven« • Theologisieren: Wie geht es zu, wenn Gott unter uns ist?
Die Schüler und Schülerinnen können definieren, woran man eine gute Nacherzählung erkennt → GY 3.5	• L trägt zwei verschiedene Nacherzählungen vor (→ M 2 oder Erzählungen von Laubi; Neidhardt, Steinwede oder Kinderbibeln). Schülerinnen und Schüler finden Unterschiede, Stärken und Schwächen • Gemeinsam überlegen, wie man sich eine Erzählung selber gut merken kann • Gemeinsam Merkmale einer guten Nacherzählung festlegen
Die Schüler und Schülerinnen können das Gleichnis vom Senfkorn nacherzählen und angeben, wem und warum es Jesus erzählt hat → GY 3.5; 5.3; 4.3	• Senfkornmeditation (vgl. Das Kursbuch Religion 1, 131) • Zu dem Gleichnis eine biblische Rahmengeschichte erfinden • L erzählt dramatisch von Petrus und Andreas sowie den anderen Jüngern. Sie haben alles verlassen, weil Jesus gesagt hat »Das Himmelreich ist nahe herbeigekommen«, aber sie können noch nicht erkennen, dass es kommt. Die Römer sind noch da. Menschen sind taub, blind, verkrümmt, seelisch krank. Die Jünger sind mutlos und fragen Jesus: Stimmt das eigentlich mit dem Himmelreich? Da erzählt ihnen Jesus das Gleichnis vom Senfkorn. Schülerinnen und Schüler lesen das Gleichnis und sagen mit eigenen Worten, was Jesus meint • Vergleich des Gleichnisses mit dem Gleichnis vom Sauerteig Mt 13,33 • Das Gleichnis als aktuelle Mutmachgeschichte erzählen • Openend-Satz vervollständigen: »Wenn es so ist, wie Gott es will, dann …« Unterrichtsideen 6, 139f.; Das Kursbuch Religion 1, 131; SpurenLesen 5/6, 135–137

Die Schüler und Schülerinnen können das Gleichnis von der verlorenen Münze Lk 15,8–10 nacherzählen und zu Begegnungen mit Jesus in Bezug setzen → GY 3.5; 5.3; 4.3; 3.2	▪ Schülerinnen und Schüler entwerfen eine Erzählpantomime zu dem Gleichnis ▪ Das Gleichnis mit Lk 5,27–30 Berufung des Levi vergleichen. Passen die beiden Geschichten zusammen? Vgl. Das Kursbuch Religion 1, 132 ▪ Vergleich mit dem Gleichnis vom verlorenen Schaf Lk 15,3–7 ▪ Das Gleichnis als Mutmachgeschichte nacherzählen ▪ Theologisieren: Ist Gott ein Mann oder eine Frau? Worüber freut ihr euch, sodass ihr es anderen erzählt? ▪ Openend: Satz vervollständigen: Wenn es so ist, wie Gott es will, dann … (Unterrichtsideen 6, 135–137)
Die Schüler und Schülerinnen können das Gleichnis vom verlorenen Sohn Lk 15,11–32 nacherzählen und das Verhalten des Vaters als Bild von Gott, aber auch von Jesus deuten → GY 3.5; 5.3; 4.3; 3.2	▪ Das Gleichnis an der Darstellung von Rembrandt (oder an einem anderen Bild) rekonstruieren (Das Kursbuch Religion 1, 133, SpurenLesen 5/6, 138f.) ▪ Einarbeiten von M 3 ▪ Zu dem Gleichnis einen Comic zeichnen ▪ Das Gleichnis gliedern, mit Zwischenüberschriften versehen und die drei Personen mithilfe von Smilies in den Szenen verfolgen ▪ Das Gleichnis aus drei verschiedenen Perspektiven nacherzählen; evtl. die Sicht der Mutter erfinden und eigene Erzählung schreiben ▪ Gleichnis mit Lk 19,1–10 Zachäus vergleichen, dazu Bilder in Das Kursbuch Religion 1, 132f. einander zuordnen. Gibt es Parallelen? ▪ Theologisieren: Was hat der jüngere Sohn falsch gemacht? Handelt der Vater gerecht? Ist so Gott? ▪ Vergleich mit den anderen Gleichnissen vom Verlornen Lk 15,4–7.8–10 ▪ Vergleich mit dem Gleichnis vom Schalksknecht Mt 18,23–34 ▪ Das Gleichnis als Gegenwartsgeschichte nacherzählen ▪ Vergleich mit dem Lied von Reinhard Mey »Der Zeugnistag« (Das Kursbuch Religion 5/6, 71); Unterrichtsideen 6, 133–134, 137f.; SpurenLesen 5/6, 138–139
Die Schüler und Schülerinnen können das Gleichnis von den Arbeitern im Weinberg Mt 20,1–15 nacherzählen und bestimmen, wann es gerecht zugeht → GY 3.5; 5.3; 4.3	▪ Das Gleichnis bis zu V. 8a nachspielen und das Ende entwickeln lassen. Vergleich des Spielverlaufs mit dem Gleichnis als Ganzem ▪ Theologisieren: Handelt der Weinbergbesitzer gerecht? Ist so Gott? ▪ Das Gleichnis auf Lebensbereiche wie Schule und Familie übertragen. Geht es dabei gerecht zu? ▪ Das Gleichnis als Gegenwartsgeschichte (nach-)erzählen → Unterrichtsideen 6, 132f.; Das Kursbuch Religion 1, 134
Die Schüler und Schülerinnen können das Gleichnis vom barmherzigen Samariter Lk 10, 25–37 aus der Perspektive des Überfallenen nacherzählen und darlegen, aus welchen Elementen Nächstenliebe besteht → 3.5; 5.3; 4.3	▪ Theologisieren: Was ist Nächstenliebe? ▪ Lied Zwischen Jericho und Jerusalem singen und Erzählung rekonstruieren. Prüfen, ob Lied und Gleichnis ganz übereinstimmen; alternativ: mithilfe eines Bildes (z.B. Rembrandt; Schnorr von Carolsfeld vgl. Das Kursbuch Religion 1, 135) das Gleichnis rekonstruieren ▪ Gleichnis in Szenen zerlegen und einen Comic zeichnen ▪ Die Geschichte aus der Perspektive des Überfallenen nacherzählen ▪ Einen Nächstenliebekoffer packen und alles hineinpacken, was zur Nächstenliebe gehört (Unterrichtsideen 6, 134f.; SpurenLesen 5/6, 134)

Die Schülerinnen und Schüler können erkennen und darstellen, was sie neu gelernt haben

- Lernkarten bearbeiten und in Lernkartei einfügen
- Ein eigenes Gleichnis erfinden und aufzeigen, wie es den Gleichnissen Jesu entspricht (vgl. SpurenLesen 5/6, 140)
- Leitmedium ausfüllen
- Jedes Gleichnis als SMS schreiben
- Eigene Lernkarten gestalten, evtl. mit Spannungsbogen eines Gleichnisses
- Mein »Lieblings«-gleichnis vorstellen
- Theologisieren: Was ist der Unterschied zwischen einem Gleichnis und einem Zeitungsbericht?
- Qualifiziertes Schülerfeedback: Miteinander klären: Was halte ich von dem Thema? Ist es interessant oder langweilig, wichtig oder unwichtig? Ist es eher ein Buben- oder ein Mädchenthema? Was möchte ich unbedingt lernen? Wie will ich lernen? (allein oder mit anderen; alle gemeinsam oder in Gruppen; mit oder ohne Computer; mit oder ohne Bücher; mit oder ohne Lieder; auswendig oder …)

Literatur

Unterrichtspraktisches Material
Unterrichtsideen Religion 6, Stuttgart 1997

Schulbücher
Das Kursbuch Religion 1, Lehrermaterialien, Stuttgart/Braunschweig 2006, 107–112
Das Kursbuch Religion 1, Stuttgart/Braunschweig 2005, 130–135
SpurenLesen 1, Stuttgart/Braunschweig 2007

Fachliteratur
Peter Müller u.a., Die Gleichnisse Jesu. Ein Studien- und Arbeitsbuch für den Unterricht, Stuttgart 2002

M 1 Leitmedium

M 2 Nacherzählungen des Gleichnis vom barmherzigen Samariter

Lukas lehrt: Liebe achtet das Leben

»Vater, wer ist das?«, fragt Korinna. Sie findet ihren Vater gebeugt über einen struppigen, schmutzigen Mann. Sein Atem riecht nach saurem Wein.
»Ich weiß nicht«, sagt Lukas. »Bring mir warmes Wasser, Korinna.«
»Ach, Vater, kümmere dich nicht um ihn. Ihm fehlt ja nichts. Er hat zu viel getrunken.«
»Wie kann ich ihn liegen lassen?«, sagt Lukas. »Er könnte unter Räuber fallen!«
»Die würden bei ihm gar nichts finden«, denkt Korinna, als sie Wasser holt. Als sie wiederkommt, lächelt der Säufer sie an: »Barmherziger Engel«, murmelt er.

Als Jesus seinen Glanz verloren hat, redet er deutlicher zu den Menschen. Er kleidet, was er vom Himmel weiß, in Geschichten und Bilder der Erde.
Da kommt einer und fragt ihn, worauf es ankommt im Leben. Gott zu trauen, sagt Jesus, und zu lieben und zu achten alles, was lebt. Alles? Es ist ein Gelehrter, der fragt. Du meinst auch alle Menschen? Ob sie nah sind oder fern? Gut oder schlecht, Freund oder Feind?

Vom Samaritaner

Hört zu, sagt Jesus zu allen, ich sage euch, was Liebe ist.
Da ist ein Mann auf dem Weg. Er will von Jerusalem nach Jericho
und er ist ganz allein.

Er gerät in einen Hinterhalt. Räuber schlagen ihn nieder.
Sie nehmen ihm alles, was er hat, sogar den Schlauch mit dem Wasser.
Zum Schluss reißen sie ihm die Kleider vom Leib, schlagen ihn
und lassen ihn besinnungslos liegen.

Er kann sich nicht helfen. Er kann nicht mal schreien.
So liegt er in der glühenden Sonne, zum Sterben bereit.
Da kommt ein Priester vorbei, auf seinem Weg zum Tempel.
Er sieht ihn liegen und zögert.

Wenn er ein Verwandter ist, einer, der die Gebote hält und rein ist,
wenn ich ihn kenne und weiß, dass er betet und fastet, wie
das Gesetz es verlangt – ja, dann müsste ich ihm wohl helfen.
Aber ich bin mir nicht sicher. Und es ist höchste Zeit für den
Gottesdienst. So Leid es mir tut. Ich kann nichts machen.
Und so eilt er weiter. Er dreht sich nicht einmal um.

Der Verletzte hat ihn nicht bemerkt. Er fleht tonlos zu Gott.
Ach, sende mir einen Menschen, der hilft.
Da kommt ein Tempeldiener vorbei auf seinem Weg zum Dienst.
Er sieht ihn liegen und zögert.

Wenn er ein Verwandter ist, einer, der die Gebote hält und rein ist,
wenn ich ihn kenne und weiß, dass er betet und fastet, wie
das Gesetz es verlangt – ja, dann müsste ich ihm wohl helfen.
Aber ich bin mir nicht sicher. Und es ist höchste Zeit für den
Gottesdienst. Ich komme zu spät. Ich kann nichts machen.
Und so eilt er weiter. Er dreht sich nicht einmal um.

Der Verletzte hat ihn nicht bemerkt. Er fleht tonlos zu Gott:
Ach, sende mir doch einen Engel. Ich bin so allein.
Da kommt ein Samaritaner, einer von denen, die den Tempel
nicht richtig ehren. Er sieht ihn liegen und bleibt.

Du armer Mann!, ruft er. Was ist dir geschehen?
Der Verletzte hebt mühsam den Kopf. Ein Engel, sagt er und lächelt.
Dann schwinden ihm gänzlich die Sinne.

Jesus blickt auf und sieht ein paar Kinder in der Nähe stehen.
Nun?, fragt er lächelnd. Was hat der Samaritaner gemacht?
Die Wunden versorgt … zu trinken gegeben … in seinen Umhang gehüllt …
Die Kinderstimmen schwirren hin und her. Jedem Kind kommt ein Gedanke.
Auf den Esel gehoben … zum Heiler gebracht …
Zu einer guten Frau, die ihn versorgt …

Wie kommt ihr darauf?, fragt Jesus.
Na hör mal! Eines der Mädchen ist richtig empört. Das braucht er doch!
Sie meint, sagt ihr Bruder: Der Verletzte – das braucht er doch: Wasser,
Kleidung und Heilung. Wer ihn findet, muss es ihm geben.

Das, meine Kinder, ruft Jesus laut, das ist Liebe:
Sehen, was der andere braucht, und es ihm geben.

Martina Steinkühler, Wie Brot und Wein. Das Neue Testament Kindern erzählt, Göttingen 2005, 192f.

Steinwede, Dietrich: Das Gleichnis vom barmherzigen Samariter
Nach Lukas 10,25–37

Er erzählt von dem Gesetzeslehrer
und von dem Samaritaner

Ein gelehrter Mann, ein Gesetzeslehrer,
ein Lehrer der alten Schriften,
der kommt zu Jesus:
Der fragt: Was muss ich tun,
dass ich richtig für Gott lebe?

Dieser Mann weiß Bescheid
im Gesetz der Juden.
Er weiß alles, was man tun soll –
nach dem Gesetz.
Er will Jesus prüfen:
Weiß dieser Rabbi Jesus auch Bescheid? .
Er stellt die wichtigste Frage:
Ich möchte immer bei Gott sein –
auf immer und ewig!
Rabbi, was muss ich tun?

Jesus sagt:
Was steht im Gesetz?
Du kennst es doch! Was liest du da?
Er sagt: Im Gesetz steht:

Du sollst den Herrn, deinen Gott lieben,
so sehr du kannst, und deinen Mitmenschen sollst du
lieben, als ob du es selbst bist!

Richtig geantwortet, sagt Jesus.
Gut so! Tu das!
Dann bist du immer bei Gott!

Er aber ist nicht zufrieden.
Er will zeigen, dass man noch weiter nachdenken muss.
Darum fragt er:
Wer ist denn mein Mitmensch?
Mein Freund, der zu meinem Volk gehört?
– ja!

Aber auch mein Feind?
Soll ich den auch lieben?
Von meinem Feind, der nicht zu meinem Volk gehört,
von dem steht nichts im Gesetz!

Jesus nimmt es auf mit dem Gesetzeslehrer.
Jesus antwortet ihm mit einer Geschichte:

Ein Mensch kommt aus Jerusalem, ein Jude.
Er geht die Straße nach Jericho hinab,
einen Weg durch die Wüste, durch wildes Gebirge,
einsam, heiß, brennende Sonne.

Räuber überfallen ihn.
Die greifen ihn.

Die nehmen ihm alles weg.
Die ziehen ihn aus.
Die schlagen ihn zusammen.
Die machen sich davon.
Die lassen ihn liegen:
verwundet, blutend.

Er liegt am Weg, halbtot. Er blutet.
Ein Priester kommt die Straße entlang.
Er kommt vom Tempel in Jerusalem.
Er hat geopfert. Er hat gebetet.

Er sieht den Mann dort liegen.

Er geht schnell vorüber,
schnell, an der anderen Seite.

Was hat er gedacht?
Vielleicht: Dem Mann ist recht geschehen.
Vielleicht: Gott hat ihn gestraft.
Vielleicht: Der ist doch tot!
Ich darf keinen Toten berühren!

Was hat er gedacht?

Der Priester geht schnell vorüber!

Und ein Levit kommt die Straße entlang,
ein Tempeldiener, der für Gott arbeitet im Tempel.
Er sieht den Mann dort liegen.
Schnell geht er vorüber,
schnell, an der anderen Seite.

Und ein Samaritaner kommt die Straße entlang.
Er kommt auf seinem Reittier.
Er sieht den Menschen dort liegen, den Juden, seinen Feind!

Die Sonne brennt.
Der Mann blutet.
Er ist halbtot!
Der Samaritaner sieht den Mann.
Er hat Erbarmen.
Er steigt von seinem Reittier,
so schnell er kann.
Er nimmt Schläuche von seinem Reittier,
Schläuche aus Tierhaut.
Er läuft zu dem Mann.
Er gießt ihm Wein in die Wunden,
aus dem einen Schlauch – zur Reinigung!
Er nimmt einen anderen Schlauch.
Er gießt ihm Öl in die Wunden
– das lindert, das heilt!
Er verbindet ihm die Wunden.
Er hebt den Mann auf.

Er setzt ihn auf sein Reittier.
Er hält ihn fest.
Er bringt ihn fort.

Sie kommen an eine Unterkunft.
Er bringt den Menschen hinein.
Er kümmert sich um ihn.
Er bleibt bei ihm, die ganze Nacht.

Am nächsten Tag muss er weiter.
Er holt zwei Silberstücke aus seiner Tasche.
Er gibt sie dem Wirt dort in der Unterkunft:
Sorgt für diesen Menschen,
dass er gesund werden kann!
Wenn ihr mehr braucht, ich komme zurück,
ich werde euch alles bezahlen!

Soweit erzählt Jesus.

Er blickt den Gesetzeslehrer an:
Was denkst du?
Wer war für diesen der Mitmensch,
für diesen, der unter die Räuber fiel?

Wer von den dreien?

Der Gesetzeslehrer sagt:
Der ihm geholfen hat!

Jesus sagt: Tue auch so: dann lebst du für Gott. Dann bist du für immer bei Gott!

Dietrich Steinwede, Kommt und schaut die Taten Gottes, Göttingen/Freiburg/Lahr 1982, 133–136

M 3 Was das Gleichnis vom verlorenen Sohn voraussetzt

1. Erbrecht

Nach damaligem Recht war ein Hof Familienbesitz und stand als Erbe dem ältesten Sohn zu. Der Erbanspruch des Jüngeren erstreckte sich nur auf das verfügbare Vermögen und zwar auf ein Drittel davon; zwei Drittel des verfügbaren Vermögens standen wiederum dem Ältesten zu (vgl. 5. Mose 21,17). Die Abfindung des Jüngeren vor dem Tod des Vaters war nichts Außergewöhnliches.

2. Auswanderung in die Fremde

Zur Zeit Jesu lebten in Palästina nicht mehr als eine halbe Million Juden, vier Millionen Juden dagegen lebten in der Diaspora. Da Palästina das Volk Israel nicht ernähren konnte, wanderten viele aus. Wer es zu etwas bringen wollte, hatte in den Hafenstädten der Levante bessere Möglichkeiten.

3. Sich verdingen bei einem Bürger des fremden Landes

Für einen strenggläubigen Juden bedeutete dies den Abfall von dem Glauben der Väter, denn bei dem Bürger des fremden Landes, des Heidenlandes, gab es keinen Sabbat, kein koscheres Essen usw. Als Jude hätte er bei einer jüdischen Gemeinde um Hilfe und Arbeit bitten sollen.

4. Schweine hüten

Ein jüdischer Spruch lautet: »Verflucht sei der Mann, der Schweine züchtet!« Denn er muss sich ja mit unreinen Tieren abgeben (vgl. 3. Mose 11,7).

5. Essen der Schoten des Johannesbrotbaumes

Diese werden vom Menschen nur in äußerster Not gegessen. Ein jüdisches Sprichwort sagt: »Wenn die Israeliten Johannesbrot nötig haben, dann kehren sie (zu Gott) um.«

6. Gesten der Ehren und Bevollmächtigung

Der Kuss auf die Wange gilt dem Gleichstehenden. Der Knecht, der Sklave küsst die Füße und wirft sich dabei nieder. Auch der Kuss auf die Hand zeigt, dass man den Geküssten als Höheren verehrt. Das Festgewand zeichnet den Ehrengast aus. Der Siegelring bedeutet Vollmachtsübertragung. Schuhe sind ein Luxus. Nur der freie Mann trägt sie, nicht der Sklave. Das Schlachten des gemästeten Kalbes bedeutet ein Freudenfest für Haus und Gesinde und die feierliche Aufnahme des heimkehrenden Sohnes. Überdies: Auch wenn er es noch so eilig hat, ist es für den Orientalen unter seiner Würde, dem Sohn entgegenzugehen.

Die Geschichte der ersten Christen darstellen

Bildungsstandards Gymnasium

Kompetenzen	
	Eine Schwerpunktkompetenz kann nicht angegeben werden, da Kompetenzen zum Thema Ur-christentum im evang. Bildungsplan nicht explizit vorgesehen sind. Weil aber die Frage, wie die ersten Christen lebten, zentral ist für das Verständnis des Christentums, wird hier ein Vorschlag entfaltet.
	Die Schülerinnen und Schüler
	• wissen, dass sich die Religiosität des Menschen in unterschiedlichen Religionen und Konfessio-nen konkretisiert (GY 1.4)
	• können exemplarisch biblische Texte zu ihren Entstehungssituationen in Beziehung setzen (GY 3.2)
	• kennen Aufbau und Überlieferung der Bibel und können Textstellen nachschlagen (GY 3.1)

Zur Lebensbedeutsamkeit

Die fremde Geschichte des Urchristentums kann für Schülerinnen und Schüler span-nend sein. Sie bietet Möglichkeiten an des Sich-Hineinversetzens und Mitfühlens und Heldengeschichten, die kritisch zu befragen sind. Dass Einzelne im Glauben wachsen und Gemeinden ihr Zusammenleben gestalten müssen, entspricht der Situation der Heranwachsenden. Die Wurzeln des Christentums zu kennen, ermöglicht sich einzurei-hen in die Generationenfolge derer, die schon lange vor einem geglaubt haben. Dies vermag die eigene Identität zu bestärken, die Identifikation mit dem Christentum zu befördern und einen stolz sein zu lassen darüber, auch Christin oder Christ zu sein.

Die christlich geprägte Kultur im westlichen Europa ist nur verständlich vor dem Hinter-grund des Wirkens Paulus' und der Auseinandersetzung mit dem römischen Staat und der römisch-hellenistischen Kultur.

Die sehr unterschiedlichen Organisationsformen der ersten Gemeinden öffnen den Blick dafür, dass unsere Form des Christentums nur eine von vielen möglichen ist. Eine möglichst realistische Darstellung der ersten Gemeinden verdeutlicht sowohl Chancen des Gemeindelebens und bewahrt gleichzeitig vor Überforderungen und davor, ideali-sierte Darstellungen der »wahren Urgemeinde« (wie sie innerhalb der Kirchen und bei Sekten vertreten werden) unkritisch zu übernehmen.

Elementare Fragen

»Aus klein wird groß« – Wie kam es dazu nach Pfingsten? Warum kann ein einzelner Mensch wie Petrus oder Paulus so viel verändern? Warum konnte der römische Staat die Kirche nicht verhindern? Soll man für seinen Glauben das eigene Leben riskieren?

Leitmedien

- Kurve: Höhen und Tiefen des Christentums vom ersten öffentlichen Auftreten der Jünger bis Konstantin dem Großen (Kursbuch Religion Elementar 5/6, 143)
- Überblicksblatt: Petrus: Vom Verrat Jesu bis zu seinem Tod → M 1
- Landkarte mit acht wichtigen Stationen aus dem Leben des Paulus → M 2
- Dokumentationsmappe über Paulus, Materialien und Arbeitsaufträgen (Kursbuch Religion Elementar 7/8, 148–155)
- Leiterzählung: »Die Botschaft nach Philadelphia« (Unterrichtsideen 6, 314ff. und/ oder Film)
- Spottkreuz vom Palatin; Münze von Kaiser Konstantin (mit Kreuz und Weltkugel)

Ein Blick auf katholische Bildungsstandards	Die Schülerinnen und Schüler ▪ kennen Lebensgeschichten von Menschen, die mit Gott ihren Weg gegangen sind (GY 4.3) ▪ kennen die Entstehungsgeschichte der Kirche aus dem Auftrag des Auferstandenen und wissen um seine Zusage des Geistes Gottes (GY 6.1) ▪ können an Beispielen die Grundfunktionen der Kirche aufzeigen (GY 6.2) ▪ können zeigen, welche Bedeutung der Apostel Paulus für die frühe Kirche hat (GY 6.5)

Die Schülerinnen und Schüler können zeigen, was sie schon können und kennen	▪ Wie ging es nach Tod und Auferstehung Jesu weiter? (Mithilfe der Bilder und Begriffe in Kursbuch Religion Elementar 5/6, 130f. oder anhand vorgegebener Stichworte: »Petrus«, »Paulus«, »Christenverfolgungen«, »Kaiser Konstantin«) ▪ Zeitstrahl gestalten als Fries (kann später ergänzt werden) ▪ Theologisieren über elementare Fragen zur Einheit (s.o.), Ideen in einer Mindmap festhalten, die am Ende ergänzt werden kann

Die Schülerinnen und Schüler wissen, welche Kompetenzen es zu erwerben gilt, und können ihren Lernweg mitgestalten	▪ Anhand eines noch lückenhaften Zeitfrieses überlegen, worüber noch wenig bekannt ist und gemeinsam festlegen, was, mit welchem Ziel und mit welchen Methoden erarbeitet wird ▪ Besprechen, ob Schülerinnen und Schüler ein (mehrseitiges) Zeitfries im Heft anlegen

Die Schülerinnen und Schüler können ausgewählte Stationen aus dem Lebens des Petrus nach Ostern wiedergeben → GY 3.1; 3.2	▪ Überblicksblatt zu Petrus bearbeiten → M 1 (Acht Geschichten des Petrus von seinem Verrat an Jesus bis zu seinem eigenen Tod). Folgende Methoden können dafür gewählt werden: – Zentrale Sätze der Petrusgeschichten oder längere Passagen bis hin zur ganzen Geschichte »wie ein Schauspieler lesen«, → M 1 – dort sind zentrale Sätze zum Lesen abgedruckt – Erzählen einiger Geschichten, Hinweise auf ausformulierte Vorschläge siehe unten bei den einzelnen Erzählungen – Erstellen eines Bilderfrieses zu den acht Erzählungen oder einer Auswahl von ihnen (Zusammenarbeit mit »Bildender Kunst«), Ausstellung im Klassenzimmer oder Schulhaus – Einzelne Geschichten als Dilemmasituationen spielen, als Vorbereitung Pro- und Contra-Argumente in Partnerarbeit sammeln, Vorschläge für Dilemmafragen siehe unten bei folgenden Erzählungen: »Hananias und Saphira«; »Petrus und weitere Apostel im Gefängnis«, »Die Visionen des Petrus und Cornelius«, »Konflikt mit Paulus« – Arbeiten mit Berichten im Bildzeitungsstil, auf vorliegende Boulevardzeitungsberichte wird bei einzelnen Erzählungen unten hingewiesen (Bibelblatt 132f., 137f.) – Vergleichen des Boulevardzeitungsberichtes mit der Bibel: Gibt der Zeitungsbericht die biblische Geschichte vollständig wieder? Fehlt etwas? Wird etwas hinzu erfunden? Wie deutet der Zeitungsbericht die Geschichte? Trifft er das Entscheidende? – Schreiben eigener Boulevardzeitungsberichte, evtl. Zusammenstellung einer kleinen »Petrus-Zeitung«
Hinweise und weitere Vorschläge zum Erarbeiten einzelner Petrusgeschichten	▪ Der Auferstandene begegnet Petrus (Joh 21,1–17) – Erzählen (vgl. Unterrichtsideen 6, 227–229) – Sich erinnern an den vorangegangenen Verrat, z.B. anhand des Bildes: Otto Dix: Petrus und der Hahn, SpurenLesen 5/6, 143 – auf Moderationskarten notieren: Was dachte und fühlte Petrus nach seinem Verrat an Jesus und nach dem Tod Jesu? – Auf Moderationskarten notieren: Wie half Jesus dem Petrus nach Ostern?

- Pfingstpredigt (Apg 2,1–15)
  - Erzählen (Erzählbuch zur Bibel 2, hg. von W. Neidhardt, Lahr/Düsseldorf 1989, 233–244
  - Arbeiten mit Boulevardzeitungsbericht (s.o.) → Bibelblatt, 132f.
  - Weitere Ideen → Modul Kirchenjahr, Baustein Pfingsten
- Heilung eines Lahmen an der Tempeltür (Apg 3)
  - Erzählen (Erzählbuch zur Bibel 2, hg. von W. Neidhardt, Lahr/Düsseldorf 1989, 245–255; Erzählung zum Mitmachen mit Sprechchor: Koerver 348–351
  - Arbeiten mit Boulevardzeitungsbericht (s.o. Bibelblatt, 133)
- Hananias und Saphira (Apg 5,1–11)
  - Erzählen Erzählbuch zur Bibel 2, hg. von W. Neidhardt, Lahr/Düsseldorf 1989, 255–261
  - Dilemma spielen: Streitgespräch mit Petrus: Ist dieses harte Vorgehen im Sinne Jesu?
- Petrus und weitere Apostel im Gefängnis (Apg [4,1–22], 5,17–29)
  - Dilemma spielen: Debatte in der Gemeinde: Sich einschüchtern lassen oder weiter von Jesus reden?
- Die Visionen des Petrus und Cornelius (Apg 10–11,18)
  - Erzählen
  - Malen des Petrus-Traumes
  - Dilemma spielen: Petrus muss sich vor Judenchristen in Jerusalem rechtfertigen, weil er mit einem Nichtjuden zusammen gegessen hat.
  - Arbeiten mit Boulevardzeitungsbericht (s.o. Bibelblatt, 137)
- Konflikt zwischen Petrus und Paulus in Antiochien (Gal 2,11–16.21)
  - Arbeiten mit einem Film (Dilemma spielen. »Begegnung mit der Bibel« 10–12, Nr. 11: Petrus und Paulus – schwierige Gemeinschaft. Spieldauer 17 Min. Film ansehen bis zum Beginn der letzten Unterredung mit Petrus, diese Unterredung in der Klasse spielen, vergleichen mit den Ende des Films und mit Gal 2,11–16.21

Die Schülerinnen und Schüler können das Leben des Apostels Paulus in Grundzügen wiedergeben → **GY 1.4; 3.1; 3.2**	<ul><li>»Erzählwurm«: Acht Stationen im Leben des Paulus → Lernkarten, evtl. arbeitsteilig in Kleingruppen vorbereiten und mehrere »Erzählwürmer« bilden</li><li>Theologisieren über einzelnen Stationen des Paulus</li><li>Acht Stationen aus dem Leben des Paulus (→ Lernkarten) einer Landkarte (→ M 2) zuordnen, evtl. die kopierten Bilder der Erzählkarten auf die Karte kleben und mit Pfeilen zuordnen</li><li>Paulus sehen lernen – eine Begegnung im Bilderspaziergang (Religion in der Sekundarstufe 5/6, 74ff.), evtl. ergänzen um weitere Paulus-Bilder, z.B., SpurenLesen 7/8, 92 (L. Corinth 1911) und 97 (Enthauptung, Abdinghofer Tragaltar) und Lernkarten. Hinweis auf die veränderte Bedeutung des Schwertes: vom Verfolger zur Klarheit und Schärfe des Gedankens bis hin zum Märtyrer, der nach der Überlieferung mit einem Schwert enthauptet wurde → M 3</li><li>Einen Prozess gegen Paulus vorbereiten, Materialien und Arbeitsaufträge dazu in Kursbuch Religion Elementar 7/8, 150–157; Spielen einzelner Prozessszenen</li><li>Arbeiten mit Berichten im Bildzeitungsstil, methodisches Vorgehen siehe oben im »Petrus-Baustein«, Bibelblatt 135, 139–145</li></ul>
Hinweise und weitere Vorschläge zum Erarbeiten einzelner Paulusgeschichten	<ul><li>Bekehrung und Beauftragung: Auf dem Weg nach Damaskus und sein Aufenthalt in der Stadt (Apg 9,1–25)<ul><li>Erzählen: Erzählbuch zur Bibel 3, hg. von W. Neidhardt, 1997, 153–161; Laubi, W./Dirnbeck, J.: Lese- und Spielszenen zur Bibel, Lahr/Düsseldorf ²1991, 120–123 (»Die Stadtmauer und der Korb«)</li><li>Dilemma spielen a) »Vor Paulus fliehen oder in Damaskus bleiben?« b) »Soll Hananias zu Paulus gehen oder ist das zu gefährlich?« – zur Vorbereitung z.B. Film zeigen, jeweils bis sich die Dilemmafrage stellt (Film: »Begegnung mit der Bibel« 10–12, Nr. 10: Saul und Hananias: Aus dem Feind wird ein Bruder. Spieldauer 18 Min.)</li></ul></li></ul>

- Konflikt zwischen Paulus und Petrus in Antiochien (Gal 2,11–16.21)
  - siehe Hinweise oben im »Petrus-Baustein«
- Paulus in Athen (Apg 17,16–34)
  - Erzählen (Erzählbuch zur Bibel 2, hg. von W. Neidhardt, Lahr/Düsseldorf 1989, 284–298)
  - Theologisieren: Glauben Menschen an den Gott der Bibel, ohne dass sie sich dessen bewusst sind?
- Paulus in Korinth (Apg 18,1–17 und 1 Kor 12,12–30 in Auswahl)
  - Erzählen (Erzählbuch zur Bibel 1, hg. von W. Neidhardt, 367–372; SpurenLesen 7/8, 95f.
- Paulus in Ephesus: Auseinandersetzung mit den Silberschmieden (Apg 19,23–40) und Gefängnisaufenthalt (Phil 1,12–14)
  - Erzählen (Erzählbuch zur Kirchengeschichte I, 28–35)
  - Erzählung mit Sprechchören. Koerver 358–364

Erzählvorlagen zu weiteren Paulusgeschichten
- Paulus in Philippi (Apg 16,1–40); Erzählbuch zur Bibel 2, hg. von W. Neidhardt, Lahr/Düsseldorf 1989, 261–272
- Paulus in Thessalonich (Apg 17,1–9); Erzählbuch zur Bibel 2, hg. von W. Neidhardt, Lahr/Düsseldorf 1989, 272–283

Insgesamt zu Paulus: Das Kursbuch Religion 2, 138–153; Unterrichtsideen 7/1, 25–38

Die Schülerinnen und Schüler können griechisch-römische Tempelanlagen mit christlichen Hauskirchen vergleichen → GY 1.4	• Eine urchristliche Hauskirche bauen (Unterrichtsideen 6, 317f., Zusammenarbeit mit Bildender Kunst) oder zeichnen und mithilfe des Plans der frühchristlichen Hauskirche in Dura Europos beschriften (Kursbuch Religion 5/6, 169) • Vergleichen: Zusammenkünfte christlicher Gemeinden in Privathäusern mit der Gottesverehrung vor griechisch-römischen Tempelbauten (Kursbuch Religion 5/6, 168); evtl. Zusammenarbeit mit Geschichte: »Leben im römischen Weltreich«
Die Schülerinnen und Schüler können Gründe erster Christenverfolgungen benennen, die dabei entstehenden Konflikte darstellen und bewerten → GY 1.4	• »Die Botschaft nach Philadelphia« (Film: »Begegnung mit der Bibel« 10–12, Nr. 12: Die Botschaft nach Philadelphia. Der Preis des Glaubens, Offenbarung 3; Spieldauer 17 Min. oder L-Erzählung (Unterrichtsideen 6, 314ff.) anschließend arbeitsteilige Gruppenarbeit: verschiedene Perspektiven zu der vorgegebenen Geschichte • L-Erzählung: Briefwechsel Plinius – Trajan: Erzählbuch zur Kirchengeschichte I, 69ff. • Streitgespräch zwischen Christen: Wie soll man sich angesichts der Opferforderungen verhalten? (Vgl. Das Kursbuch Religion 1, 172f.; SpurenLesen 7/8, 99) • L-Erzählung: Victor zieht nach Xanten – Christen im römischen Heer, in: Erzählbuch zur Kirchengeschichte I, 121–125

Die Schülerinnen und Schüler können eine oder mehrere durch die Konstantinische Wende ausgelöste Veränderungen beschreiben → GY 1.4	• Sich informieren über Kaiser Konstantin (Das Kursbuch Religion 1, 173; SpurenLesen 7/8, 100f.; Religionsbuch 5/6, 134f.
	• Bearbeiten einer oder mehrerer der folgenden Aspekte, evtl. in arbeitsteiliger Gruppenarbeit (Kooperation mit Geschichte oder Projekttage) mit anschließender Präsentation und jeweils einem Handout, zu allen unten aufgeführten Aspekten → M 5
	• Überlegen und theologisieren zu allen genannten Aspekten möglich: Welche Vor- und Nachteile hatte die Situation jeweils vor und nach der konstantinischen Wende.
	1. Darf ein Christ Soldat sein?
	  – Streitgespräch zwischen Theophilus, der seinen Soldatenberuf niederlegte, und jungen Taufbewerbern, die Soldaten bleiben wollen → M 4
	  – Streitgespräch des heiligen Martin mit dem Kaiser, weil er nicht bereit ist, in den Krieg zu ziehen (ca. 370 n.Chr.); Halbfas, Hubertus: Religionsbuch 5/6, 108–111

2. Kirchenbau, z.B. die Konstantinsbasilika in Rom, gebaut 320–328 n.Chr. über einem Circus aus der Zeit Kaiser Neros, in dem Petrus seinen Tod gefunden haben soll
   - Vergleichen der Konstantinsbasilika (120 x 64 m) mit der Hauskirche von Dura Europos (Außenmaße des ganzen Gebäudes etwa 21 x 19 m, Größe des für Gottesdienste genutzten Raumes etwa 5 x 13 m); Das Kursbuch Religion 1, 169. Ggf. anknüpfen an Erfahrungen mit Kirchenraumpädagogik
   - Größe der unterschiedlichen Kirchenräume z.B. im Schulhof oder Stadion markieren
3. Gemeinden verändern sich: Es wird vorteilhaft zur Kirche zu gehören, Privilegien für Kleriker
   - Jeweils ein Standbild stellen mit der ganzen Klasse für eine Gemeinde vor und für eine nach der konstantinischen Wende
   - Schreiben aus der Sicht eines Gemeindegliedes, das unter den Christenverfolgungen zu leiden hatte: Wie beurteilt es die Veränderungen?
4. Wandel der Gottesbilder innerhalb des Christentums: Vom sanften, guten Hirten zur Übernahme der Bilder vom unbesiegbaren Sonnengott
   - Überlegen und zeichnen: Welche anderen Möglichkeiten gibt es, Macht und Einfluss Christi darzustellen, ohne die Kennzeichen des Sonnengottes zu übernehmen? – Gespräch über die verschiedenen Entwürfe
   - Sammeln weiterer Christusdarstellungen: Welche passen eher zu der Darstellung »Christus, der gute Hirte« und welche eher zu der Darstellung »Christus mit den Kennzeichen des Sonnengottes«
5. Die Bibel – das verehrte und überlegene Buch, Beginn der Tradierung der antiken und christlichen Literatur in den Klöstern durch Mönche: wertvolle Bibelhandschriften, Schreibstuben in den Klöstern
   - Internetrecherche unter dem Stichwort »Skriptorium«
   - Besuch eines Handschriftensaals einer größeren Bibliothek. Anschauen prächtiger Handschriften oder entsprechender Faksimile-Ausgaben
   - L-Erzählung: Mönche beginnen die Bibel und Werke des Altertums abzuschreiben und weiterzugeben (vgl. Erste Klöster im Abendland – Benedikt/Cassiodor, in: Erzählbuch zur Kirchengeschichte I, 176–182
   - Theologisieren: Ist es im Sinne Christi, dass Handschriften prächtig verziert werden?
6. Monotheismus im Vergleich zum Polytheismus mit der Vielzahl römischer und anderer Götter
   - Zusammenstellen antiker Gottheiten: Kann man sich mit allen Sorgen und Wünschen, mit denen man sich an antike Gottheiten gewendet hat, auch an den christlichen Gott wenden?
   - Theologisieren: Welche Vor- und Nachteile hat es, wenn es mehrere Göttinnen und Götter gibt, an die man sich wenden kann?

- Skala-Abfrage: Kirchengemeinden heute – entsprechen sie eher der Zeit vor oder der Zeit nach der Konstantinischen Wende?
  (Bilddokumente zur Konstantinischen Wende, die mit den Schülerinnen und Schülern augewertet werden können, in: Brennpunkte der Kirchengeschichte, 32–43)

| Die Schülerinnen und Schüler können unterschiedliche Bilder für die Kirche darstellen und deuten | - Bilder malen oder suchen oder ein Logo entwickeln zu:
  - Gemeinde als Schiff: Mt 8,23–27 und Mt 14,22–33, das Lied »Ein Schiff, das sich Gemeinde nennt« (EG Baden 609, EG Württemberg 595)
  - Hirt und Herde: Joh 10,1–15
  - Weinstock und Rebe: Joh 15,1–7
  - Pfingsten
  - Die Apostel werden erfüllt mit dem Heiligen Geist: Apg 2,1–15 vgl. Kirchenjahrmodul, Baustein Pfingsten (Bilder in: Das Kursbuch Religion 1, 161; SpurenLesen 5/6, 160)
  - Christinnen und Christen sind gemeinsam Leib Christi: 1 Kor 12 |

- Kirche als Fels: Petrus und Presbyter (Älteste) leiten die Gemeinden: Mt 16,16–18 und 1. Petr 5,1–5
- Standbilder zu den Kirchenbildern entwickeln: Die ganze Klasse kann jeweils einbezogen werden, ideal ist ein großer Raum oder ein Platz im Freien. In einem Kirchengebäude: In welche Beziehung bringt das Kirchengebäude die verschiedenen Glieder der Gemeinde? (Gemeinsam ausprobieren!) Welchem Kirchenbild entspricht dies?
- Gespräch über die unterschiedlichen Positionen innerhalb der einzelnen Bilder
- Theologisieren: Ähnlichkeiten und Unterschiede zwischen den Bildern? Welche Unterschiede gibt es zwischen Bildern, bei denen Petrus eine Rolle spielt und dem Bild, das Paulus entworfen hat?
- Mein Lieblingsbild? Mein Top-Logo?

Die Schülerinnen und Schüler können Aktivitäten der Kirche zuordnen zu vier Grundfunktionen der Kirche

- Aktivitäten der frühen und der heutigen Kirche (Beispiele u.a. in: Das Kursbuch Religion 1, 160–167) folgenden vier Grundfunktionen der Kirche zuordnen:
  - Jesu Botschaft verkündigen (Kerygma/Martyria)
  - Feier von Gottesdiensten (Liturgie)
  - Dienst am Nächsten (Diakonie)
  - Gemeinschaft (Koinonia)
- Welche Kirchenbilder (s.o.) lassen sich einzelnen Grundfunktionen zuordnen?
- Welche Grundfunktionen der Kirche kenne ich (nicht)?

Die Schülerinnen und Schüler können erkennen und darstellen, was neu gelernt wurde

- (Weiter-)bearbeiten elementarer Fragen, evtl. mit Mindmaps
- Wenn Menschen für eine bestimmte Sache Feuer und Flamme sind, wollen sie zusammen sein und miteinander für die gemeinsame Sache etwas tun. Vergleiche die Aktivitäten eines Fanclubs (Vereins) mit den Aktivitäten der ersten christlichen Gemeinden. Was fällt auf?
- Erzählen des Gleichnisses vom Senfkorn (Wiederholung aus dem Gleichnis-Modul). Erklären, wieso das Gleichnis zur Geschichte des Urchristentums passt (vgl. Unterrichtsideen 6, 333)
- Bildbetrachtung und Gespräch über → M 3 »Rembrandt – Der Apostel Paulus meditierend«. In welcher Hinsicht bestimmte Paulus sein Leben selbst und inwiefern wurde sein Leben bestimmt?
- Gestalten eines eigenen Paulusbildes unter Verwendung bekannter ikonographischer Elemente
- Nachruf schreiben auf Paulus aus einer selbst gewählten Perspektive (Journalist, der den Prozess beobachtete; Mitgefangener; Frau aus der Gemeinde in Korinth; Soldat, der ihn bewachte; Jude aus Korinth, der ihm noch nicht verziehen hat, dass wegen Paulus viele jüdische Gemeindeglieder Christen wurden; …) Dabei die Frage beantworten: Was von dem, was Paulus tat, wird Folgen für die Zukunft haben?
- Das Leben des Petrus und des Paulus vergleichen
- Schreiben eines Psalmes aus der Perspektive verfolgter Christen. Vgl. dazu Katakombenwandmalerei »Daniel in der Löwengrube« und Mosaik: »Gefangene werden durch wilde Tiere getötet« (Möglichkeit der Wiederaufnahme von Versen aus Ps 22, z.B. Vers 22: »Hilf mir aus dem Rachen des Löwen und vor den Hörnern wilder Stiere!«); Das Kursbuch Religion Elementar 5/6, 85, 94, Kursbuch Religion 2000, 191f.
- Präsentieren der Geschichte der Christenverfolgungen im römischen Reich anhand einer Zeitleiste (Kursbuch Religion 5/6, 172f.) Übertragen auf einen Wandfries, der beim Präsentieren entrollt werden kann oder umgestalten in eine Powerpoint-Präsentation
- Angenommen, ihr könntet euch in einer Gemeinde vor der Konstantinischen Wende zum Taufunterricht anmelden oder in einer Gemeinde nach der Wende zum Konfirmandenunterricht. Entscheidet zu welcher Gemeinde ihr lieber gehören wolltet, und begründet die Entscheidung.

Literatur

Unterrichtspraktisches Material
Unterrichtsideen Religion 5, Stuttgart, 1996, Viele Zeugen – eine Botschaft, 276–286
Unterrichtsideen Religion 6, Stuttgart 1997, Verdächtigt – verfolgt – anerkannt – Die Ausbreitung der christlichen Kirche, 308–333
Unterrichtsideen Religion 7/1, Stuttgart 1998, Paulus aus Tarsus: Ein Mensch lernt dazu, 25–38
Religion in der Sekundarstufe 5/6, hg. vom Institut für Religionspädagogik der Erzdiözese Freiburg und der Hauptabteilung Schulen der Diözese Rottenburg-Stuttgart

Schulbücher
Das Kursbuch Religion 1, Christen lebten im römischen Reich. Stuttgart/Braunschweig 2005, 168–173
dazu: Lehrermaterialien 2006, 134–138
Das Kursbuch Religion 2, Stuttgart/Braunschweig 2006, Paulus, 138–153
Kursbuch Religion Elementar 5/6, Stuttgart/Braunschweig 2003, Erste Christen, 130–143
dazu: Lehrermaterialien, 2006, 210–230
Kursbuch Religion Elementar 7/8, Stuttgart/Braunschweig 2004, Paulus 148–157
SpurenLesen 5/6, Stuttgart 1997, 160–163
dazu Werkbuch, 1997, 375ff.
SpurenLesen 7/8, Stuttgart 1998, Zwischen Jerusalem und Rom – Juden, Christen und Heiden im Römischen Reich, 89–101
dazu: Werkbuch, 1998, 221–246
Hubertus Halbfas: Religionsbuch 5/6

Fachliteratur
Herbert Gutschera/Jörg Thierfelder, Brennpunkte der Kirchengeschichte, Paderborn 1976
Bibelblatt – der Weltbestseller in Schlagzeilen, Würzburg ²1999
Jürgen Koerver, Herr Gottreich lädt zum Fest, Stuttgart 2003

M 1 Petrus: Vom Verrat an Jesus bis zu seinem eigenen Tod – Lesen wie ein Schauspieler

1) Jesus zu Petrus: »Wahrlich, ich sage dir: In dieser Nacht, ehe der Hahn kräht, wirst du mich dreimal verleugnen.« (Mt 26,34)

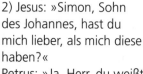

2) Jesus: »Simon, Sohn des Johannes, hast du mich lieber, als mich diese haben?«
Petrus: »Ja, Herr, du weißt, dass ich dich lieb habe.«
Jesus: »Weide meine Lämmer!« (Joh 21,15)

3) Pfingsten: »Sie wurden alle erfüllt von dem heiligen Geist und fingen an zu predigen in anderen Sprachen.« (Apg 2,4)

4) Heilung eines Gelähmten an der Tempeltür (Apg 3)
Petrus zu dem Gelähmten: »Silber und Gold habe ich nicht, was ich aber habe, das gebe ich dir. Im Namen Jesu Christi von Nazareth steh auf und geh umher!« (Apg 3,6)

5) Hananias und Saphira (Apg 5,1–11) Petrus: »Hananias, warum hat der Satan dein Herz erfüllt, dass du den heiligen Geist belogen und etwas vom Geld für den Acker zurückbehalten hast?« (Apg 3,5)

6) Petrus und weitere Apostel im Gefängnis und vor dem Hohen Rat (Apg 4,1–22; 5,17–29) »Man muss Gott mehr gehorchen als den Menschen.« (Apg 5,29)

7) Die Visionen des Petrus und Cornelius (Apg 10–11,18) »Was Gott rein gemacht hat, das nenne du nicht verboten!« (Apg 10,15)

8) Konflikt mit Paulus (Gal 2,11–16,21)
Petrus hatte sich von der Mahlgemeinschaft mit den Heidenchristen zurückgezogen.
Paulus über Petrus: »Als aber Petrus nach Antiochia kam, widerstand ich ihm ins Angesicht, denn es war Grund zur Klage gegen ihn.« (Gal 2,11)

9) Tod des Petrus: Nach der Legende wurde er unter Kaiser Nero in Rom getötet, allerdings nicht wie Paulus enthauptet, sondern kopfüber gekreuzigt. Jesus zu Petrus: »Als du jünger warst, gürtetest du dich selbst und gingst, wo du hin wolltest; wenn du aber alt wirst, wirst du deine Hände ausstrecken, und ein anderer wird dich gürten und führen, wo du nicht hin willst.« (Joh 21,18)

M 2 Landkarte

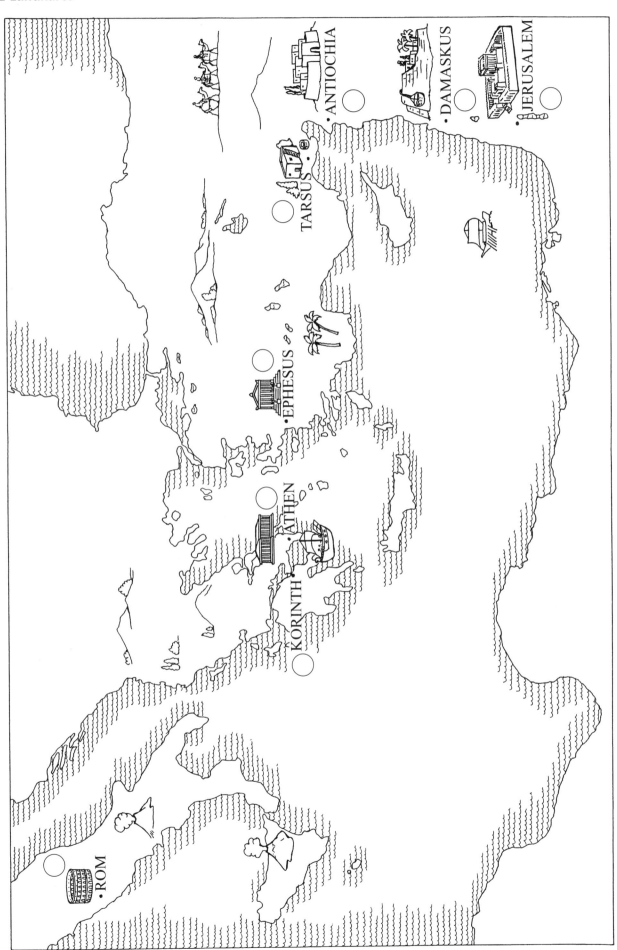

ANTIOCHIA

DAMASKUS

JERUSALEM

TARSUS

EPHESUS

ATHEN

KORINTH

ROM

M 3 Paulus meditierend

M 3 Paulus meditierend

Farbige Vorlage siehe Seite 264

M 4 Theophilus in Gewissensnot

Theophilus wurde kurz nach der Konstantinischen Wende 314 vollgültiges Mitglied einer christlichen Gemeinde. Drei Jahre zuvor hatte er darauf verzichtet, Soldat zu werden, und sich stattdessen zum Taufunterricht angemeldet. In der letzten Osternacht hatte er schließlich die Taufe empfangen und durfte jetzt auch am Abendmahl teilnehmen.

Aber Theophilus verstand die Welt nicht mehr, genauer: das, was in der bisher kleinen christlichen Gemeinde geschah, zu der er gehörte. Denn jetzt wurde eine ganze Gruppe von Soldaten zum Taufunterricht zugelassen, obwohl sie weiterhin ihr grausames Handwerk ausübten. Nur weil der Kaiser Konstantin eine positive Einstellung zum Christentum gefunden hatte und es als Religion offiziell erlaubte und förderte, sollte es auf einmal möglich sein, gleichzeitig Christ und Soldat zu sein?! Macht es den neuen Taufbewerbern nichts aus zu töten? Können sie noch schlafen, wenn sie ein Kreuz auf ihre militärischen Feldzeichen malen? Ist Christus dafür gestorben, dass man in seinem Namen andere Menschen umbringt, auch wenn sie noch so schlimme Feinde sind?

Wenn die Soldaten in drei Jahren auch die Taufe empfangen sollten, dann müsste er sie seine Brüder nennen und mit ihnen beim Abendmahl zum Zeichen des Friedens den Bruderkuss austauschen. Konnte er das? Durfte er das?

Bei der gemeinsamen Feier des Mahls des Herrn soll eine herzliche Gemeinschaft bestehen. Keiner soll gegen den anderen sein und heucheln.

Herbert Kumpf

M 5 Vor und nach der konstantinischen Wende

312 Schlacht an der milvischen Brücke vor Rom
Kaiser Konstantin besiegt im Zeichen des Christengottes seinen Konkurrenten Maxentius.

313 Mailänder Toleranzedikt
Die beiden Herrscher des römischen Reiches, Konstantin und Licinus, treffen sich in Mailand und legen fest, dass Christen offen ihre Religion ausüben können und dass jeder die Gottheit verehren darf, die er gewählt hat. Kirchenbesitz, der vom römischen Staat eingezogen worden war, muss unverzüglich zurückgegeben werden.

Vor der konstantinischen Wende	Nach der konstantinischen Wende
1. Kämpfen mit Waffen?	
In der ganz frühen Kirche war es verboten, dass Christen Soldaten sind, später war es zumindest nicht gern gesehen. Soldaten, die Christen wurden, behielten z.T. ihren Beruf, gerieten aber oft in Gewissenskonflikte, erstens wenn sie töten mussten und zweitens wenn in der Armee verlangt wurde, dass sie römischen Göttern opfern sollten.	Christen durften nicht nur Soldaten werden, es wurde sogar im Zeichen des Kreuzes gekämpft (militärische Feldzeichen). 314 wurde darüber hinaus auf einer Synode (im südfranzösischen Arles) festgelegt, dass Christen den Kriegsdienst nicht verweigern dürfen. Es gab immer wieder Christen, die sich dadurch nicht einschüchtern ließen und nicht bereit waren mit Waffen zu kämpfen, z.B. der später heilig gesprochene Martin von Tours.
2. Wo versammeln sich Christinnen und Christen?	
Die zumeist nicht allzu großen christlichen Gemeinden versammelten sich meistens in Privathäusern, manchmal auch im Freien oder in Katakomben. Christinnen und Christen wurden von anderen oft nicht verstanden und deswegen belächelt, verspottet und zu manchen Zeiten verfolgt. Christliche Versammlungsräume unterschieden sich deutlich von den im römischen Reich üblichen Tempelanlagen, bei denen diejenigen, die eine Gottheit verehrten und ihr opfern wollten, sich im Freien vor den Tempelanlagen aufhielten.	Es wurden neue Kirchengebäude gebaut, oft nach dem Grundriss einer Basilika. Eine Basilika war ein kaiserliches Markt- und Gerichtgebäude. Große Basiliken in Rom, Jerusalem oder Konstantinopel wurden im Auftrag von Kaiser Konstantin dem Großen gebaut und finanziert. Jetzt konnte sich eine große Zahl von Christinnen und Christen auf einmal versammeln und ungestört Gottesdienste feiern. Die Geistlichen (Bischof, Priester, Diakon) leiteten die Gottesdienste im vorderen Gebäudeteil, der früher dem Kaiser vorbehalten war. Es bestand oft ein großer Abstand zu den Gläubigen.
3. Zusammensetzung der Gemeinden	
Zu den christlichen Gemeinden gehörten meist einfache Leute, dazu kamen einige ganz Arme und einige Angesehene und Reiche.	Für Einflussreiche und Reiche wurde es vorteilhaft zur Kirche zu gehören. Oft war ein christliches Bekenntnis Voraussetzung für eine öffentliche Karriere. Es kam zu Massentaufen. Bischöfe, Priester oder Diakone wurden mit Privilegien (=Sonderrechten) ausgestattet. Diese Geistlichen (»Kleriker«) mussten keine Steuern bezahlen, waren vom Kriegsdient befreit und konnten umsonst die Reichspost benutzen.
4) Das Jesus- und Gottesbild verändert sich	
Jesus und sein Vater wurden zunächst gar nicht dargestellt. Symbole (Fisch, Anker, Brote) oder Darstellung biblischer Geschichten (Noah in der Arche, Jona, Daniel in der Löwengrube) wiesen hin auf den Glauben und die Auferstehungshoffnung. Allmählich wurden heidnische Symbole übernommen. So wird aus dem in der Antike beliebten Motiv des Hirten die Darstellung von Christus als dem »Guten Hirten«.	Jesus wurde jetzt auch als starker Herrscher dargestellt, z.B. ähnlich wie der »unbesiegbare Sonnengott«, der bei Nichtchristen sehr beliebt war. Der Vielgötterglaube der römisch-hellenistischen Umwelt wurde z.T. mit Gewalt zurückgedrängt.
5. Die Schriften der christlichen Gemeinden	
Die christlichen Gemeinden besaßen, je nachdem, wieviel Geld sie hatten, wohl einige Papyrusrollen, z.B. einige Briefe von Paulus und vielleicht ein Evangelium.	Schon auf Konstantins Anordnung hin wurden die heiligen Schriften auf kostbarem Pergament, einem feinen dünnen Leder, abgeschrieben. Kostbare Handschriften wurden in Form von Büchern (»Codizes«) gebunden.

Kompetenz-Register

In der nachstehenden Tabelle sind in der linken Spalte sämtliche Bildungsstandards für evangelische Religionslehre nach dem Bildungsplan 2004 für die Hauptschule, die Realschule und das Gymnasium aufgelistet. In der rechten Spalte finden sich die Seitenangaben aus diesem Band der Unterrichtsideen, auf denen sich jeweils Impulse und Anregungen für die Bearbeitung der jeweiligen Standards finden lassen. Die Seitenzahlen beziehen sich auf den Beginn der jeweiligen Unterrichtseinheit(en).

Bildungsstandards
Klasse 6
Hauptschule

Bildungsstandards	Fundstellen in diesem Band, Seite
Dimension: Mensch Die Schülerinnen und Schüler	
▪ können die Gleichwertigkeit von Mädchen und Jungen biblisch begründen und Konsequenzen daraus benennen (1.1)	110
▪ können sich zu ihren Fähigkeiten und Möglichkeiten, ihren Stärken und Schwächen äußern (1.2)	128
▪ wissen, dass sie als Partner/innen Gottes diese Welt mitgestalten können (1.3)	110, 128
Dimension: Welt und Verantwortung Die Schülerinnen und Schüler	
▪ kennen einen biblischen Schöpfungstext. Sie können Gefährdungen der Natur benennen und kennen Möglichkeiten, zum Erhalt der Schöpfung beizutragen (2.1)	110
▪ können sich in ihrer Verschiedenheit wahrnehmen, achten einander und können fair miteinander umgehen (2.2)	88, 100, 128
▪ kennen biblische Weisungen für das Handeln der Menschen (z.B. Zehn Gebote, Gleichnis vom barmherzigen Samariter) und kennen Möglichkeiten, ihre Konflikte friedlich zu lösen (2.3)	128
Dimension: Bibel Die Schülerinnen und Schüler	
▪ können den Aufbau der Bibel und ihre Entstehung vereinfacht darstellen und vorgegebene Bibelstellen finden (3.1)	23
▪ kennen zentrale Geschichten und Texte aus der Bibel (3.2)	15, 23, 36
▪ können ihre Alltagserfahrungen und Fragen in die kreative Bearbeitung von biblischen Geschichten einbringen (3.3)	23, 36,110
Dimension: Gott Die Schülerinnen und Schüler	
▪ können darauf verweisen, dass in biblischen Geschichten von Erfahrungen mit Gott erzählt wird (4.1)	15, 36
▪ kennen unterschiedliche Gottesnamen und -symbole der Bibel: JHWH, Gott – Vater und Mutter, Feuer, Wolke ... (4.2)	15
▪ verfügen über Möglichkeiten, ihre eigenen Erfahrungen vor Gott zu bringen (Lied, Gebet ...) (4.3)	36
Dimension: Jesus Christus Die Schülerinnen und Schüler	
▪ wissen, dass in der Bibel die Evangelien von Jesus Christus erzählen. Sie kennen wichtige Lebensstationen Jesu (5.1)	65, 159
▪ kennen die Lebenswelt Jesu in Grundzügen und können an einem Beispiel beschreiben, wie sich Jesus den Menschen, insbesondere den Benachteiligten, zugewandt hat (5.2)	159
▪ wissen, dass Jesus vorgelebt hat, wie Menschen miteinander umgehen sollen (5.3)	159

Hauptschule

Bildungsstandards	Fundstellen in diesem Band, Seite
Dimension: Kirche Die Schülerinnen und Schüler	
▪ wissen, dass man durch die Taufe Mitglied der Kirche wird und zu ihr gehört (6.1)	74
▪ können Formen evangelischer und katholischer Glaubenspraxis beschreiben und Angebote der Kirchengemeinden vor Ort ausfindig machen (6.2)	49, 74
▪ können die christlichen Hauptfeste erklären und in das Kirchenjahr einordnen (6.3)	49, 65
Dimension: Religionen und Weltanschauungen Die Schülerinnen und Schüler	
▪ wissen, dass Menschen unterschiedlichen Glaubensgemeinschaften angehören und friedlich miteinander leben können (7.1)	74, 88, 100
▪ kennen neben den Formen christlicher Glaubenspraxis auch wesentliche Ausdrucksformen der Glaubenspraxis von Juden und Muslimen (7.2)	65, 88, 100, 159

Realschule

Bildungsstandards	Fundstellen in diesem Band, Seite
Dimension: Mensch Die Schülerinnen und Schüler ■ kennen das christliche Verständnis, dass sie als Geschöpfe Gottes einzigartig geschaffen sind und ohne Gegenleistung von Gott geliebt werden (1.1)	74, 133, 151
■ können über ihre Fähigkeiten und Möglichkeiten, Stärken und Schwächen sprechen (1.2)	133
■ kennen Geschichten, in denen zum Ausdruck kommt, dass Körper und Seele verletzbar sind sowie einen sensiblen und verantwortlichen Umgang benötigen (1.3)	120
Dimension: Welt und Verantwortung Die Schülerinnen und Schüler ■ wissen um die Würde aller Lebewesen, um ihre gegenseitige Angewiesenheit und um ihr gemeinsames Lebensrecht als Geschöpfe Gottes (2.1)	100, 120, 133
■ können über Gefährdungen der Natur und Möglichkeiten zur Bewahrung der Schöpfung Auskunft geben (2.2)	120
■ kennen Geschichten von Kindern aus der ganzen Welt, die zeigen, dass Kinder verletzbar und auf solidarische Hilfe angewiesen sind (2.3)	151
■ sind in der Lage, durch ihr Verhalten den Umgang in ihrer Lerngruppe zu fördern (2.4)	133
Dimension: Bibel Die Schülerinnen und Schüler ■ können den Aufbau der Bibel und ihre Entstehung in Grundzügen darstellen (3.1)	23
■ können über ausgewählte Texte der Bibel Auskunft geben (3.2)	15, 23, 36, 120
■ können die Erschließungshilfen einer Bibel verwenden (z.B. Inhaltsverzeichnis, Zeittafel, Karten) (3.3)	23, 36
■ sind in der Lage, sich mit ihren Fragen und Erfahrungen an der Auslegung eines biblischen Textes zu beteiligen (3.4)	15, 23
■ sind in der Lage, biblische Geschichten kreativ zu bearbeiten (3.5)	23, 120, 163
Dimension: Gott Die Schülerinnen und Schüler ■ können über ihr eigenes Gottesbild mit anderen sprechen (4.1)	15
■ kennen biblische Geschichten, die von der Beziehung Gottes zu den Menschen erzählen (4.2)	15, 23
■ wissen, dass sich Menschen im Gebet an Gott wenden können, um in Notsituationen zu klagen und zu bitten und in Situationen der Freude und des Staunens zu danken (z.B. Psalm 51, Psalm 139, Irischer Reisesegen) (4.3)	36
■ verfügen über Möglichkeiten, Erfahrungen auf unterschiedliche Weise vor Gott zu bringen (z.B. Lied, Gebet, Stille, Tanz) (4.4)	36
Dimension: Jesus Christus Die Schülerinnen und Schüler ■ wissen über die Lebenswelt Jesu in Grundzügen Bescheid (5.1)	163
■ können den Festen im Kirchenjahr Lebensstationen Jesu zuordnen (5.2)	65, 163
■ können Geschichten der Zuwendung Jesu in Zusammenhang mit heutigen Situationen bringen (5.3)	163

Realschule

Bildungsstandards	Fundstellen in diesem Band, Seite
Dimension: Kirche und Kirchen Die Schülerinnen und Schüler • verfügen über die Fähigkeit, Gemeinsamkeiten und Besonderheiten der evangelischen und der katholischen Kirche und die grundlegenden Merkmale der evangelischen Konfession wahrzunehmen (6.1) • können christliche Feste erklären und in das Kirchenjahr einordnen (6.2) • sind in der Lage, Kirchenräume zu erkunden und Gemeinsamkeiten und Unterschiede zwischen evangelischen und katholischen Kirchen festzustellen (6.3)	49, 65, 74 65 74
Dimension: Religionen und Weltanschauungen Die Schülerinnen und Schüler • sind in der Lage, vor dem Hintergrund der eigenen christlichen Tradition andere Religionen wahrzunehmen (7.1) • kennen die Entstehungsgeschichte, das Bekenntnis und die vier Pflichten des Islam (7.2)	100, 163 100

Gymnasium

Bildungsstandards	Fundstellen in diesem Band, Seite
Dimension: Mensch Die Schülerinnen und Schüler	
• können die Bedeutsamkeit von Festen und Feiern im privaten, öffentlichen und kirchlichen Rahmen darlegen und Aufgaben bei der Gestaltung übernehmen (1.1)	65
• kennen die Grundstruktur des Kirchenjahres mit seinen Hauptfesten und die zugehörigen biblischen Geschichten (1.2)	65, 175
• können Geschichten aus der Bibel nacherzählen (z.B. Gleichnisse), in denen Gottes Nähe Menschen verändert, und kennen Gebete (z.B. Psalmen), in denen Menschen sich an Gott wenden (1.3)	23, 36, 185
• wissen, dass sich die Religiosität des Menschen in unterschiedlichen Religionen und Konfessionen konkretisiert (1.4)	74, 88, 195
Dimension: Welt und Verantwortung Die Schülerinnen und Schüler	
• können religiöse Ausdrucksformen in unserer Gesellschaft erkennen und zuordnen (2.1)	65, 74, 88
• wissen, dass sich das (Schul-)Jahr besonders an kirchlichen Festen orientiert (2.2)	65
• können den Wert des Sonntags für das persönliche und gemeinschaftliche Leben erläutern (2.3)	65
• können Gleichnisse als Erzählungen deuten, die auf ein verändertes Verhalten in der Gesellschaft zielen (2.4)	185
Dimension: Bibel Die Schülerinnen und Schüler	
• kennen Aufbau und Überlieferung der Bibel und können Textstellen nachschlagen (3.1)	23, 36, 175, 179, 195
• können exemplarisch biblische Texte zu ihren Entstehungssituationen in Beziehung setzen (3.2)	15, 23, 185, 195
• können erklären, dass die Bibel für Christinnen und Christen ›Heilige Schrift‹ ist und damit besondere Bedeutung hat (3.3)	23
• kennen zu den wichtigsten Festen im Kirchenjahr eine biblische Erzählung (3.4)	65, 175
• können drei Gleichnisse Jesu nacherzählen und an ausgewählten Psalmen Lob, Dank und Klage beschreiben (3.5)	36, 185
Dimension: Gott Die Schülerinnen und Schüler	
• können an Beispielen zeigen, wie sich Menschen in Worten der Klage, des Dankes und des Lobes an Gott wenden (4.1)	36
• kennen biblische Bildworte für Gott und können eigene Gottesbilder aussprechen und bedenken (4.2)	15, 88
• können zeigen, wie Jesus in Gleichnissen vom Reich Gottes erzählt (4.3)	185
Dimension: Jesus Christus Die Schülerinnen und Schüler	
• können die Geschichte Jesu in Grundzügen wiedergeben, wie sie in der Bibel erzählt wird und sich in den Festen des Kirchenjahres spiegelt (5.1)	65, 175
• verfügen über Grundkenntnisse zu Zeit und Umwelt Jesu soweit sie zum Verständnis der ausgewählten Gleichnisse nötig sind (5.2)	179
• können ein Gleichnis aus Lk 15 (Jesu Zuwendung zu den Verlorenen), ein Gleichnis aus Mk 4 (vom Kommen des Reiches Gottes) und ein weiteres Gleichnis nacherzählen, in den historischen Kontext einordnen und der Intention nach verstehen (5.3)	185
• können erklären, dass die Person Jesus von Nazareth Judentum und Christentum verbindet und trennt (5.4)	88, 179

Gymnasium

Bildungsstandards	Fundstellen in diesem Band, Seite
Dimension: Kirche und Kirchen Die Schülerinnen und Schüler • können Gemeinsamkeiten und Unterschiede der evangelischen und katholischen Kirche erläutern (6.1)	49, 74
• können Kirchengebäude deuten und mit Synagogen vergleichen (6.2)	49, 74, 88
• können im Rahmen der Schule Ökumene praktizieren (6.3)	49, 74
• können die Bedeutung des Sonntags darlegen (6.4)	65
• verstehen Verhaltensweisen und Reaktionen von Menschen, die keiner oder einer anderen religiösen Tradition angehören (6.5)	74
Dimension: Religionen und Weltanschauungen Die Schülerinnen und Schüler • können Feste, Rituale und Symbole jüdischen Glaubens und Lebens beschreiben (7.1)	88, 179
• können Beispiele jüdischen Lebens in Deutschland aus Geschichte und Gegenwart darstellen (7.2)	88
• können Verbindendes und Unterscheidendes von Judentum und Christentum erläutern (7.3)	88

Lernkarten

Gott
Bibel
Psalmen
Kirchen
Kirchenjahr
Konfessionen
Judentum
Islam
Schöpfung
Gemeinschaft
Ich – Du – Wir
Kinder
Jesus
Weg Jesu
Gleichnisse
Urchristen
Paulus

Erzähle die zu diesem Bild von Marc Chagall gehörende Geschichte und erläutere die Zeichen an dem Busch.

In der Wüste begegnet Mose einem brennenden Dornbusch. Gott spricht ihn an und fordert ihn auf, näher zu treten, doch er soll seine Schuhe ausziehen. Gott stellt sich vor: Er ist der Gott von Abraham, von Isaak und Jakob. Er will sein Volk aus der Sklaverei in Ägypten befreien. Mose soll das Volk herausführen. Als Mose fragt, wie der Name Gottes ist, antwortet dieser: Ich werde sein, der ich sein werde.

Die Zeichen im Busch sind das sog. Tetragramm mit den hebräischen Buchstaben JHWH. Es bezeichnet den Gottesnamen. Die Kreise gleichen einer Sonne und bezeichnen Gott als Sonne oder Energie.

»Gott ist (wie) …«

Nenne fünf Bildworte für Gott aus der Bibel.

1. Licht (Ps 27,1)
2. eine Burg (Ps 18,3)
3. ein Hirte (Ps 23,1)
4. ein König (Ps 10,16)
5. unser Vater (Mt 6,9)
6. mein Fels (Ps 31,4)
7. eine Mutter (Jes 66,33)

Ergänze

Ich glaube an Gott, (1) ……………… , den Allmächtigen,
den (2) ………………………… und der Erde.
Und an Jesus Christus, (3) ……………………………, unsern Herrn,
empfangen durch den Heiligen Geist,
geboren von der Jungfrau Maria, gelitten unter (4) ………………… ,
gekreuzigt, (5) ……………………………,
hinabgestiegen in das Reich des Todes,
am (6) …………………………………,
aufgefahren in den Himmel;
er sitzt zur Rechten Gottes, des (7) ……………… Vaters;
von dort wird er kommen, zu richten die Lebenden und die Toten.
Ich glaube an den Heiligen Geist, die heilige (8) …………………… ,
Gemeinschaft der Heiligen, (9) ……………………………
(10) …………………………………
und das ewige Leben. Amen

1. den Vater
2. Schöpfer des Himmels
3. seinen eingeborenen Sohn
4. Pontius Pilatus
5. gestorben und begraben
6. dritten Tage auferstanden von den Toten
7. allmächtigen
8. christliche Kirche
9. Vergebung der Sünden
10. Auferstehung der Toten

Formuliere zwei Gründe, warum die Heiligen drei Könige vor dem neugeborenen Jesuskind niederknien und Geschenke bringen.

1. Jesus ist der Sohn Gottes
2. Der König freut sich über die Geburt Jesu
3. Der König begegnet Jesus wie einem noch größeren König
4. Dankbarkeit

BIBEL·1

Erinnere dich an den Merkvers,
in dem die Bücher der Bibel aufgezählt werden!

In des alten Bundes Schriften merke an der ersten Stell:
Mose, Josua und Richter, Rut und zwei von Samuel
Zwei der Könige, Chronik, Esra, Nehemia, Ester mit.
Hiob, Psalter, dann die Sprüche, Prediger und Hoheslied,
Drauf Jesaja, Jeremia, und Hesekiel, Daniel,
auch Hosea, Joel, Amos, nebst Obadja, Jonas Fehl,
Micha, welchem Nahum folget, Habakuk, Zefanja,
dann Haggai und Sacharja und zuletzt Malachia (= Maleachi).

In dem neuen stehn Matthäus, Markus, Lukas und Johann
Samt den Taten der Apostel unter allen vornean.
Dann die Römer, zwei Korinther, Galater und Epheser,
die Philipper und Kolosser, beide Thessalonicher,
an Timotheus und Titus, an Philemon, Petrus zwei,
drei Johannes, die Hebräer, Jakobus, Judas' Brief dabei.
Endlich schließt die Offenbarung das gesamte Bibelbuch.
Mensch, gebrauche, was du liesest, dir zum Segen, nicht zum Fluch!

BIBEL·2

Nenne in der richtigen Reihenfolge fünf Stationen des Weges,
auf dem die Bibel entstanden ist!

1. Menschen haben in ihrem Leben eine Erfahrung mit Gott gemacht.
2. Menschen erzählen einander Geschichten vom Wirken Gottes.
3. Die Geschichten werden mündlich weitererzählt.
4. Verschiedene Geschichten werden in eine Reihenfolge gebracht.
5. Geschichten von Gott und den Menschen werden gesammelt und aufgeschrieben.
6. Aus den aufgeschriebenen Erfahrungen und Geschichten mit Gott wird ein Buch.
7. Aus den Büchern, in denen Erfahrungen und Geschichten mit Gott aufgeschrieben sind, wird die Bibel.
8. Die Bibel wird abgeschrieben und übersetzt.

BIBEL·3

Erzähle aus dem Gedächtnis eine biblische Geschichte,
die im Unterricht behandelt wurde.

Worauf musst du achten?

1. Von wem will ich erzählen?
2. Wann und wo spielt meine Geschichte?
3. Was müssen meine Zuhörer alles wissen, um meine Geschichte zu verstehen?
4. Was ist das Besondere an der Geschichte?
5. Was muss ich hervorheben, was lasse ich weg?
6. Was ist das Besondere für mich und meine Zuhörer?
7. Wie soll die Geschichte enden?

BIBEL·4

Trage einen biblischen Text vor
(vorlesen oder auswendig vortragen).

Worauf musst du achten?

1. Überlege zuerst, um welche »Textsorte« es sich handelt:
   ein Psalmgebet, eine Geschichte, eine Rede, einen Brief?
2. Versuche dir vorzustellen, wie dieser Text entstanden ist
   (Zeit, Ort, Anlass, wer waren die ersten Zuhörerinnen und Zuhörer?)
3. Überlege, ob man diesen Text besser im Stehen oder im Sitzen,
   auf dem Platz oder vor der Klasse vorträgt.
4. Überlege dir eine kurze Einleitung für deine Zuhörerinnen und Zuhörer.
5. Überlege, welche Worte du betonen willst.
6. Sprich langsam und deutlich.

Wie kann man eine biblische Geschichte kreativ gestalten?

Nenne und beschreibe drei Formen!

- Ein biblisches Rollenspiel
- Eine Skulptur zu einer biblischen Szene erstellen
- Ein Schreibgespräch zu einer biblischen Geschichte auf einem Gruppenplakat
- Eine biblische Geschichte umschreiben:
    - in einen Zeitungsbericht
    - in einen Brief
    - in eine moderne Geschichte
- Einen Bibel-Comic erstellen
- Eine Geschichte mit Figuren nachspielen
- Kreatives Schreiben

Welche Gefühle und verschiedenen Stimmungen
werden in Psalmen ausgedrückt?

Wie viele Begriffe findet ihr?

Denkt auch an Dialektausdrücke!

- Freude
- Lust
- Staunen
- Ärger/Wut
- Traurigkeit
- Gefühlschaos/trouble
- Angst
- Niedergeschlagen sein
- Verzweiflung
- »Dätscht«
  (gedätscht, niedergeschlagen, Beispiel für Dialektausdruck)

Erklärt mindestens drei Methoden, die nicht direkt mit Sprache
arbeiten, mit denen ihr einen Psalm oder anderen biblischen Text
besser verstehen könnt.

Falls ihr mit einer Methode arbeitet, könnt ihr eure Ergebnisse den
anderen vorstellen oder sie mit einer Digi-Cam oder Videokamera
aufzeichnen.
Ihr könnt mit eurem Ergebnis auch einen Morgenkreis oder einen
Teil eines Schulgottesdienstes gestalten.

Folgende nichtsprachlichen Methoden sind u.a. möglich:
1. Sich zu einzelnen Versen Gebärden ausdenken und auf diese Weise
   einen Psalm ohne Worte darstellen.
2. Einen Psalm in Abschnitte einteilen. Zu jedem Abschnitt (evtl. in Unter
   gruppen) ein Standbild stellen.
3. Musik suchen (unter Umständen mehrere Titel, möglichst ohne Text)
   die zum Psalm passt. – Eventuell einen passenden Tanz dazu einstu
   dieren.
4. Den Psalm in Farben umsetzen, indem der Text koloriert wird.
5. Bilder zu einzelnen Abschnitten eines Psalms malen oder z.B. in Zeit
   schriften, Zeitungen oder im Internet suchen.

Erklärt mindestens zwei Methoden, die mit einzelnen Worten oder
Versen eines Psalms oder anderer biblischer Texte arbeiten.

Falls ihr mit einer Methode arbeitet, könnt ihr eure Ergebnisse den
anderen vorstellen oder sie mit einer Digi-Cam fotografieren.
Ihr könnt mit eurem Ergebnis auch einen Morgenkreis oder einen
Teil eines Schulgottesdienstes gestalten.

Folgende Methoden, die mit einzelnen Worten oder Versen eines Psalm
arbeiten, sind u.a. möglich:
1. Einzelne Verse mit schöner, ausdrucksstarker Schrift gestalten. D
   Schrift kann mit Symbolen und bildhaften Elementen verbunde
   werden (z.B. mit Händen, Buchstaben als Haus, Buchstaben, die sic
   auflösen …)
2. Wichtige Psalmsätze auf Karten schreiben und einer Höhen-/Tiefe
   kurve (evtl. mit Wollfaden legen) zuordnen und die Zuordnung begrü
   den.
3. Wichtige Psalmsätze auf Karten schreiben, dazu jeweils einen symb
   lischen Gegenstand suchen und beides auf einem großen Tuch zusa
   men anordnen.
4. Stationen für einen Psalmengang gestalten.

Erklärt mindestens drei Methoden, die mit Sprache arbeiten,
mit denen ihr einen Psalm oder einen anderen biblischen Text
für euch und andere »zum Sprechen« bringen könnt.

Folgende Methoden mit Sprache sind u.a. möglich:
1. Lesen mit mehreren Sprecher/innen, die sich nach euren Vorstellung
   im Raum aufstellen. Evtl. Begleitung mit Rhythmusinstrumenten.
2. Zu einer selbstgestalteten Powerpointpräsentation den Psalm vort
   gen.
3. Umformen in einen Rapp.
4. Unschreiben in die Sprache Jugendlicher oder in euren Dialekt.
5. Eine Verfremdung schreiben – Verfremdung und Original im We
   sel vortragen.

Sucht aus einem Psalm alle Verben heraus, die Gottes Handeln beschreiben und alle Verben, die beschreiben, was Gott tun soll. Was fällt euch auf? Entdeckt ihr dabei neue Gottesbilder, an die ihr vorher noch nicht gedacht habt? Drücken sich in den Verben Gottesbilder aus, die ihr auch für wichtig haltet?

Sucht aus einem Psalm ein wichtiges Wort oder einen kurzen Satz oder Schlüsselwörter heraus und gestaltet dazu ein WORTBILD, ein Gedicht oder ein Wortspiel. – Ein Beispiel findet ihr auf der Rückseite.

WUND
WUNDE
WUNDER?

WUNDERBAR GEMACHT – ICH?

O GOTT!
DANKE GOTT!

(zu Psalm 139, 14a)

Welche Elemente können für ein Anfangsritual wichtig sein? (Vorschläge auf der Rückseite)

Welche Psalme oder Psalmworte eignen sich für ein Anfangsritual?

Elemente, die für ein Anfangsritual wichtig sein können:
- Kreis
- Tuch
- Kerze
- Blumen
- Gebet
- Bild
- Noten
- Bibel

Geeignete Psalmen oder Psalmworte für ein Anfangsritual, z.B.:
- Psalm 22
- Psalm 23
- Psalm 31,13
- Psalm 42,3
- Psalm 103,1–2
- Psalm 139,14
und sehr viele andere

Was haben evangelische und katholische Kirchen gemeinsam?

1. Glocken
2. Turm
3. Altar in der Mitte
4. Kirchenbänke
5. Kanzel
6. Kreuz

Nenne drei Merkmale, in denen sich katholische Kirchen
von evangelischen unterscheiden.

1. Tabernakel und ewiges Licht
2. Beichtstuhl
3. Marienfigur
4. Kniebänke in den Reihen
5. Weihwasserbecken
6. Heiligenbilder
7. Kreuzweg

Nenne zwei Merkmale, in denen sich evangelische Kirchen
von katholischen unterscheiden

1. Bibel auf dem Altar
2. Taufstein ganz vorne neben Altar und Kanzel

Welche Kirchennamen gehören zu einer evangelischen Kirche,
welche nicht?
1. Friedenskirche
2. St. Stephan
3. Johanneskirche
4. Bonifatiuskirche
5. St. Bernhard
6. Lutherkirche
7. Unsere Liebe Frau

Eindeutig nicht evangelisch sind
2. St. Stephan
4. Bonifatiuskirche
5. St. Bernhard,
6. Unsere Liebe Frau (Maria)

Nenne drei Symbole, die man in einer Kirche finden kann.

1. Kreuz
2. Fisch
3. Kerze
4. Chi und Rho
5. Alpha und Omega
6. Weinstock und Reben
7. Evangelistensymbole (Engel, Löwe, Stier, Adler)

Ordne die Namen für die Feste des Kirchenjahres den Symbolen der Kirchenjahresscheibe zu und erkläre die Bedeutung eines Festes deiner Wahl. Nenne die drei Festkreise des Kirchenjahres und ordne sie der Kirchenjahresscheibe richtig zu.

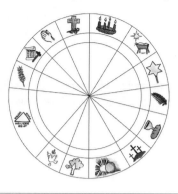

Erntedankfest, Gründonnerstag, Pfingsten, Advent, Himmelfahrt, Weihnachten, Reformationstag, Dreieinigkeit, Buß- und Bettag, Karfreitag, Erscheinungsfest, Palmsonntag, Ostern, Ewigkeitssonntag

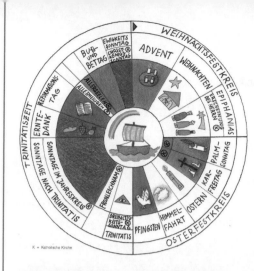

Das Kirchenjahr wi
terteilt in den Weihn
festkreis (1. Adve
letzter Sonntag nac
Erscheinungsfest /
Königsfest / Epiph
und in den Osterfes
(dritter Sonntag vc
Passionszeit bis
Sonntag nach dem
einigkeitsfest / Trin
In einigen Einteilu
wird der Pfingstfes
(Himmelfahrt bis
des Kirchenjahres)
Osterfestkreis
trennt.

Gestaltet ein Kirchenjahreskreis-Puzzle und mit den Puzzleteilen ein Bodenbild

Feste planen leicht gemacht
mithilfe eines »Sichtprotokolls«

Plant zu einem Fest des Kirchenjahres eurer Wahl eine Klassenfeier und stellt eure Projekt-Gedankensammlung hierzu in einer Mind-Map möglichst übersichtlich und für andere nachvollziehbar dar.

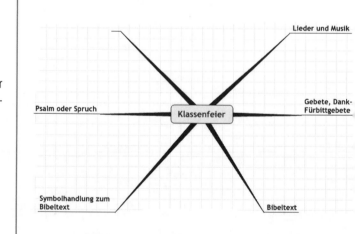

Lieder und Musik

Psalm oder Spruch

Klassenfeier

Gebete, Dank-Fürbittgebete

Symbolhandlung zum Bibeltext

Bibeltext

---

1. Wann beginnt das Kirchenjahr?
2. Welche Abschnitte des Kirchenjahres sind Vorbereitungszeiten und von daher Fastenzeiten?
3. Warum dauert die 40-tägige Passionszeit (kath: »Fastenzeit«) vor Ostern von Aschermittwoch bis Kar-Samstag 6½ Wochen, also eigentlich 46 Tage?
4. Welche Feste des Kirchenjahres sind speziell evangelisch, welche speziell katholisch?

1. Am ersten Advent – vier Sonntage vor dem 25. Dezember.
2. Vorbereitungszeiten und deswegen Fastenzeiten sind die Advent: (Hier ist das weitgehend in Vergessenheit geraten!) und die Passi oder Fastenzeit.
3. Die sechs Passionssonntage werden nicht als Fastentage mitgezäh evangelischen Gebieten ist das ursprünglich anders. Deswegen fir die Fastnacht in Basel und in ursprünglich streng evangelischen Ge ten im Schwarzwald sechs Tage später statt.
4. Speziell evangelisch: Buß- und Bettag
   Speziell katholisch: Fronleichnam, Allerheiligen (und viele ander: manchen Gebieten z.B. Mariä Himmelfahrt am 15. August)
   Karfreitag begehen beide Konfessionen, gilt aber von der Tradition als der höchste evang. Feiertag

1. Welches Fest wird am 6. Januar begangen?
2. Wie viele Tage nach Ostern ist der Sonntag Trinitatis?
3. An was erinnert der Sonntag Trinitatis?
4. Wie viele Wochen nach dem Sonntag Trinitatis ist Erntedankfest?
5. Warum liegt der Reformationstag einen Tag vor dem Allerheiligenfest?

Antwortmöglichkeiten deines Partners

1. Das Fest der heiligen drei Könige (Epiphanias- oder Erscheinungsfest).
2. 57 Tage (50 Tage bis Pfingsten und noch eine Woche dazu bis Trinitatis).
3. Der Trinitatissonntag erinnert an die Dreieinigkeit Gottes, der sowohl Vater als auch Sohn als auch Heiliger Geist in einer Person ist.
4. Diese Frage lässt sich nicht allgemein beantworten, weil es jedes Kalenderjahr anders ist. Denn der Trinitatistermin richtet sich nach dem mondabhängigen Ostertermin und das Erntedankfest liegt immer auf einem festen Sonntag, meist dem ersten Sonntag im Oktober.
5. Der Reformationstag erinnert an den Thesenanschlag Luthers. Martin Luther wollte, dass viele Menschen seine 95 Thesen lesen. Da zum Allerheiligenfest viele Menschen in die Kirche kommen, veröffentlichte er sie einen Tag zuvor.

Ordne die folgenden Sätze dem Schabbat bzw. dem Sonntag in einer Tabelle zu:
- Tora im Mittelpunkt des Gottesdienstes
- Erster Tag in der Woche
- Eucharistiefeier in der Kirche
- Vergegenwärtigung der Befreiung aus der Sklaverei
- Zeichen des Neuen Bundes in Jesus Christus
- Gemeindegottesdienst in der Synagoge
- Siebter Tag in der Woche
- Evangelium im Mittelpunkt des Wortgottesdienstes
- Vergegenwärtigung der Auferstehung Jesu
- Zeichen des Ewigen Bundes Gottes mit Israel
- Gemeindegottesdienst in der Kirche
- Schabbat-Mahl in der Familie

Schabbat
- Siebter Tag in der Woche
- Vergegenwärtigung der Befreiung aus der Sklaverei
- Zeichen des Ewigen Bundes Gottes mit Israel
- Gemeindegottesdienst in der Synagoge
- Tora im Mittelpunkt des Gottesdienstes
- Schabbat-Mahl in der Familie

Sonntag
- Erster Tag in der Woche
- Vergegenwärtigung der Auferstehung Jesu
- Zeichen des Neuen Bundes in Jesus Christus
- Gemeindegottesdienst in der Kirche
- Evangelium im Mittelpunkt des Wortgottesdienstes
- Eucharistiefeier in der Kirche

Gemeinsamkeiten entdecken
Überlege dir drei Gemeinsamkeiten, die die evangelischen und katholischen Christen verbinden.

- Glaube an Gott den Vater, Jesus Christus und den Heiligen Geist
- Die Heilige Schrift als Wort Gottes
- Die großen Feste im Kirchenjahr
- Gemeinde trifft sich zur Feier des Gottesdienstes
- Durch die Taufe wird man Kirchenmitglied
- Soziales Engagement in der Gesellschaft (Diakonie und Caritas)

Nenne drei Gemeinsamkeiten von evangelischen und katholischen Kirchen sowie drei Besonderheiten von katholischen Kirchen und erkläre sie!

In beiden Kirchen gibt es:
Altar
Orgel
Taufstein
Bänke/Stühle
Liederbücher
Opferstock

Nur in katholischen Kirchen gibt es:
Weihwasser
Tabernakel
Marienverehrung
Kniebänke
ein Ewiges Licht
Weihrauch

Was heißt Ökumene wörtlich?
Erkläre das Ökumenezeichen mit seinen Bestandteilen.

Ökumene oder ökumenisch bedeutet »die ganze Erde betreffend« ur meint heute die Einheit der Christen.

Das »**Ökumeneschiff**« mit dem **Kreuz als Mast**. Das Schiff steht f die eine Kirche Jesu Christi, die durch das Meer der Zeit fährt und alle sich aufnimmt, die Jesus Christus als ihren Herrn bekennen und sich ihrer Gemeinschaft von Gottes Wort und Sakrament geprägt und in Dien gestellt wissen.

---

1. Was bedeutet das Wort Konfession?

a) Einteilung
b) Sendung
c) Erlösung
d) Bekenntnis

2. Nenne mindestens drei Konfessionen.

1d) Bekenntnis

2)
Protestanten
Katholiken
Orthodoxe
Methodisten
Baptisten
Mennoniten …

Es steht schon in der Bibel, dass Christen gemeinsam »Kirche« sind.
Nenne zwei Stellen und sage mit eigenen Worten, was dort ausgesagt wird!
Haben beide Bibelstellen etwas Wichtiges gemeinsam?

1. Korinther 12 »Ein Leib – viele Gaben«: Eine Gemeinde von Christen kann man sich vorstellen wie einen menschlichen Leib: Es gibt verschiedene Körperteile, und jedes Körperteil kann etwas anderes (sehen, hören, laufen, usw.). Doch alle Körperteile gehören zusammen. Der Kopf aber ist Jesus Christus.

Epheser 4,4-6 Einheit im Geist Gottes: So unterschiedlich wir Menschen auch sein mögen – das, was von Gott kommt, haben wir gemeinsam. Das ist: Gottes Geist, der Glaube an Jesus Christus, die Taufe, Gott, der Vater.

aus Apostelgeschichte 2: Pfingsten: Gott schenkt seinen Geist und gießt ihn aus über Menschen aus der ganzen Welt.

Die ersten Gemeinden leben und teilen im Geist der Liebe.

Wir dürfen so unterschiedlich sein und bleiben, wie wir sind. Gott vereint uns zu seiner Gemeinde.

Die Menschen, die lange vor uns als Christinnen und Christen lebten, haben in Bekenntnissen ausgesagt, was für sie die Kirche ist.
Nenne zwei solcher Bekenntnis-Aussagen und erkläre sie mit eigenen Worten!

Apostolisches Glaubensbekenntnis: »Ich glaube an den heiligen Geist, die heilige christliche Kirche, Gemeinschaft der Heiligen …«
Das heißt: Der Geist Gottes macht aus uns vielen Menschen seine Kirche. Gott macht aus uns die Gemeinschaft der Heiligen.

Nizänisches Glaubensbekenntnis: »Wir glauben an die eine, heilige, allgemeine und apostolische Kirche.« Das heißt: alle, die das glauben, gehören zur einen Kirche Jesu Christi. Sie erstreckt sich weltweit und geht zurück auf die Jüngerinnen und Jünger Jesu.

Augsburger Bekenntnis von 1530: »… bei welchen das Evangelium rein gepredigt und die heiligen Sakramente laut des Evangeliums gereicht werden.« Das heißt: dort, wo das Evangelium von Jesus Christus weitergesagt wird und Menschen in Taufe und Abendmahl die Gnade Gottes feiern, ist die Kirche.

Ordne die folgenden Begriffe in drei Spalten mit den Überschriften »evangelisch«, »katholisch«, »gemeinsam«:

Weihwasser, Reformationsfest, Papst, Konfirmation, Bibel, Vaterunser, Predigt, Gesangbuch, Allerheiligen, Glocken, Verehrung Marias, Talar, Heilige, Pfarrerin, Glaubensbekenntnis, Tabernakel, Abendmahl, Gebete, Opferstock, Mönche, Nonnen, Kreuzweg, Altar, Kanzel, Martin Luther, Bekreuzigung, Taufe, Eucharistie

Evangelisch	Katholisch	Gemeinsam
Reformationsfest	Weihwasser	Bibel
Konfirmation	Papst	Vaterunser
Talar	Allerheiligen	Predigt
Pfarrerin	Verehrung Marias	Gesangbuch
Abendmahl	Heilige	Glocken
Martin Luther	Tabernakel	Glaubensbekenntnis
	Mönche	Gebete
	Nonnen	Opferstock
	Kreuzweg	Altar
	Bekreuzigung	Kanzel
	Eucharistie	Taufe

Eine Kirchenraumerkundung durchführen

1. Ankommen
   Wie betrittst du eine Kirche? Welches Verhalten ist in diesem Raum angemessen? Was fühlst du, wenn du eine Kirche betrittst? »Wenn ich eine Kirche betrete, …«
2. Meinen Platz finden
   Es ist gar nicht so einfach einen Platz zu finden. Wie sitzt du auf deinem Platz? Überleg dir, ob du hier sitzen bleibst oder dir einen anderen Sitzplatz auswählen möchtest. Wo setzt du dich gerne hin, wo nicht?
   »Mein Lieblingsplatz ist …
   Ich habe mir diesen Sitzplatz ausgesucht, weil …«
3. Erinnern
   Du bist nicht zum ersten Mal in einer Kirche. Jede und Jeder hat eigene Erinnerungen. Hast du eine besondere Erinnerung, z.B. an ein Fest, ein Spiel oder ein Ereignis? Schreibe sie auf den Stern. Hole dir ein Teelicht im Altarraum, zünde es an und lege Stern und Teelicht an die Stelle im Altarraum, die mit der Erinnerung verbunden ist.

In: Anknüpfen journal impulse aus der konfirmandenarbeit in württemberg, Heft 8, S. 29

KONFESSIONEN·9

Einen ökumenischen Gottesdienst gestalten

- Überlegt euch ein Thema für euren Gottesdienst (»Viele Kinder – ein Gott«, »Eine Welt«, »Feiern können wir überall« …).
- Sucht gezielt nach Gebeten und Texten, die euch gemeinsam entsprechen.
- Stellt euren Gottesdienstverlauf (Struktur: Eröffnung, Sammlung, Verkündigung / Gestaltung, Gebet – Segen – Sendung) den anderen vor.

KONFESSIONEN·10

KONFESSIONEN·11

KONFESSIONEN·12

- Überlegt euch ein Thema für euren Gottesdienst (»Viele Kinder – ein Gott«, »Eine Welt«, »Feiern können wir überall« …).
- Sucht gezielt nach Gebeten und Texten, die euch gemeinsam

Wer ist Jüdin bzw. Jude?

Nach rabbinischem Verständnis ist Jüdin/Jude, wer von einer jüdischen Mutter abstammt oder zum Judentum übergetreten ist (entsprechend den Vorschriften des jüdischen Religionsgesetzes).

Während früher das Verständnis vorherrschte, dass Jude-Sein die Zugehörigkeit sowohl zur jüdischen Religion wie auch zum jüdischen Volk beinhaltet, so ist dies heute aufgebrochen: Jude/Jüdin ist auch, wer die religiösen Gebote nicht beachtet, sich aber fest in der jüdischen Geschichte, in der »Generationenkette des jüdischen Volkes« verankert weiß.

Das Schma Israel (»Höre, Israel«)

1. Nenne die Kurzfassung des »Schma Israel«.
2. Wann wird das Schma u.a. gebetet?
3. Gib den Inhalt des Schma in deinen eigenen Worten wieder.
4. Was kann es für Jüdinnen und Juden bedeuten, das Schma zu beten?

1. Höre Israel, der Herr unser Gott, ist der Herr allein.
2. Männer – auch manche Frauen –, die die Bar (Bat) Mizwa gefeiert haben, beten das Schma u.a. beim Morgen- und Abendgebet und in der letzten Stunde des Lebens.
3. Vgl. mit 1.
4. Man kann Gott mit niemandem und nichts vergleichen. Wie er sich zeigt und wie er ist, kann nicht »genau« gesagt und »festgelegt« werden, weil Gott sich nicht festlegen lässt.

Jesus und das Judentum

1. Warum gehört Jesus zum Judentum?
2. Warum führte der Glaube an Christus zum Streit zwischen Juden und der entstehenden christlichen Gemeinde und später zur Trennung von Juden und Christen?

Jesus ist ein Jude, denn ...

- er betet das Schma Israel und glaubt wie alle Juden an den einigen und einzigen Gott
- er beteiligt sich an den unter Juden üblichen intensiven Diskussionen um die richtige Auslegung der Tora
- er steht den Pharisäern nahe.

Der Glaube an Christus führt zur Trennung, denn ...

- auch Nichtjuden, also Heiden, gehören zu einigen christlichen Gemeinden
- Christus wird in christlichen Gemeinden als Messias verehrt, obwohl in Israel weiterhin viele hungerten, krank waren und die Römer das Land beherrschten
- Christus wird nicht nur als wahrer Mensch, sondern auch als wahrer Gott verehrt.

Jüdische Feste

Ordne den Symbolen im Festkreis die Namen der jüdischen Feste zu (Chanukka, Sukkot, Pessach, Schawuot, Jom Kippur, Purim, Rosch ha-Schna). Erkläre die Bedeutung der einzelnen Feste.

1. Rosch ha-Schna (Neujahr) – Schofar (Widderhorn)
2. Jom Kippur (Versöhnungstag) – Schofar (Widderhorn)
3. Sukkot (Laubhüttenfest) – Sukka (Laubhütte)
4. Chanukka (Einweihungsfest / Lichterfest) – achtarmiger Leuchter mit »Anzünder«
5. Purim (Losfest) – Maske: Kinder verkleiden sich
6. Pessach (Sedertisch) – Verschiedene Speisen erinnern an die Sklaverei in Ägypten
7. Schawuot (Wochenfest) – Die Tafeln der 10 Gebote erinnern an die Offenbarung am Sinai

Sabbat

1. Welche Aufgaben müssen erledigt werden, bevor der Sabbat beginnt?
2. Nenne mindestens drei Elemente, die zum Feiern des Sabbats für eine traditionelle jüdische Familie gehören.

1. Vor Sabbatbeginn müssen erledigt werden: Einkaufen, kochen, Tisch decken
2. Gestalten einer Ruhezeit ohne Arbeit

Freitagabend
- Zumindest die Männer gehen in die Synagoge und begrüßen u.a. die »Braut« Sabbat.
- Die Mutter entzündet die Kerzen und spricht den Lichtersegen.
- Zu Hause segnet der Vater die Kinder und spricht das Kiduschgebet über Brot und Wein.
- Zeit zum Essen, erzählen, Spielen und zum Studieren der Tora

Samstag
- Sabbatgottesdienst in der Synagoge
- Tora studieren
- Abends: Verabschiedung vom Sabbat: Noch einmal den »Duft des Sabbats« an der Gewürzdose riechen.

G"t der Welt

Die Chanukkakerzen flimmern
gegenüber dem Weihnachtslicht
Die Mazzot liegen auf dem Pessachtisch
Im Nebenhaus hängen Ostereier
Die Purimkostüme werden vorbereitet
kurz nach der Faschingfeier
Die Omeszeit wird täglich gezählt*
bis zum Schlusstag von Pfingsten
Das Gebet für den Schabbatausgang wird gesagt
kurz vor der Sonntagsruhe
Und wenn ich in die Synagoge gehe
klingeln die Kirchenglocken
haben sie einen anderen G'tt? Karin Levi

*Zählen der 49 Tage zwischen Pessach und Schawuot (Wochenfest) Spurenlesen 7/8, 134

Aufgabe: Haben sie einen anderen Gott? Begründe deine Antwort.

Juden und Christen haben den gleichen Gott: Nach dem Markusevangelium betet Jesus wie alle Juden das »Schma Israel«.

Und doch wird einiges anders, z.B.
- Es gibt einen neuen und damit auch anderen Zugang zu Gott, nämlich Jesus. Er predigt und handelt entsprechend dem Willen Gottes.
- An Ostern feiert man wie beim Pessachfest eine Befreiung, die Auferweckung Jesu, die anknüpft an die Befreiung aus Ägypten.
- Am Wochenfest wird an die Gabe der Tora erinnert, die Weisung ist für ein gutes Leben auf Gottes Erde. Pfingsten erinnert an den Heiligen Geist, der Christen in die Lage versetzt, Gottes gute Weisung zu befolgen.
- Juden feiern den Sabbat, Christen den ersten Tag der Woche, weil an ihm Jesus auferweckt wurde. (Nur die ersten Christen feierten Sabbat und Sonntag.)

Welche der folgenden Gerichte sind koscher?
Begründe und notiere deine Entscheidung.

Lammkoteletts

Curryhuhn mit Reis

Champignonspizza mit Schinken

Austern

Worterklärung: koscher = den jüdischen Speisevorschriften entsprechend, umgangssprachlich: etwas ist in Ordnung oder einwandfrei.

3. Mose 11, 1–23
- Fleisch – nur Tiere, die Pflanzen fressen, wiederkäuen und gespaltene Hufe haben
- Wassertiere, die Flossen und Schuppen haben
- Vögel außer Raubvögel
- Fleisch und Milch dürfen nicht gleichzeitig verzehrt werden

Zusatzinformation:
Alle jüdischen Lebensmittel müssen zusätzlich nach bestimmten Vorschriften angebaut und verarbeitet werden (z.B.: Tiere müssen geschächtet werden).

In der Synagoge

Ordne den Gegenständen die richtigen Namen zu. Notiere, wozu sie benutzt werden.

Bima

Menora

Tora

Davidstern

Ewiges Licht

Tora-Schrein

- Bima: erhöhter Platz, von dem aus die Tora gelesen wird
- Menora – Siebenarmiger Kerzenleuchter, erinnert an die 6 Tage der Schöpfung und den Ruhetag sowie an den Leuchter im Jerusalemer Tempel
- Tora – Lehre, Weisung, auf eine Pergamentrolle geschrieben
- Davidstern (als Verzierung auf den Torarollen) ist ein aus zwei gleichseitigen Dreiecken geformter Stern. Seine 12 Eckpunkte stehen für die 12 Stämme Israels, außerdem ist die Zahl 12 eine heilige Zahl im Judentum. Heute ist der Davidstern ein wichtiges Symbol und kommt z.B. auch in der israelischen Nationalflagge vor.
- Ewiges Licht: brennt in der Synagoge
- Tora-Schrein: Platz, an dem die Schriftrollen aufbewahrt werden

1 geröstetes Ei
2 Petersilie
3 bittere Kräuter
4 Charoset
5 Matze
6 Lammknochen
7 Salzwasser

Das Seder-Mahl
Ordne den Speisen den richtigen Namen zu und erkläre ihre Bedeutung.

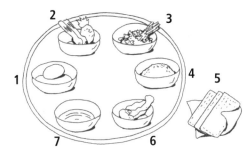

1 Ein neues Leben nach der Flucht aus Ägypten – 2 Ein Frühlingsgemüse als Zeichen des Frühjahrs und eines neuen Lebens – 3 Die bitteren Zeiten der Sklaverei – 4 Der Lehm, aus dem die Ziegelsteine gemacht wurden – 5 Ungesäuertes Brot. Es war keine Zeit, es gehen zu lassen – 6 Das Lamm, das in der letzten Nacht in Ägypten geopfert wurde – 7 Die Tränen und der Schweiß der Sklaven.

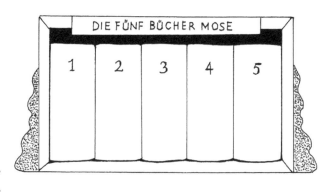

DIE FÜNF BÜCHER MOSE

1 2 3 4 5

1. Genesis
2. Exodus
3. Levitikus
4. Numeri
5. Deuteronomium

Die Tora
Beschrifte die fünf Bücher Mose mit ihren lateinischen Namen!

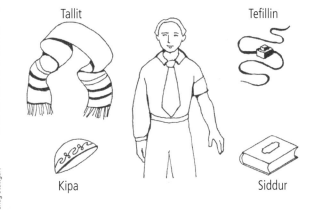

Tallit

Tefillin

Kipa

Siddur

Bar Mizwa (Mädchen in Reformgemeinden: Bat Mizwa)
Beschreibe die Gegenstände und erkläre ihre Bedeutung.

Tallit – Gebetsschal
Für das Gebet tragen Juden einen Gebetsschal. Er ist ein großes weißes Tuch, an dessen Enden Fäden befestigt sind. Diese Fäden nennt man auch Zizit. Sie sollen den frommen Juden an die Einhaltung der Gebote erinnern.

Tefillin – Gebetsriemen
An den Riemen sind kleine Kästchen aus Leder befestigt, die Pergamentröllchen enthalten, auf die wichtige Worte der Tora geschrieben sind. Die Gebetsriemen mit den Kästchen werden an den linken Arm und die Stirn gebunden. Sie sollen den, der sie trägt, an die Gebote Gottes erinnern.

Kippa – Käppchen
Die Kippa ist eine Kopfbedeckung, die für Männer beim Beten Vorschrift ist. Viele Juden tragen die Kopfbedeckung immer, andere nur bei Gottesdiensten und während des Gebets als Zeichen der Ehrfurcht vor Gott.

Siddur – Jüdisches Gebetbuch

Juden – Christen

1a Warum begehen Juden das religiöse Jahr mit so vielen intensiv gefeierten Festen?

1b Zu was kann das anregen?

2a Warum geht man mit den Thorarollen in der Synagoge so achtsam um? (Sie werden wie eine Königin eingekleidet und gekrönt, zum Lesen wird nur ein Zeiger und kein Finger benutzt) und warum tanzen Juden beim Thorafest mit sehr schweren Thorarollen auf der Straße?

2b Wozu kann das anregen?

3a Warum beachten viele Jüdinnen und Juden sehr konkrete religiöse Verhaltensregeln?

3b Wozu kann das Christen/innen anregen?

1a Diese Feste holen heraus aus dem Alltag und erinnern immer wieder an die Geschichte Gottes mit seinem Volk Israel und helfen so zu glauben.

1b Kirchenjahrsfeste mit Freude zu feiern und Traditionen zu pflegen.

2a Weil für Juden die Thora mit ihren Weisungen und Erzählungen Leben ermöglicht und schützt.

2b Dass auch wir achtsam mit der Bibel umgehen. Christinnen und Christen müssen das nicht tun, aber sie können so ihre Freude über die Bibel als Geschenk ausdrücken, in der ganz wichtige Geschichten und Weisungen stehen.

3a Sie wollen ihre Liebe zu Gott konkret ausdrücken und zu seinem Volk gehören.

3b Konkrete Gegenstände und Symbole helfen uns, unseren Glauben auszudrücken und zu leben (Taufkerze, Kreuz, Krippe, Osterlamm).

Erkläre, was der Talmud ist.

Erläutere an einem Beispiel, wie im Talmud häufig die Tora ausgelegt wird.

Nach jüdischer Überlieferung erhielt Mose am Berg Sinai nicht nur die in den ersten fünf Büchern Moses aufgeschriebene schriftliche Tora, sondern auch eine mündliche Tora. Ab der Zeitenwende wurde diese mündliche Tora aufgeschrieben (»Mischna«) und dann in der Gemara und weiteren Kommentaren ausgelegt. Das daraus entstandene Gesamtwerk wird Talmud genannt. (Siehe das Schema auf der Vorderseite.)

Ein Beispiel für die im Talmud festgehaltenen Auslegungen: Die schriftliche Tora erlaubt unter bestimmten Bedingungen zeitweise Knechtschaft, allerdings keine Sklaverei. Die mündliche Tora macht auch die Sklaverei praktisch unmöglich.

Wie geht das Judentum beim Auslegen eines Bibeltextes vor? Sucht euch in einer 4–6er Gruppe einen Abschnitt aus der Bibel aus, geht ebenso vor und sprecht hinterher über eure Erfahrungen mit diesem Vorgehen.

Beispiele für mögliche Bibeltexte:
1 Sam 19, 8–17; 1 Kön 8, 1–6.13.27–30; Lk 2; 41–52; Mk 6, 1–6

- Der Text wird laut gelesen.
- Der Text wird sorgfältig bedacht.
- Zu jedem Detail können Fragen gestellt werden.
- Die fragende Person oder andere beantworten die Frage.
- Wenn jemand mit der Antwort nicht einverstanden ist, gibt er eine andere Antwort.
- Ihr könnt eure unterschiedlichen Antworten wie bei einer Talmudseite um den Bibeltext herum anordnen. Besorgt euch dafür eine Kopie oder einen Computerausdruck des Textes. Verschiedene Bibelübersetzungen findet ihr im Internet unter www.bibleserver.com

---

Nenne wichtige Stationen aus dem Leben Mohammeds (erinnerst du dich auch an Jahreszahlen?)

- Geburt um 570 n.Chr. in Mekka.
- als Waisenkind bei seinem Onkel Abu Talib aufgewachsen.
- im Alter von 25 Jahren: Heirat mit der reichen Kaufmannswitwe Chadidscha.
- gemeinsame Kinder, von denen vor allem die Tochter Fatima eine große Bedeutung hat.
- Erscheinungen des Erzengels Gabriel in der Wüste, danach predigte Mohammed die Güte Gottes und warnte vor dem Weltgericht.
- Spannungen mit örtlichen Kaufmannsfamilien.
- 619 n.Chr.: Chadidscha stirbt und Mohammed wandert 622 n.Chr. nach Jathrib aus. Seither heißt Jathrib »Medina« (Stadt des Propheten). Die islamische Zeitrechnung beginnt.
- 624 n.Chr.: Schlacht gegen die Mächtigen von Mekka in Badr; Mohammed mit seinen Anhängern gewinnt.
- Ramadan im Jahr 630 n.Chr.: Mohammed kehrt zurück nach Mekka. Darauf gründet sich bis heute die Wallfahrt der Muslime (Hadsch).
- 8. Juni 632: Mohammed stirbt in Medina.

© Calwer Verlag Stuttgart

Welche Gemeinsamkeiten zwischen Christen und Muslimen habt ihr entdeckt? Nenne vier Beispiele!

- der Glaube an einen einzigen Gott.
- Gott hat Eigenschaften, die die von uns Menschen übersteigen (Allmacht, Allwissenheit, Güte, Gerechtigkeit, …).
- Anfang und Ende der Welt in Gott: Gott hat die Welt erschaffen und wird sie erlösen.
- Menschen, die gestorben sind, sind in Gottes Hand.
- es gibt eine eigene »Heilige Schrift«.
- man kann zu Gott beten und soll sein Leben nach dem Wort Gottes gestalten.

© Calwer Verlag Stuttgart

Vergleiche Jesus und Mohammed im Islam!

Jesus im Islam
Jesus wird von der Jungfrau Maria geboren und ist ein Prophet. Er hatte von Gott den Auftrag, das Volk Israel wieder zum Glauben an den einen Gott zurückzuführen. Wie Mohammed hat Jesus die Botschaft vom Gericht Gottes über den Unglauben gepredigt.
Jesus hat auch Wunder getan. Aber er ist nach dem Koran nicht am Kreuz gestorben und auch nicht vom Tod auferstanden.

Mohammed
ist der eigentliche und letzte Prophet Gottes: er hat das, was die biblischen Propheten begonnen haben, zum Ziel geführt, nämlich die Menschen zum Glauben an den einen Gott zu führen. Was Mohammed verkündet, hat Gott selbst ihm gesagt und aufgetragen.

© Calwer Verlag Stuttgart

Nenne die vier Pflichten, die gläubige Muslime zu erfüllen haben!

Man spricht auch von den »fünf Säulen«, aber es handelt sich eigentlich um vier Pflichten und das Glaubensbekenntnis:
Es gibt keinen Gott außer Allah und Mohammed ist sein Prophet.

Die Pflichten
- Almosen geben
- 5 Gebete zu festen Tageszeiten
- Pilgerfahrt nach Mekka
- Teilnahme am Fasten

Plant gemeinsam mit Muslimen an eurer Schule ein gemeinsames Essen, bei dem alle etwas Neues kennen lernen, ohne sich unwohl zu fühlen.

Was muss beachtet werden?
Nenne drei wichtige Gesichtspunkte!

- Zu welcher Jahreszeit soll das Fest stattfinden? Welches Fest wird gerade im christlichen und im islamischen Jahr gefeiert?
- Was soll es zu essen geben? Was gilt für Muslime als unrein?
- Welches Thema hat das Fest? Ist es ein Thema, das zu beiden Religionen passt? Macht euch kundig!

Im Islam gibt es 99 Namen Allahs. Mit welchen Namen können Christen Gott ansprechen?
Wie viele Namen aus bekannten christlichen Gebeten oder Liedern fallen dir ein?

- Lieber Vater (Vaterunser)
- Jesus Christus (Komm, Herr Jesus, sei du unser Gast …)
- Erlöser, Erretter
- Heiland
- Heiliger Geist (Komm, Schöpfer Geist …)
- Lieber Gott

Verfasse nach jeder Stunde einen Abschnitt
in deinem Lerntagebuch

- Inhaltliche Kurzbeschreibung
- Wie wurde gearbeitet
- Was war heute mein Beitrag
- Mit welchen neuen Dingen bin ich in Berührung gekommen
- Was davon möchte ich behalten bzw. weiterverwenden
- Eine Stimmungsäußerung
- Wochenrückblick/-kommentar/Vorausschau
- Platz für Rückmeldungen der/des Lehrenden

Ich weiß, dass Menschen unterschiedlichen Glaubensgemeinschaften angehören und friedlich miteinander leben können. (HS)
Ich weiß um die Würde aller Lebewesen, um ihre gegenseitige Angewiesenheit und um ihr gemeinsames Lebensrecht als Geschöpfe Gottes. (RS)

Gestalte ein Lernplakat, auf dem du sichtbar machst, ob diese Feststellungen für dich zutreffen!

© Calwer Verlag Stuttgart

Verfasse einen Antwortbrief
auf die Frage:
Woher kommt die Welt?

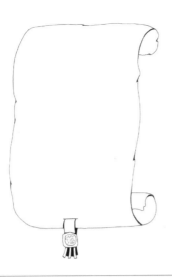

© Calwer Verlag Stuttgart

- Die Welt ist von selbst entstanden
- Gott mag die Menschen nicht
- Wir sind auf uns allein gestellt
- Die Frau ist ein besseres Arbeitstier
- Der Mensch kann machen was er will
- Nach der Schöpfung hat sich Gott von der Welt zurückgezogen
- Es kommt nur auf uns Menschen an
- Gott ist es egal, was mit der Welt passiert

Formuliere diese falschen Aussagen zu biblischen
Schöpfungsaussagen um.

Gen 1, 1–2,4a / Gen 2, 4b–25 / Psalm 104

© Calwer Verlag Stuttgart

Die Entwicklung des Menschen

Fortschritt oder Rückschritt?

Sammle Pro- und Contra-Argumente und trage diese in eine Tabelle
ein. Formuliere und begründe dann deine Meinung.

Fortschritt oder Rückschritt?

Pro	Contra
▪	▪
▪	▪

Ich bin der Meinung, dass die Entwicklung des Menschen eher ein Fortschritt oder Rückschritt bedeutet, weil …

Beschreibe heutige Formen bedrohter Schöpfung und nenne anhand von Beispielen Möglichkeiten, mit der Schöpfung verantwort-
lich umzugehen.

- Waldsterben
- Luftverschmutzung
- Wasserverschmutzung
- Müll
- Lärm

- Nutzung öffentlicher Verkehrsmittel
- Den Energie- und Rohstoffverbrauch einschränken
- Keine Spraydosen mit Treibgas verwenden
- Kauf von Produkten, die den fairen Handel begünstigen und die Natur
  und Umwelt wenig belasten
- Landschaft und Boden erhalten
- Müllvermeidung, Mülltrennung

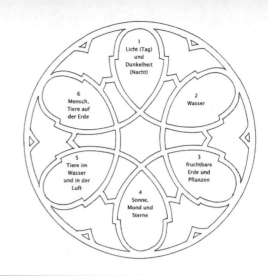

Lies die Geschichte zur Erschaffung der Welt in Genesis 1 und trage die einzelnen Schöpfungswerke (1–6) und den Ruhetag (7) im Schöpfungs-Mandala ein. Du kannst die Schöpfungswerke auch zeichnen (auf transparentes Papier) und ein Schöpfungs-Mandala gestalten.

Was tut Gott, wenn er die Welt »erschafft«?
Überlege dir drei Antworten auf diese Frage, indem du dich an die biblischen Texte erinnerst, die wir im Unterricht behandelt haben.
Du kannst auch nachschlagen (1. Mose 1; 1. Mose 2; Ps 8,4–10; Ps 19,1–7; Ps 104,10–18; Ps 136,1.4–9; Ps 145,15–18)

- Gott spricht: er schafft mit seinem Wort
- Gott unterscheidet und trennt: das Licht von der Finsternis, das Wasser vom Land, den Tag von der Nacht
- Gott »macht«
- Gott beauftragt den Menschen
- Gott versorgt alle Lebewesen mit dem, was sie zum Leben brauchen
- Gott ruht sich aus: er gönnt der Schöpfung eine Pause

Nenne drei Gefährdungen der Schöpfung und mögliche Maßnahmen, die Gefahr zu verringern!

- Luftverschmutzung mit Feinstaub – Einbau von Rußfiltern für Dieselmotoren
- Bodenbelastung durch Überdüngung – Umstellung auf schonende Bewirtschaftung
- Waldsterben – Nachhaltige Bewirtschaftung der Wälder
- Artensterben – Erhaltung von natürlichen Lebensräumen für betroffene Tierarten; Fangquoten; Tierschutz
- Globale Erwärmung der Erdatmosphäre – Nachhaltiger Einsatz von Energie; stärkere Nutzung der regenerativen Energiequellen

---

Wie drücken Menschen der Bibel ihre Ehrfurcht vor Gottes Schöpfung aus?

Nenne drei Beispiele!

- Staunen: Gott hat den Menschen über alle anderen Geschöpfe gese[tzt] (Ps 8)
- Lob: selbst die Himmel rühmen Gott (Ps 19)
- Dank:
  - Gott hat das Chaos besiegt (Jes 51,9f)
  - Gott versorgt alles, was lebt (Ps 145,15f)
- Feiern (Erntedank) Bewegung, Tanz, Lied …

Schreibe vier Regeln auf, wie Jungen und Mädchen fair und respektvoll miteinander umgehen sollten (zwei Regeln für Mädchen, zwei Regeln für Jungs)!
Denke dir eine Konfliktsituation aus, in der jeweils eine Regel wichtig werden könnte!

Beispiele für Konfliktsituationen
- Einige Jungs wollen in der Pause Fußball spielen
  - Peter spielt nicht mit. Hendrik sagt: Du bist ja gar kein richtiger Junge!
  - Anja will mitspielen. Sven sagt: Mädchen können wir nicht brauchen.
- Holger weint über eine schlechte Note in Mathematik. Darf ein Junge weinen?
- Martin wurde von jemandem verpetzt. Er sagt: Das war bestimmt ein Mädchen!

Betrachte den Erntealtar und beschreibe, wie die Menschen, die diesen Altar gestaltet haben, ihren Dank für die Schöpfung ausdrücken! (© epd-Bild)

Raum für deine Notizen!

Nenne drei Ideen für die Gestaltung einer Andacht zum Erntedankfest!

Denke zum Beispiel an
- Lieder
- biblische Texte
- Gebete
- kreative Gestaltung
- eine Geschichte

Raum für deine Notizen!

Eine Zeitungsrecherche zu einem Thema aus dem Religionsunterricht durchführen

1. Überlege dir vorher genau, nach welchen Stichworten und Themen du suchst!
2. Versuche festzustellen: was für eine Zeitung liegt mir vor?
3. Orientiere dich darüber, wie die Zeitung gegliedert ist (Wo stehen welche Informationen? Wo stehen Kommentare, Horoskope, Kultur, Veranstaltungshinweise, Traueranzeigen ...?)
4. Markiere die Fundstellen in der Zeitung farbig!
5. Mache dir kurze Notizen über den Inhalt deiner Fundstellen!
6. Überlege dir, was du den anderen mitteilen willst!

Geeignete Lieder für eine thematische Andacht aus dem Gesangbuch aussuchen.

1. Was hast du für ein Gesangbuch zu Hand (Kinderlieder, Lieder für den Gottesdienst, Lieder für Jugendliche, ...)?
2. Suche im Inhaltsverzeichnis!
3. Gibt es ein Stichwortverzeichnis? Welche Stichworte willst du suchen?
4. Lies die Strophen des Liedes, das du gefunden hast! Verstehst du den Inhalt?
5. Wähle die Strophen aus, die dir passend erscheinen!
6. Überlege dir eine Begründung für deine Auswahl!

Regeln erstellen für den verantwortungsvollen Umgang von Jungen und Mädchen (→ Schreibgitter).

- Suche dir drei weitere Mitschülerinnen und -schüler, so dass ihr nachher zwei Jungen und zwei Mädchen seid!
- Jede(r) schreibt in die Mitte eines weißen DIN A 4-Blattes für sich drei Regeln auf.
- Vergleicht nun, was ihr gefunden habt, indem jeder/jede die drei anderen Ergebnisse abschreibt. Fragt nach, was die anderen sich bei ihren Einfällen gedacht haben!
- Einigt euch nun gemeinsam auf die drei wichtigsten Regeln! (Keine Abstimmung durchführen! Sprecht miteinander.)
- Schreibt auf, wo ihr euch nicht einigen konntet!
- Bestimmt eine(n) Sprecher(in)!

Ein Dankgebet formulieren für eine Erntedank-Andacht (Schulgottesdienst).

- Schreibt alleine oder in Gruppen je für euch Sätze auf, die folgendermaßen beginnen: »Oft bin ich dankbar, dass ...« oder: »Jeden Morgen freue ich mich, wenn ...« oder: »Wenn ich morgens aus dem Fenster sehe, dann bin ich dankbar, dass ...«
- Prüft eure Sätze:
  - Gibt es etwas, was ihr nicht öffentlich sagen wollt?
  - Wie klingen eure Sätze, wenn ihr am Anfang schreibt: »Gott, ich freue mich ... oder Gott, ich bin dankbar ...«?
- Einige Sätze kann man fortführen mit »... weil du ...«. Probiert es aus!
- Wählt nun die Sätze aus, die ihr an Gott richten wollt, und bringt sie in eine Reihenfolge.

Für einen Gottesdienst / eine Andacht eine Mitte gestalten.

- Überlegt euch ein Thema für eure Mitte (»Bedrohte Schöpfung«; »Strandgut«; »Schönheit« ...)
- Sucht gezielt nach Gegenständen, die ihr verwenden könntet
- Sorgt dafür, dass der Platz, an dem ihr eure Mitte aufbauen wollt, frei und geschützt ist! (Genügend Abstand; niemand darf durch eure Mitte hindurchgehen)
- Legt die Gegenstände auf den Boden und entscheidet, wie sie arrangiert werden und was wieder weggenommen werden soll.
- Stellt eure Mitte den anderen vor.

Überprüfen und aufschreiben, was man dazugelernt hat und welche Einstellungen sich verändert haben.
Beispiel:
»Man kann doch nichts machen gegen die Bedrohung der Schöpfung«, oder:
»Die Schöpfung ist gar nicht so bedroht, wie die Leute immer sagen«, oder eine eigene Formulierung.

Wähle einen der Sätze auf der Vorderseite aus (oder nimm deine eigene Formulierung) und schreibe in eine Tabelle mit zwei Spalten:

- Was ich zu Beginn des Unterrichts darüber gedacht habe.
- Was ich dazugelernt habe und wie ich heute über diesen Satz denke.

1. Erzähle einer Mitschülerin oder einem Mitschüler das Gleichnis vom barmherzigen Samariter!
2. Was sagt dieses Gleichnis über Nächstenliebe?

1. Da kannst du nachschauen: Lukas 10, 25-37
2. In dem Gleichnis sagt Jesus:
   Menschen können einander überall zu Nächsten werden.
   Zum Beispiel für einen Menschen, der in Not ist, kann ich der Nächste werden.

---

a) Wie lautet die Goldene Regel?

b) Wie lautet das ähnliche deutsche Sprichwort?

c) Worin besteht der Unterschied?

Die Goldene Regel (Mt 7, 12): Alles nun, was ihr wollt, dass euch die Leute tun sollen, das tut ihnen auch!

Sprichwort:
Was du nicht willst, dass man dir tu', das füg' auch keinem andern zu.

Jesus sagt in der Goldenen Regel, dass man dem anderen so viel Gutes tun soll, wie man für sich selbst wünscht.
Beim Sprichwort kommt es nur darauf an, dass man dem anderen nicht Schlechtes antut.

Die 10 Gebote als Angebote!

Zum Beispiel das erste Gebot:
Ich bin der Herr, dein Gott, der ich dich aus Ägyptenland, aus der Knechtschaft, geführt habe. Du sollst keine anderen Götter haben neben mir!

Wie lautet dieses Gebot als Angebot?

Gott erinnert uns im ersten Gebot, dass er Menschen befreit wie zum Beispiel das Volk Israel aus Ägypten. Das heißt:
- Gott bietet uns Freiheit an.
- Gott sagt: Du *brauchst* keine Götter außer mir.

Welche Regeln gelten bei uns
- in der Klasse?
- in der Schule?

Die Lösung kannst du von dem Plakat im Klassenzimmer ablesen!

Welches der 10 Gebote erscheint dir für dein Leben
am wichtigsten?

- Überlege, wie dieses Gebot genau lautete!
- Begründe deine Auswahl mit mindestens einem Satz!
- Vergleiche deine Auswahl und deine Begründung mit denen
  eines Mitschülers oder einer Mitschülerin!

Was fällt euch auf, wenn ihr miteinander darüber sprecht?

- Entscheiden sich alle gleich?
- Begründen alle gleich?
- Kannst du verstehen, warum andere anders denken?

Welches der 10 Gebote erscheint dir für dein Leben
am wichtigsten?

- Überlege, wie dieses Gebot genau lautete!
- Begründe deine Auswahl mit mindestens einem Satz!
- Vergleiche deine Auswahl und deine Begründung mit denen
  eines Mitschülers oder einer Mitschülerin!

Was fällt euch auf, wenn ihr miteinander darüber sprecht?

- Entscheiden sich alle gleich?
- Begründen alle gleich?
- Kannst du verstehen, warum andere anders denken?

1. Wie lautet nach Jesus das »höchste Gebot«?
2. Was ermöglicht nach christlichem Glauben, dass jemand lieben kann?
3. Erkläre, was geschehen kann, wenn man nur die anderen liebt.

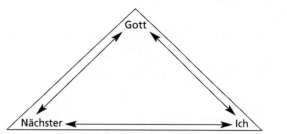

1.

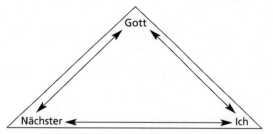

... den Herrn, deinen Gott, ...

... lieben von ganzem ...

Gott hat mich wunderbar gemacht.

»Höre Israel, der Herr, unser Gott, ist der Herr allein, und du sollst ...

von ganzem Gemüt (Nachdenken) (3)

und mit aller deiner Kraft (4)

Herzen (1)

... und deinen Nächsten ...

von ganzer Seele, (2)

... wie dich selbst.«
Mk 12, 29-31

2. Der Glaube daran, von Gott »wunderbar gemacht« zu sein und von ihm geliebt zu werden.
3. Sowohl das »höchste Gebot« als auch die Grundeinstellungen zeigen, dass es auf Dauer schwer ist, andere zu lieben, wenn man sich selbst nicht mag.
   Wenn man Gott nicht liebt, fehlt nach christlicher Vorstellung etwas ganz Entscheidendes und Schönes.

1. Nenne fünf Regeln, wie man gut mit Zuwendung umgehen kann.
2. Erläutere jede Zuwendungsregel mit einem Beispiel.

a. Es ist in Ordnung und gut, Zuwendung zu zeigen.
b. Es ist in Ordnung und gut, Zuwendung anzunehmen.
c. Es ist in Ordnung und gut, Zuwendung zurückzuweisen.
d. Es ist in Ordnung und gut, sich selbst Zuwendung zu geben.
e. Es ist in Ordnung und gut, anderen zu sagen, dass man gerne eine bestimmte Form von Zuwendung möchte, und sie zu fragen, ob sie diese einem geben.

Nenne fünf wichtige Kinderrechte.

1. Alle Kinder haben die gleichen Rechte.
2. Jedes Kind hat das Recht auf einen eigenen Namen.
3. Jedes Kind hat das Recht auf eine eigene Meinung.
4. Jedes Kinder hat das Recht auf Bildung.
5. Keinem Kind darf Gewalt angetan werden.
6. Jedes Kind hat das Recht auf Gesundheit.
7. Jedes Kind hat das Recht mit seinen Eltern zusammen zu leben.
8. Jedes Kind hat das Recht auf einen eigenen Glauben.
9. Niemand darf vor dem 16. Lebensjahr zu Kriegsdienst eingezogen werden.
10. Kinder dürfen nicht zu Erwachsenenarbeit herangezogen werden.

Gegen welches Kinderrecht wird hier verstoßen? Warum?

Sage alle vier Verse des Liedes »Alle Kinder dieser Erde« auf.

1. Alle Kinder dieser Erde sind vor Gottes Angesicht eine riesige Familie, ob sie es wissen oder nicht.
2. Der Indianerbub im Westen und aus China Li-Wang-Lo, auch der schwarze Afrikaner und der kleine Eskimo.
3. Alle sind genauso gerne froh und lustig auf der Welt, freun sich über Mond und Sterne unterm gleichen Himmelszelt.
4. Spielen, lernen, singen, lachen, raufen sich auch mal geschwind. Alle sind sie Gottes Kinder, welcher Farbe sie auch sind.

Der Ölbaum als Lebensbaum

Olivenöl konnte man im täglichen Leben der biblischen Zeit in vielen Bereichen verwenden – nenne und beschreibe drei Anwendungsmöglichkeiten.

- *Zur Beleuchtung:* Für Öllampen im täglichen Gebrauch. Für den großen Leuchter des Tempels darf nur das Öl aus der ersten Pressung benutzt werden, da es von besserer Qualität ist (Ex 27,20)
- *Zur Ernährung:* Eingelegte Oliven enthalten Vitamine, Eiweiß und Fette. Zum Frühstück wurde Brot mit Oliven sehr geschätzt.
- *In der Medizin:* Um Säuglinge und Verwundete zu pflegen, reibt man sie mit Olivenöl ein (Lk 10,34)
- *Für die Kosmetik:* Das Öl lässt die Haare glänzen und macht die Haut weich. In Form von parfümierter Salbe ist dies sehr kostbar.
- *Bei der Grablegung:* Verstorbene werden mit Öl gesalbt (Mk 16,1)
- *Zur Salbung:* Das Öl, das im Heiligtum aufbewahrt wird, dient zur Salbung der Priester, Propheten und Könige. Damit soll verdeutlicht werden, dass diese Menschen Gott geweiht und für einen besonderen Auftrag »ausgesondert« sind (1. Sam. 16, 12.13)

Brot und Öl sind von altersher die Nahrungsgrundlage der Menschen im Mittelmeerraum. Beschreibe, wie zur Zeit Jesu Fladenbrot gebacken wurde.

Fladenbrot backen zur Zeit Jesu

Getreidekörner mit einer Handmühle frisch mahlen – Mehl sieben – au[s] Mehl, Wasser, Salz und Öl einen Teig machen – Kleine Fladen wurden of[t] auf Steinen gebacken, die man im Feuer erhitzt hatte.

In welcher Weise kommt die Bedeutung der Tora in einer Synagoge zum Ausdruck? Benenne die dargestellten Elemente des Toraschreins und gehe auf ihre Bedeutung ein.

1. **Toraschrein** (Aron Hakodesch) zur Aufbewahrung der Torarolle[n] Schriftrollen. Die Torarollen werden mit einem Mantel umhüllt und m[it] einem silbernen Toraschild geschmückt. An Festtagen wird der To[rarolle] eine Torakrone aufgesetzt.
2. **Toravorhang** (Parochet) verdeckt den Toraschrein, wie im Tempel d[er] Vorhang das Allerheiligste verdeckte.
3. **Vorlesepult.** Mit Vollendung des 13. Lebensjahres wird ein Junge B[ar] Mizwa, Sohn des Gebotes, und liest zum ersten Mal in der Synago[ge] einen Abschnitt aus der Tora vor. Mädchen werden mit Vollendung d[es] 12. Lebensjahres Bat-Mizwa, Tocher des Gebotes.
4. **Ewiges Licht** (Ner Tamid) als Zeichen der Gegenwart Gottes.
5. **Torarolle**, Schriftrolle. Die Buchstaben der Tora dürfen beim Vorles[en] aus Ehrfurcht und zum Schutz des Pergaments nicht mit der Hand b[e-] rührt werden. Deshalb benützt man einen Zeiger, der die Form ein[er] Hand hat.

Palästina zur Zeit Jesu ist von den Römern besetzt. Formuliere drei Sprechblasen dazu, was wohl in den Köpfen der jüdischen Bevölkerung vorgeht.

- Ihr römischen Soldaten wendet willkürlich Gewalt an, die Ungerecht[ig-]keit schreit zum Himmel!
- Der kleinste Anlass reicht für euch aus, um uns ins Gefängnis [zu] bringen oder ans Kreuz zu nageln – das lassen wir uns nicht län[ger] bieten!
- Die Steuern erdrücken uns! Unser ganzes Geld geht nach Rom und [wir] selbst haben nichts mehr!
- Euren Kult um den Kaiser können wir nicht mitmachen. Höre Isra[el,] JAHWE, unser Gott, JAHWE ist einzig!
- Wir lassen uns nicht weiter unterdrücken! Da muss bald etwas pas[sie-]ren …!

Sieger Köder: Das Mahl mit den Sündern
Wer sitzt um diesen Tisch? Wem gehören die austeilenden Hände?

Sieger Köder: Das Mahl mit den Sündern

Eine sonderbare Tischgemeinschaft:
Ein Schwarzer mit Verwundung, eine vornehme Dame, ein Student, der Clown, eine alte, blinde Frau vornübergebeugt, eine attraktive junge Frau, der jüdische Rabbi mit dem Gebetsschal.

Die austeilenden Hände:
Der Gastgeber, Jesus. Man sieht seine von der Kreuzigung durchbohrten Hände. Er gibt Brot und Wein weiter und stiftet damit Gemeinschaft unter den unterschiedlichen Tischgenossen.

Was erzählt der Zöllner Levi über seine Begegnung mit Jesus?
Erzähle entlang der folgenden Aussagen die Geschichte des Levi.
1. »Geh mit mir!«
2. »Wie kann Jesus mit solchen Leuten zusammen an einem Tisch sitzen?«
3. »Ich soll nicht die in Gottes neue Welt einladen, bei denen alles in Ordnung ist, sondern die ausgestoßenen Sünder.«

Ich saß in meinem Zollhaus – Jesus sagte zu mir:
»Geh mit mir!« – ich folgte ihm – Jesus hat mich zu Hause besucht – meine Freunde, die wie ich auch einen schlechten Ruf hatten, waren mit dabei – wir aßen zusammen – die Gesetzeslehrer regten sich auf: »Wie kann Jesus mit solchen Leuten zusammen an einem Tisch sitzen?« – Jesus sagte: »Ich soll nicht die in Gottes neue Welt einladen, bei denen alles in Ordnung ist, sondern die ausgestoßenen Sünder.« – Das fand ich stark!

Vgl. Markus 2, 13–17 in der Übersetzung der Guten Nachricht.

Textbegegnung »Bibel teilen«

1. **Wir beginnen mit einem Ritual** (z.B. Kerze in die Mitte stellen)
2. **Wir lesen den Bibeltext**
   Jede/r schlägt den Bibeltext auf. Ein/e Schüler/in liest den Text. Der Text wird nochmals vorgelesen.
3. **Wir verweilen beim Text**
   Die Schüler/innen suchen Worte bzw. kurze Sätze aus dem Text und lesen sie laut vor. Dazwischen sind Pausen der Stille, damit die Worte bewusst aufgenommen werden können. Die Bibelworte werden nicht kommentiert.
4. **Wir lassen Gott in der Stille zu uns sprechen**
   Schüler/in liest den Text noch einmal im Zusammenhang vor. Stille.
5. **Wir teilen mit, was uns besonders angesprochen hat**
   Die Beiträge werden nicht kommentiert.
6. **Wir fragen nach der Beziehung des Textes zu unserem eigenen Leben**

Rollenspiel
Eine biblische Begegnungsgeschichte spielen

1. **Vorbereitung**
   – Lest den Bibeltext, beschreibt die Situation, legt fest, welche Rollen gebraucht werden und verteilt die Rollen.
   – Jede/r bekommt Zeit, sich auf ihre/seine Rolle vorzubereiten, z.B. anhand einer Rollenkarte.
   – Legt das »setting« der Spielszene fest: Wie sieht der Spielort aus, welche Requisiten braucht ihr …?
2. **Durchführung**
   – Macht deutlich, wann die Spielszene beginnt bzw. aufhört, z.B. durch einen Gong einer Klangschale.
   – Teilt die Spielhandlung in verschiedene Szenen, die ihr nach und nach durchspielt und dann zusammensetzen könnt.
3. **Auswertung**
   – Zunächst können die Spielenden ihre Eindrücke wiedergeben, dann äußern die Beobachtenden ihre Wahrnehmungen zum Rollenspiel – dabei bitte achtsam miteinander umgehen!
   Das Rollenspiel kann z.B. mit einem Wechsel der Rollen wiederholt werden.

Tischgemeinschaft – gemeinsam essen

Wie könnt ihr in der Klasse ein gemeinsames Essen mit Früchten und Brot aus dem Land der Bibel gestalten? (klein aber fein)

- Stellt Gruppentische und gestaltet die Tische, so dass ihr euch wohlfühlt (Servietten, Blumen, …)
- Richtet Brot (Fladenbrot) und Früchte (Orangen, Grapefruit, Datteln, Feigen, … was ihr auftreiben könnt) an den Tischen auf Tellern an.
- Eine/r am Tisch nimmt das Brot und spricht den Brotsegen.
- Teilt die Früchte und das Brot miteinander und lasst es euch schmecken …

Feedback-Stuhl
Gruppenarbeit reflektieren

Ihr sitzt in einem Stuhlkreis, in der Mitte stehen zwei freie Stühle. Auf einem Stuhl liegt ein Gegenstand, der dafür steht, was in eurer Gruppenarbeit gut lief; auf dem anderen Stuhl ein Gegenstand, der ausdrückt, wo ihr bei eurer Gruppenarbeit Probleme hattet. Wer möchte, kann sich auf einen der Stühle setzen und der Klasse seine/ihre Erfahrungen mitteilen.

Spielprozess darstellen und reflektieren

Ihr habt das PC-Adventure-Spiel »Geheimakte Jesus« in eurer Gruppe gespielt. Gestaltet nun dazu eure eigene »Geheimakte Jesus«, in der ihr eure Spielerfahrungen beschreibt, zeichnet, welche Gegenstände ihr gesammelt habt und darstellt, welche Level ihr gespielt und wie ihr die Aufgaben gelöst habt.

»Kopfkino«
Beziehungen in der Klasse

Nehmt euch Zeit um über die folgenden Fragen in Ruhe nachzudenken und Bilder in eurem Kopf entstehen zu lassen:

- Was siehst du, wenn du dir euren Klassenraum vorstellst?
- Ist das Bild eher hell oder dunkel, eher geordnet oder durcheinander, eher hektisch oder entspannt …?
- Platziere deine Mitschüler in den Raum. Wer sitzt beieinander, wer sitzt alleine, wer ist in der Mitte, wer am Rande …? Wo sitzt du? Wie fühlst du dich auf deinem Platz?
- Wie begegnen dir deine Mitschüler, wie begegnest du ihnen? Wie geht es dir dabei?
- Gestalte den Klassenraum und die Atmosphäre in eurer Klasse, wie sie dir wünschst. Welches Gefühl hast du jetzt?
- Austausch: Wer möchte, kann seine Bilder, Vorstellungen und Wünsche den anderen mitteilen.

Welche Bedeutung hatten die Römer im Staat Israel zur Zeit Jesu?

Die Römer hatten das Land Israel besetzt und erhoben hohe Steuern für den Kaiser in Rom. Durch diese Steuern wurden viele Leute sehr arm.

Pontius Pilatus, der römische Statthalter, ließ Jesus durch seine Soldaten am Kreuz hinrichten. Gekreuzigt wurden im römischen Reich alle, die die Macht der römischen Kaiser in Frage stellten.

Bethlehem
Nazareth
Kapernaum
Jerusalem

Welche Bedeutung haben diese Orte im Leben Jesu?

Jesus wurde nach dem Lukas- und Matthäus-Evangelium in Bethlehem geboren, wuchs in Nazareth auf, verbrachte seine Jahre als Erwachsener am See Genezareth meist in Kapernaum. Zu den großen Wallfahrtsfesten zog er immer wieder nach Jerusalem.
Jesus wurde nach dem Einzug in Jerusalem, seinem letzten Abendmahl mit den Jüngern, zum Tode verurteilt und vor der Stadtmauer von Jerusalem gekreuzigt.

In die Synagoge kommt man zum Gebet, zum Gottesdienst am Sabbat und an besonderen Festtagen. Zur Synagoge gehört auch eine Schule.

Der wichtigste Einrichtungsgegenstand ist der Toraschrein mit den Torarollen. Vom Lesepult aus wird aus der Tora vorgelesen.

Erkläre, was eine Synagoge ist, und benenne den wichtigsten Einrichtungsgegenstand.

Die Zeloten riefen zum bewaffneten Kampf gegen die Römer auf. Sie glaubten, der Messias würde an ihrer Spitze für die Unabhängigkeit des Landes von den Römern kämpfen.
Ihr Name bedeutet »Eiferer«.

Wer waren die »Zeloten«?
Woher hatten sie ihren Namen?

Erkläre, warum das Pessachfest für jeden Juden wichtig ist und wie es gefeiert wird.

Das Pessachfest erinnert an die Befreiung des Volkes Israel durch Gott aus der Sklaverei in Ägypten.

Das Fest dauert acht Tage. Es beginnt mit dem Sederabend und einem festlichen Essen mit Speisen, die an den Auszug aus Ägypten erinnern: Matzen (ungesäuertes Brot), ein Lammknochen, Salzwasser für die Tränen, bittere Kräuter für die bittere Sklaverei und Fruchtmus in der Farbe der Lehmziegel, die sie in Ägypten herstellen mussten.

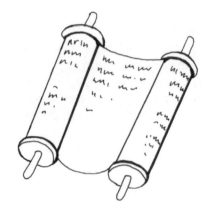

Wer waren die »Pharisäer«?
Woher hatten sie ihren Namen?

Die Pharisäer hielten sich streng an die Gesetze der Tora. Diese Weisungen sind Lebenshilfe und Ausdruck der Liebe Gottes. Sie halten sich fern von allem, was unrein ist. Daher kommt auch ihr Name: die »Abgesonderten«. Sie glauben, dass der Messias kommt, wenn alle Juden die Gebote Gottes genau einhalten.

Pharisäer kommen aus allen Schichten und Berufen.

Erzähle kurz die Geschichte der Taufe Jesu.

Welches symbolische Zeichen passt dazu?

Jesus wird von Johannes dem Täufer im Jordan getauft. Dann öffnet sich der Himmel und eine Stimme sagt: »Dies ist mein lieber Sohn, an dem ich Wohlgefallen habe.«

Symbol: Taube

Erzähle kurz, wie Jesus Jünger beruft.

Welches symbolische Zeichen passt dazu?

Am See Genezareth sagte Jesus zu Petrus und Andreas und anderen Männern, die dort fischten: »Hört auf, Fische zu fangen, ich will euch zu Menschenfischern machen.« Da ließen sie ihre Netze liegen und folgten ihm nach.

Symbol: Fischer mit Netz

Erzähle kurz die Geschichte von der Kreuzigung.

Welches symbolische Zeichen passt dazu?

Jesus wurde von römischen Soldaten ans Kreuz geschlagen. Über ihm hing das Schild INRI: Jesus von Nazareth, König der Juden.

Symbol: Kreuz

Erzähle kurz die Geschichte vom Einzug in Jerusalem.

Welches symbolische Zeichen passt dazu?

Jesus reitet auf einem Esel nach Jerusalem hinein. Die Leute begrüßen ihn wie einen König und streuen Palmzweige auf den Weg.

Symbol: Palmzweig

Erzähle kurz die Geschichte vom letzten Abendmahl Jesu mit seinen Jüngern.

Welches symbolische Zeichen passt dazu?

Am letzten Abend sitzt Jesus mit seinen Jüngern zu Tisch. Er teilte Brot und Wein mit ihnen und bat sie, dies immer wieder zu seinem Gedächtnis zu tun. Jesus sagte seinen Jüngern, dass einer ihn verraten werde.

Symbol: Brot und Weinkelch

Erzähle kurz die Geschichte von der Auferstehung.

Welches symbolische Zeichen passt dazu?

Am ersten Tag der neuen Woche gingen die Frauen zum Grab, um den toten Jesus zu salben. Aber das Grab war leer und ein Engel sagte zu ihnen, dass Jesus auferstanden ist.

Symbol

Erzähle das Gleichnis vom Senfkorn mit wenigen Sätzen. Was sagt Jesus damit vom Himmelreich?

Das Himmelreich ist anfangs so klein wie ein Senfkorn. Aber dann wächst es und wird zu einem großen Baum, in dem viele Vögel leben können.

Das Himmelreich ist so klein, dass man es fast übersehen kann. Aber es ist schon da. Wenn man genau hinsieht, kann man merken, wie es sich ausbreitet.

Erzähle das Gleichnis vom verlorenen Sohn in wenigen Sätzen nach. Was sagt Jesus damit vom Himmelreich?

Der jüngere Sohn nimmt sich sein Erbe, verprasst sein Geld in der Fremde, landet im Schweinestall und macht sich voller Reue auf den Heimweg. Sein Vater sieht ihn, läuft ihm entgegen, umarmt ihn und macht ein großes Fest. Der große Bruder wird zornig. Der Vater fordert ihn auf mitzufeiern.

Das Himmelreich ist dort zu erfahren, wo einer eine neue Chance bekommt, der sich total verrannt hat und nicht mehr daran glaubt, neu anfangen zu können.

Ein Weinbergbesitzer stellt Arbeiter an. Mit den ersten macht er um 6 Uhr einen Denar Tageslohn aus. Alle drei Stunden stellt er weitere an. Um 17 Uhr stellt er noch einmal zwei an. Um 18 Uhr bekommen alle ihren Lohn. Er fängt bei den Letzten an. Sie bekommen einen Denar, wie alle anderen. Die ersten regen sich auf. Der Weinbergbesitzer sagt: Kann ich den Letzten nicht das geben, was ich richtig finde?

Das Himmelreich ist dort zu erfahren, wo auch diejenigen die weniger geleistet haben, keine Angst vor dem nächsten Tagt haben müssen.

Erzähle das Gleichnis von den Arbeitern im Weinberg in wenigen Sätzen nach. Was sagt Jesus damit vom Himmelreich?

Ein Mann wird von Räubern ausgeraubt und halbtot geschlagen. Ein Priester kommt, sieht ihn und geht vorüber, ebenso ein Levit. Ein Ausländer kommt, sieht ihn und hilft ihm. Dann bringt er ihn in ein Gasthaus. Er bezahlt die Pflege und verspricht noch mehr zu bezahlen, wenn es sich zeigt, dass die Pflege mehr kostet.

Das Himmelreich ist dort zu erfahren, wo jemand, der sich selbst nicht mehr helfen kann, gegen alle Erwartung doch noch Hilfe findet.

Erzähle das Gleichnis vom barmherzigen Samariter in wenigen Sätzen nach. Was sagt Jesus damit vom Himmelreich?

Erzähle das Gleichnis vom verlorenen Schaf in wenigen Sätzen nach. Was sagt Jesus damit vom Himmelreich?

Ein Mann hat 100 Schafe. Eines verirrt sich. Da lässt er die 99 zurück und sucht das verlorene. Als er es findet, ruft er seine Nachbarn und fordert sie auf, sich mit ihm zu freuen.

Das Himmelreich ist dort zu erfahren, wo Menschen, die aus der Gemeinschaft heraus gefallen sind, solange nachgegangen wird, bis sie wieder in die Gemeinschaft aufgenommen werden und alle froh darüber sind.

Wie spricht Jesus in seinen Predigten vom Himmelreich? Suche unterschiedliche Ergänzungen für den Satz: »Wenn es so ist, wie Gott will, dann …«

Jesus erzählt vom Himmelreich in Gleichnissen.

»Wenn es so ist, wie Gott will, dann …«
- bekommt einer, der sich total verrannt hat, eine Chance
- feiern Menschen miteinander, die vorher neidisch und ärgerlich aufeinander waren
- kann man immer wieder etwas von Himmelreich merken
- müssen auch die nicht um ihr Leben Angst haben, die wenig leisten können.

Nenne drei Merkmale einer guten Nacherzählung.

Eine gute Nacherzählung
1. beachtet die sachlichen Details
2. beachtet die Szenenfolge
3. ist spannend
4. ermöglicht, dass die Zuhörer die Geschichte kennen lernen.

Erläutere den P.O.Z.E.K.-Schlüssel

P wie »Personen« = Wer?
Welche Personen kommen vor und welche Rolle spielen sie?
Was wissen wir über Person(en)?
O wie »Ort« = Wo?
Was weiß ich über Ort y? Wo liegt der Ort? Wie sieht es dort aus, oder wie stelle ich mir vor, dass es dort aussieht?
Z wie »Zeit« = Wann spielt das Geschehen?
Tageszeit, Jahr, Jahreszeit, Lebensalter?
In welchem Zusammenhang steht die Geschichte? (Was steht davor, was danach?)
E wie »Ereignisse« = Höhepunkt, Spannungsbogen und Szenenreihenfolge
K wie »Kern« = Was ist (für dich) das Wichtigste an dieser Geschichte?

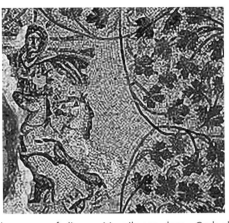

Beschreibe, was auf diesem Mosaik aus dem »Grab der Julier« unter dem heutigen Petersdom in Rom zu sehen ist.

Christus wird dargestellt als Sonnengott, der auf einem Pferdewagen mit fliegendem Mantel über den Himmel reitet.

Christen stellen hier ihren Herrn dar wie den zur damaligen Zeit häufig verehrten »unbesiegbaren Sonnengott«. Es wird dabei betont, dass Christus über die ganze Welt herrscht. Er ist nicht mehr nahe bei den einzelnen Gläubigen wie bei den vielen Darstellungen des »Guten Hirten«. (Das Mosaik stammt aus einer von Christinnen und Christen genutzten Grabanlage.)

(Quelle: Mancinelli: Katakomben und Basiliken, 12f)

Beschreibe, was auf dieser Darstellung an einem frühchristlichen Sarkophag (Steinsarg) etwa aus der Zeit um 255 zu sehen ist.

Zwischen zwei Bäumen ist ein Hirte mit einem Widder auf seinen Schultern und zwei weiteren zu seinen Füßen dargestellt. Er blickt zu einer Frau mit einem Schleier, die sich in Gebetshaltung an ihn wendet.

Christus wird hier als »Guter Hirte« dargestellt, der für seine »Schafe« sorgt und an den man sich mit seinen Bitten wenden kann.

Darstellungen des »Guten Hirten« gab es in der Antike schon vor dem Christentum. Christen übertrugen sie auf Jesus.

Quelle: Mancinelli: Katakomben und Basiliken, 60f.

»Lesen wie ein Schauspieler«
(Zum besseren Verstehen eines Bibelabschnittes oder nur weniger Sätze daraus)

Nenne mindestens sechs verschiedene Gestaltungsmöglichkeiten.

- einer – alle – im Wechsel – durcheinander – gegeneinander (verteilt auf die vier Ecken des Raumes)
- laut – leise: vom Flüstern bis zum Schreien anschwellend – abschwellend
- langsam – schnell – Pausen (gerade vor Höhepunkten)
- ganz tief – ganz hoch, variierend oder immer in einer Stimmlage
- verwaschen – deutlich – scharf – zischend
- fließend – abgehackt – rhythmisch – wie ein Rap
- Wiederholungen (eines Wortes, Satzteiles, Satzes) – gemeinsam, nacheinander, im Kanon
- erzählend – als Rede
- unterschiedliche Gefühle ausdrücken
- evtl. unterschiedliche Gestaltungen in Gruppen erarbeiten

Paulus vergleicht die christliche Gemeinde mit einem Leib (1. Kor 12,12ff.)
Was kann man daraus lernen für einen guten Umgang miteinander?

- Alles, was jemand kann, hat er von Gott. Deswegen soll niemand meinen, er sei was Besseres, nur weil er etwas kann, was andere auch toll finden.
- Jede und jeder gehört zu einer Gemeinschaft und wird gebraucht.
- Eine Gemeinschaft lebt davon, dass es in ihr unterschiedliche Talente gibt. Deswegen soll man nicht versuchen, sich anzupassen, um genauso zu sein wie die anderen.
- Eine Gruppe braucht auch die Gruppenmitglieder, die im ersten Augenblick nur lästig zu sein scheinen.

Welche Gründe führten dazu, dass Christinnen und Christen in den ersten Jahrhunderten ausgegrenzt, verspottet, verleumdet und verfolgt wurden?

- Sie waren eine kleine Minderheit, die sich anders verhielt.
- Nur Christinnen und Christen wussten über den Ablauf ihrer Gottesdienste Bescheid. Das konnte bei anderen zu den wildesten Gerüchten führen (Kinder essen, ...)
- Es erschien merkwürdig und bedrohlich, dass Frauen und Männer, Freie und Sklaven, Barbaren und Griechen gemeinsam Gottesdienste feierten.
- Für Nicht-Christen konnte jemand, der gekreuzigt wurde, unmöglich ein Gott sein.
- Bei Katastrophen und Unglücksfällen brauchte man sie als Sündenböcke.
- Streitigkeiten untereinander und mit den Juden führten zu Unruhen.
- Das Trinken von Wein beim Abendmahl stellte die Frauen nach damaligen Begriffen Ehebrecherinnen gleich.
- Sie stellen die römische Staatsreligion in Frage.

Führt ein Streitgespräch:
- Darf man bei den Kaiseropfern seinem christlichen Glauben abschwören und Christus verfluchen?
- Ist es richtig, bei den Christenverfolgungen sein Leben zu riskieren?

Entscheidet euch für eine Position, überlegt euch Argumente und Gegenargumente zu dem, was die andere Seite sagen könnte, und führt dann das Streitgespräch.

Mögliche Argumente

Man darf seinem Glauben nicht abschwören
- »Wer mich verleugnet vor den Menschen, den will ich auch verleugnen vor meinem himmlischen Vater.« Mt 10,33
- Man braucht nichts zu fürchten. Nach dem Tod wird man für immer in Gottes Nähe sein.
- Wenn man abschwört und Christus verflucht, verliert man das Wichtigste in seinem Leben.
- Jesus wurde auch für seinen Glauben getötet.
- Man muss ein Vorbild für andere Christen sein.

Man darf sein Leben nicht riskieren
- Man darf seine Familie (Kinder!) und auch die Gemeinde nicht im Stich lassen. Das wäre lieblos und nicht im Sinne Jesu.
- Im Herzen kann man immer noch glauben, was man will.
- Die meisten römischen Beamten verlangen nicht mehr als ein äußerliches Bekenntnis und nehmen das Ganze auch nicht sehr ernst.
- In wenigen Jahren sind die Verfolgungen sowieso vorbei.

Was verschaffte den ersten Christen Anerkennung bei anderen und was machte sie attraktiv?

- Überzeugendes, ehrliches Verhalten
- Dass Juden und Nichtjuden, Sklaven und Freie, Frauen und Männer zusammen Gottesdienst feierten
- Zu einer Gruppe zu gehören, die wusste, was sie glaubt und wofür sie lebt
- Lebenszuversicht und Hoffnung auf ein Leben nach dem Tod
- Dass man sich gegenseitig half, auch finanziell
- Dass sie heilige Schriften besaßen.

- Der Kopf des Kaisers nimmt den meisten Platz ein. Die ersten Christen stellten sich selbst überhaupt nicht dar.
- Rechts vom Kopf: Kreuz mit Weltkugel: Das Kreuz wird mit einem Symbol für Weltherrschaft verbunden. Es ist nicht mehr Anlass zum Spott.
- Oben am Helm ist das Christusmonogramm zu erkennen: Die beiden Buchstaben X = Chi und P = Rho ergeben den Anfang von »CHRIstus«.
- Auf dem Schild rechts unten ist das Sinnbild Roms dargestellt: Die Wölfin, die Romulus und Remus säugt Die römische Tradition wird mit den neuen christlichen Zeichen verbunden.
- Kaiser und Pferd werden in einer Rüstung dargestellt. Sollen damit Macht und Kampfesbereitschaft ausgedrückt werden?

Beschreibe, was auf dieser Münze mit dem Kopf des Kaisers Kontantin des Großen zu erkennen ist.

Was taten die ersten christliche Gemeinden,
wenn sie sich versammelten? (Mindestens fünf Nennungen.)

- Singen
- Aus den Schriften der Juden oder christlichen Schriften (z.B. Briefen des Paulus) vorlesen
- Beten
- Herrenmahl (Abendmahl, Eucharistie) feiern
- Gemeinsam essen, jeder brachte etwas mit so wie es ihm möglich war
- Sich gegenseitig unterstützen (spenden, schenken, leihen)
- Geld sammeln für verarmte Gemeinden (Kollekte)
- In Ekstase geraten – in Zungen sprechen
- Segen zusprechen

Nenne mindestens drei Streitfragen,
die in den ersten christlichen Gemeinden diskutiert wurden.

- Darf man sich von Menschen verbieten lassen, von Jesus zu erzählen?
- Darf man Christen dem Tod überantworten, weil sie in Finanzfragen gelogen haben?
- Müssen jüdische Vorschriften eingehalten werden? (Beschneidung, Speisevorschriften)
- Bis die Sklaven mit ihrer Arbeit fertig waren und zu den Treffen kommen konnten, war von dem gemeinsamen Essen nichts mehr übrig.
- Darf man als Christ vor römischen Götterbildern opfern?

Wo versammelten sich Anhänger der römischer
Göttinnen und Götter und wo die Christen?
Worin unterschied sich ihre Religionsausübung?

Anhänger römischer Göttinnen und Götter
- In öffentlichen Tempelanlagen, **vor** dem Tempel der jeweils verehrten Gottheit.
- Offizieller Tempelbetrieb, bei dem angestellte Priester ein festgelegtes Opfer vollzogen – römische Bürger mussten daran teilnehmen, nur Juden hatten eine Ausnahmegenehmigung. Eine innere Beteiligung wurde nicht erwartet.

Christinnen und Christen
- In (umgebauten) Privathäusern, an Flüssen und – nicht nur in Verfolgungszeiten – in unterirdischen Katakomben.
- Meist kleine, überschaubare Gruppen.
- Die persönliche Überzeugung und das eigene Bekenntnis waren wichtig.

Was stellt diese
Zeichnung dar,
die man an einer
Hauswand in Rom
fand?

- Der Text lautet: »Alexamenos betet seinen Gott an«.
- Wahrscheinlich verspotteten Mitschüler den Alexamenos, weil er angeblich zu einem eselköpfigen, gekreuzigten Gott betet. Also wussten Nichtchristen wenig über den christlichen Glauben, deswegen konnten die behaupten, deren Gott sei wie ein Esel.
- Es zeigt: Die Kreuzigung galt als eine schändliche Folter und Tötung. Deswegen stellten Christen in den ersten Jahrhunderten Jesus nicht am Kreuz dar.

PAULUS · 1

Herkunft und
Ausbildung
des Paulus

Saulus (jüdischer Vorname) bzw. Paulus (eigenständiger römischer Name) wurde in der römischen Stadt Tarsus, Hauptstadt der Provinz Zilizien (heutige Türkei) geboren. Er besaß das römische Bürgerrecht und lernte die römisch-griechische Kulter kennen. Als Jude bekam er (in Jerusalem?) eine pharisäische Ausbildung. Er schrieb über sich: »*Der ich am achten Tag beschnitten bin, aus dem Volk Israel, vom Stamm Benjamin, ein Hebräer von Hebräern, nach dem Gesetz ein Pharisäer.*« (Phil 3,5)

PAULUS · 2

Verfolgung der Christen

»*Ihr habt ja gehört von meinem Leben früher im Judentum, wie ich über die Maßen die Gemeinde Gottes verfolgte und sie zu zerstören suchte und übertraf im Judentum viele meiner Altersgenossen in meinem Volk weit und eiferte über die Maßen für die Satzungen der Väter.*« (Gal 1,13f.)

Nach der Apostelgeschichte bewachte Paulus (Bild hinten links) die Kleider derer, die den Christen Stephanus steinigten, und durchsuchte Häuser nach Christinnen und Christen (Apg 7,58–8,3). Dass er diese ins Gefängnis werfen ließ, wie die Apostelgeschichte schreibt, ist unwahrscheinlich. Die höchste Strafe war wohl der Ausschluss aus der Synagogengemeinde.

PAULUS · 3

Vom Verfolger zum Verfolgten

Von Jerusalem aus (links oben) wollte Paulus auch in Damaskus (recht oben) Christinnen und Christen verfolgen. Auf dem Weg erschien ihr Christus und fragte ihn, warum er ihn verfolge. Paulus fiel zu Boden (links und erblindete. In Damaskus wurde er vom Christen Hananias besuch (rechts), von seiner Blindheit geheilt, mit dem Heiligen Geist begabt un getauft. Er begann sogleich in der Synagoge über Jesus zu predigen. D die Juden ihn deswegen verfolgten, musste er nachts mit einem Korb vo der Stadtmauer heruntergelassen werden und fliehen. (Lies nach in Ap 9,1–25 und erzähle.)

PAULUS · 4

Antiochia in Syrien

Etwa zehn Jahre später wirkte Paulus in der syrischen Großstadt An ochia. Dort entstand eine christliche Gemeinde aus ehemaligen Jud (»Judenchristen«) und Heiden (»Heidenchristen«).

Einige Judenchristen verlangten, Heidenchristen sollten sich beschneid lassen und alle jüdischen Reinheitsvorschriften und Speisegesetze beac ten. Ansonsten sei es ihnen nicht möglich, mit ihnen Gemeinschaft zu h ben. Paulus lehnte diese Forderungen entschieden ab und betonte, all durch Jesus sei jeder recht vor Gott, weitere Bedingungen dürfe es ni geben. Als Petrus und Barnabas diese Entscheidung nicht mehr mittrug trennte sich Paulus von ihnen.

Athen

In Athen wurde Paulus zornig, als er die vielen Götterbilder sah. In der Stadt, in der einst große Philosophen lehrten (Sokrates, Plato, Aristoteles) predigte er auf einem Hügel (Areopag) vor gebildetem Publikum. Er knüpfte daran an, dass er einen Altar gesehen habe, der dem »unbekannten Gott« (»Ignoto DEO«, siehe Bild) geweiht sei. Dieser sei der Schöpfer von allem und der Vater Jesu Christi. Durch die Auferweckung Jesu vom Tode habe er ihn als den bestätigt, der die ganze Erde richten werde. Bis auf wenige Ausnahmen erntete Paulus mit seiner Predigt von der Totenauferweckung nur Spott. (Apg 17,16–34)

Gemeinde in Korinth – eins in Christus?

Wie überall predigte Paulus auch hier zuerst in der Synagoge. Als es zum Streit mit den Juden kam, stellte ein ehemaliger Sympatisant des Judentums, ein »Gottesfürchtiger«, sein Haus für die christlichen Versammlungen zu Verfügung. Denn dieser Gottesfürchtige war Christ geworden. – Eine Anklage beim Statthalter verlief für Paulus glimpflich. (Apg 18, 4–17) – Die christliche Gemeinde in Korinth war bunt zusammengewürfelt aus einigen Reichen, vielen Arbeitern und Sklaven und selbstbewussten Frauen. In seinen Briefen an die Korinther musste Paulus auf viele Spannungen und Streitfälle eingehen. In 1 Kor 12 erklärt Paulus mit dem Bild des Leibes, wie die verschiedenen Gemeindeglieder in einer Gemeinde zusammenhalten sollen. Erläutere den Vergleich des Paulus mit einem Leib anhand des Bildes von T. Zacharias.

Ephesus

Paulus missionierte längere Zeit in Ephesus. Dort befand sich ein bekannter Artemistempel (Weltwunder). Die Silberschmiede der Stadt zettelten einen Aufruhr gegen Paulus an. Sie befürchteten, kleine silberne Tempelnachbildungen nicht mehr verkaufen zu können, wenn Paulus mit seiner Predigt weiterhin Erfolg habe (lies die ausführliche Geschichte in Apg 19,23–40 und erzähle).
Paulus saß während seiner Missionsreisen mehrfach im Gefängnis, wahrscheinlich auch in Ephesus. Aus dem Gefängnis heraus schrieb er Briefe an seine Gemeinden (vgl. Phil 1,12–14). Das Schwert als Symbol des Apostel Paulus deutet hin auf seine Gedankenschärfe beim Predigen und Schreiben und gleichzeitig auf die Art und Weise, wie er nach der Überlieferung starb.

Sein Ende

Als Paulus eine Geldkollekte für die Urgemeinde in Jerusalem überbringen wollte, wurde er in Jerusalem verhaftet. Man warf ihm vor, er habe einen Nicht-Juden in den Teil des Tempels mitgenommen, den Heiden unter strengster Strafe nicht betreten durften. – Paulus berief sich im Gerichtsverfahren auf den römischen Kaiser und musste deswegen nach Rom gebracht werden. Was dort letztendlich mit Paulus geschah, ist nicht bekannt. Die Apostelgeschichte des Lukas endet mit seiner Gefangenschaft in Rom. Nach der Legende wurde er unter Kaiser Nero enthauptet.

Sieger Köder

Marc Chagall © VG Bild-Kunst, Bonn 2008

Deckenmalerei in Urschalling

Marc Chagall © VG Bild-Kunst, Bonn 2008

Bilder zu Seite 19

William Blake

Lucas Cranach

Heiliges Mandylion

Bilder zu Seite 20

Mark Rothko

Bilder zu Seite 55

Bild zu Seite 64

Bild zu Seite 156

Bild zu Seite 170

PARALÝ
TICUS

Bild zu Seite 174

Bild zu Seite 204